Wir leben frei -
Digitale Nomaden-Familien stellen sich vor

Verena Klevenz & Dominik Niedermeier

"Zu reisen bedeutet sich zu entwickeln."
– Pierre Bernardo

Inhalt

Die Idee zu diesem Buch – wer schreibt hier?

Wir, das sind Verena (1981), Dominik (1982) und unsere damals 20-monatige Tochter Feline, haben uns im Oktober 2016 auf die Reise gemacht. Wir wollten eine Gemeinschaft mit Familien als neues Zuhause finden, irgendwo, wo es warm ist und wir uns wohl fühlen. Selbstbestimmt, naturverbunden und möglichst autark. Kanaren oder Portugal vielleicht...

Heute, über 1 ½ Jahre später, sind wir nach wie vor auf open-end Weltreise. Und das spannende ist: Das ist noch nicht mal mehr etwas Besonderes, im Jahr 2018. Wir haben so viele Familien aus Europa kennengelernt, die als Langzeit-Reisende unterwegs sind. Manche sind ähnlich wie wir auf der Suche nach einem neuen gemeinschaftlichen Lebensort, für andere ist es einfach der derzeitige bevorzugte Lifestyle, wieder andere haben reiselustig als Freilerner der Heimat den Rücken gekehrt, um der Schulpflicht zu entgehen. Allen gemein ist mehr Bewusstsein für Selbstverantwortung in allen Bereichen des Lebens. Sie haben erkannt, dass nur sie allein ihres eigenen Glückes Schmied sind. Und dass es ein unglaublich befreiendes Gefühl ist, aus dem Hamsterrad auszusteigen um das zu tun, was einen glücklich im Leben macht.

Wir haben festgestellt, es ist wie eine Bewegung, es werden immer mehr Familien, die sich auf den Weg machen. Unzufrieden mit ihrem alten Leben, das in der Regel von gesellschaftlichen Konventionen geprägt ist. Da gibt es für Viele zu viel „müssen", zu viel Stress, zu viel Fremdbestimmung, zu wenig Zeit für die Familie... und der Ruf der Freiheit, das Leben der eigenen Träume zu leben, wird lauter. Oft spielt auch der lange kalte Winter eine Rolle. Die Motivation ist bei allen sehr ähnlich, und doch sind es ganz viele verschiedene sehr individuelle Wege, die uns zu diesem Buch inspiriert haben.

Uns ist auch bewusst, dass es eine Menge Menschen gibt, die es ihnen gerne gleichtun würden, den Sprung ins freie Leben ihrer Träume, aber sich noch nicht trauen. Dieses Buch soll ihnen helfen. Es soll durch die Vorstellung vieler ortsunabhängiger (auch digital-nomadisch genannter) Familien inspirieren, den eigenen Weg zu suchen und die unbeantworteten Fragen, die noch vom Starten abhalten, beantworten.

- Was sind das für Familien, die auf Reisen gegangen sind?
- Was war ihre Motivation?
- Wie finanzieren sie ihr ortsunabhängiges Leben?
- Was ist alles vor der Abreise zu erledigen?
- Welche Länder sind empfehlenswert?
- Was ist bei der Planung wichtig?
- Wie gehen sie mit Ablehnung im sozialen Umfeld um?

- Wie hat das Reisen sie verändert?
- Was haben sie noch für Visionen für ihr Leben?

Im ersten Teil des Buches haben wir unseren Weg vom „Standardleben" als ortsgebundene Angestellte zur digitalen Nomadenfamilie beschrieben. Du erfährst, warum wir überhaupt auf die Idee kamen und welche Entwicklung wir durchlaufen haben bis zum Start. Auch die praktischen Reisevorbereitungs-Aspekte kommen dabei nicht zu kurz. Danach folgt ein Reisebericht, in dem wir über alle Stationen unserer Reise berichten. Und natürlich erfährst Du, wie unser Alltag im neuen Leben funktioniert und wie wir uns dabei fühlen. Abschließend gibt es unser Fazit zu unserem digitalen Nomadenleben.

Für den zweiten Teil des Buches haben wir 22 Familien interviewt, die wie wir schon eine Weile auf Reisen sind. Unsere Interview-Fragen, die wir allen in gleicher Weise gestellt haben, zielen dabei auf die Beantwortung der oben genannten Fragen ab. Lasse dich inspirieren von den vielfältigen Geschichten der digitalen Nomaden-Familien!

In Teil 3 geben wir dir alle wichtigen Tipps zum Start als digitale Nomadenfamilie gesammelt an die Hand. Du erfährst alles Wichtige zur Vorbereitung und Organisation, unsere Travel Hacks für einen low budget Reise Lifestyle sowie Anregungen zum Thema ortsunabhängige Einkommensquellen.

Unsere Reise und wie es dazu kam

Unsere Situation vor der Entscheidung und unsere Motivation auf Reisen zu gehen

Dominik war in Vollzeit angestellt als Mineraloge/Betontechnologe, ich (Verena) war in Elternzeit, aber ohne Job, in den ich als Geowissenschaftlerin hätte zurückkehren können. Meinen Job hatte ich per Aufhebungsvertrag nach 3-jähriger Tätigkeit verloren, was zunächst ein ganz schöner Schock war, da ich mich mit dieser unbefristeten Stelle bei guter Auftragslage eigentlich „sicher" gefühlt hatte. Gerade erst hatten wir es durch einen Stellenwechsel von Dominik geschafft, beide in der gleichen Stadt (Düsseldorf), sogar für den gleichen Arbeitgeber zu arbeiten. Endlich hatte das nervige, Lebenszeit-raubende Pendeln ein Ende gefunden. Wir waren auch schon in ein gemeinschaftliches Familien-Bauprojekt eingestiegen, für dessen Finanzierung mein Einkommen eingeplant war.

Schon kurze Zeit nach dem Schock habe ich jedoch erkannt, dass es voraussehbar war, da ich häufig Konflikte mit meinem Vorgesetzten hatte und mir die Arbeit auch keine Freude machte. Warum habe ich nicht selber schon früher gekündigt? Die gefühlte Sicherheit dieser Stelle war sehr bequem, die Kollegen waren ja so nett, der Weg zur Arbeit schön kurz, und eine bessere Alternative war mir bislang nicht eingefallen.

Vielleicht wollte ich damit auch die Erwartungen meiner Eltern erfüllen? Natürlich habe ich mir nicht bewusst darüber Gedanken gemacht, aber die Prägung im Unterbewusstsein wirkt einfach. Das wird klar, wenn man weiß, dass unser Denken und Handeln zu mindestens 95% aus dem Unterbewusstsein gesteuert wird, welches all unsere Prägungen aus der Kindheit enthält.

Das bedeutet, dass wir auf Grund unserer Prägung Vieles als gegeben und unveränderbar annehmen, obwohl man immer die Wahl hat. Dies zu erkennen und anzufangen in Frage zu stellen war für uns ein entscheidender Bewusstwerdungsprozess. Inzwischen ist uns klar, wie sehr wir uns selber durch diese Prägungen und Glaubenssätze limitiert haben, gleichsam Scheuklappen in Bezug auf unsere Möglichkeiten aufhatten, und sehen, wie sich dies quer durch die Gesellschaft zieht.

Bei mir spielte die Prägung eine Rolle, dass man unbedingt aus seinem Studium samt Promotion etwas „Adäquates" machen muss und ein Leben lang seinem Fach treu bleibt. Das ist man den Eltern und der Gesellschaft schuldig. (Meine Eltern waren bis zum Pensionsalter als Lehrer tätig.)

Da im Rahmen meiner Prägung und meines Wertesystems mein Job alle Anforderungen an eine „gute" Stelle erfüllte (wozu auch kein Spaß an der Arbeit nötig ist), habe ich nicht gesehen, dass die ständigen Konflikte mit meinem Vorgesetzten früher oder später eine Konsequenz haben mussten.

Als ich mich nach Verlassen der Stelle gerade an den Gedanken gewöhnt hatte, auf Jobsuche zu gehen, kam eine freudige Überraschung, die alles veränderte: Ich war schwanger! Nur für kurze Zeit überlegte ich, ob ich mich trotzdem auf Stellen bewerben sollte, um wieder „drin" zu sein. Da kam die Angst vor Arbeitslosigkeit kurz hoch...

Diese Angst hielt aber nicht lange an unter meinen „Umständen". Bald schon begann ich meine neu gewonnene Freiheit zu genießen und habe mich wie befreit von einer großen Last gefühlt. Mir wurde klar, dass ich mir mit meinem Verharren in diesem Job selber keinen Gefallen getan hatte und unehrlich zu mir selber war. Mit diesen Erkenntnissen wurde ich meinen Vorgesetzten immer dankbarer für den Aufhebungsvertrag.

Für mich kam die Schwangerschaft genau zum richtigen Zeitpunkt, denn sie hat mich geöffnet, mich jenseits meiner Prägung auf die Suche zu machen, nach dem Leben, was ich wirklich wollte. Oder vielleicht sollte ich eher sagen, Aufhebungsvertrag + Schwangerschaft waren notwendig, damit ich dafür ein Bewusstsein entwickelte.

Ich hatte nun ganz viel Zeit und stieß im Internet auf wunderbare Inspirationen für ein Traumleben, jenseits meiner bisherigen Vorstellungskraft. Ich erkannte, dass in meinem Leben und für uns als Familie viel mehr möglich ist, als ich es bisher in Betracht gezogen habe. Der Blick ging mit einem Mal weit über meinen bisherigen Tellerrand hinaus.

Denn ein weiteres Thema, das ich während der Schwangerschaft entdeckte, war „Attachment Parenting", also mein Kind durch eine bedürfnisorientierte Bindung und gleichwürdige Eltern-Kind-Beziehung in seiner Entwicklung einfühlsam und respektvoll zu begleiten. Im Gegensatz dazu nutzt der Erwachsene in der klassischen Erziehung seine Machtposition aus, um das Kind nach seinen oder auch den Vorstellungen der Gesellschaft zu formen. Die positive vertrauensvolle Beziehung zum Kind bleibt dabei auf der Strecke und das Kind verinnerlicht den Glaubenssatz „Ich bin nicht richtig, so wie ich bin", was sich verheerend auf die Potentialentfaltung auswirkt. Es lernt außerdem, dass der Stärkere über den Schwächeren bestimmen darf.

Dabei ist längst bekannt, dass soziales Verhalten nicht durch Konditionierung, Wenn-dann-Drohungen, Belohnungen und Strafen, sondern durch Vorleben erlernt wird.

So wurde mir auf jeden Fall bewusst (u.a. durch das Buch „Unsere Kinder brauchen uns" vom Bindungsforscher Gordon Neufeld), dass eine frühkindliche Fremdbetreuung vor allem in Gruppen für die psychische Entwicklung nicht unbedingt förderlich ist. Da ich meinem Kind also Selbstbestimmtheit zubilligen möchte, ist auch klar, dass ich mein Kind freilernen lassen möchte, also es entscheiden lasse, was, auf welche Weise, wo und von wem es etwas lernen möchte. Auch dieses Thema brachte mich aufgrund der rigiden deutschen Schulpflicht darauf, dass unsere Zukunft vielleicht nicht in Deutschland liegen wird (denn diese ist nirgendwo so streng wie in Deutschland).

Trotz Ka Sundances Inspirationen fehlte mir die zündende Idee um mein „Herzens"- online Business zu starten. Auch hielt mich vermutlich die Angst online sichtbar zu werden noch zurück. So kam zunächst ein anderes Businessmodell zu mir, was eine Art „betreute" wie auch ortsunabhängige Selbstständigkeit ermöglichte: Die Network Marketing Vertriebspartnerschaft mit der Firma Ringana, die ganz meinen Idealen entsprach: umweltfreundlich, ethisch, natürlich und gesund. Zu durchschlagendem Erfolg bin ich damit nicht gekommen, aber es war eine gute Schule für mich in Sachen Kontaktaufnahme und Kommunikation auch mit fremden Menschen. Und es war etwas, was sich definitiv gut mit Baby machen ließ und woran ich mehr Spaß hatte, als an meinem vorherigen hochqualifizierten Job.

Ich habe mich in dieser Zeit aber nicht nur Business-mäßig orientiert, sondern bin einfach meinen Interessen gefolgt: Ernährung und natürliche Gesunderhaltung, erwachende Spiritualität. Natürlich ging es auch viel um Schwangerschaft, Geburt und wenn das Baby dann da ist. Dies war nochmals ein großes Themenfeld, wo ich merkte, hier kann ich gesellschaftlich-geprägte Ängste loslassen. Das fiel mir sogar ziemlich leicht. Die Vielzahl der angebotenen medizinischen Vorsorgeuntersuchungen inklusive Ultraschall kamen für mich nicht in Frage.

Ich ging meinen eigenen Weg, der so natürlich wie möglich sein sollte. So ließ ich mich nur durch eine Hebamme während Schwangerschaft und Geburt betreuen, da ich keine Notwendigkeit sah, aus einer Schwangerschaft, in der es mir gut ging, einen medizinischen Fall zu machen. Zwar gab es einen Vorfall aufgrund dessen meine Hebamme mich nach der Geburt sofort notfallmäßig ins Krankenhaus bringen ließ (Die Plazenta kam nicht nach normgerechter Zeit heraus). Und dennoch fühlte sich die Geburtshaus-Geburt auch danach genau richtig für mich an.

Außerdem nutzte ich die freie Zeit während der Schwangerschaft, um als Volontärin in einer Permakultur-Gemeinschaft (Schweibenalp) in der Schweiz mitzuarbeiten. Es waren inspirierende Wochen mit bewussten Menschen in atemberaubenden Bergpanorama. Ich sah aber die Vor- und Nachteile des Gemeinschaftslebens und hätte nicht direkt dort einziehen wollen. Aber ich wusste, irgendwann leben wir auch in schöner Natur und betreiben Permakultur. Unsere Gemeinschaft wird definitiv nicht so ein enges WG-Leben wie das der Schweibenälpler sein, sondern eher eine engere Dorfgemeinschaft Gleichgesinnter (Wie zum Beispiel in den Anastasia-Büchern von Wladimir Megre beschrieben).

Dominik wurde während dieser Zeit in seinem neuen Job auch immer unzufriedener. Er war schon immer sehr freiheitsliebend und wollte eigentlich auch mehr in der Natur als im Büro sein. Auch hasste er geradezu das Leben in der Großstadt. Zur Arbeit zu radeln und dabei Unmengen an Abgasen einzuatmen ist auch nicht gerade ideal.

Das einzige was uns jetzt noch in Düsseldorf hielt, war das gemeinschaftliche Familien-Bauprojekt WohnenMitKindern 3 (wmk3.de), dem wir beigetreten waren, da uns die Idee vom gemeinschaftlichen Bauen und Wohnen mit 30 anderen Familien gefiel. Wir waren fast von Beginn an dabei und sind mehr als 2 Jahre lang Teil dieses Projekts gewesen, haben intensiv geplant, diskutiert und uns kennengelernt. Für uns war es eine bereichernde Erfahrung eine gemeinsame Idee zu verfolgen und gemeinschaftlich Entscheidungen zu treffen. Es war eine intensive Zeit, mit wöchentlichen Treffen abends und einem monatlich ganztägigen Treffen am Wochenende, während der wir ein Gefühl für Gemeinschaftsbildung bekamen.

Wir merkten aber immer mehr, dass es nicht mehr das Richtige für uns war, so sehr wir die Menschen in dieser Gruppe auch in unser Herz geschlossen hatten. Erstens wollten wir nicht in der Großstadt leben, sondern auf dem Land, zweitens eher in einem wärmeren Klima und drittens mit anderen Familien leben, die auch das konventionelle Leben hinterfragten und nach einem gesünderen (für Körper, Geist und Seele) Leben suchten. Wenige Monate nach Felines Geburt verließen wir das Projekt.

Die Entscheidung ist gefallen

Wir fingen also an, nach Gemeinschaften zu suchen und besuchten eine vielversprechende im Elsass, die sich aber nicht passend für uns anfühlte. Es war nun aber trotz fehlender Perspektive für uns der Zeitpunkt gekommen, um Nägel mit Köpfen zu machen. Lange genug hatten wir unsere Ideen und Träume nur im Kopf und wir erkannten, wenn wir nicht den ersten notwendigen Schritt tun, wird sich nichts ändern: Dominik hat seinen Job mit 6-monatiger Kündigungsfrist gekündigt, 3 Monate später wurde die Wohnung zum gleichen Termin gekündigt. Wir hatten Erspartes und eine leerstehende Wohnung in der Verwandtschaft für unsere Möbel, und waren voller Vertrauen (meistens), dass sich der passende nächste Schritt ergeben wird. Wir begannen zu verstehen, dass wir durch dieses Vertrauen, bzw. durch positive Gefühle unsere Realität positiv beeinflussen (Gesetz der Anziehung). Und wir verstanden, unser Leben kann sich nur dann in eine neue Richtung entwickeln, wenn wir alles, was dem im Weg steht, loslassen.

Nachdem die Entscheidung gefallen war und Dominik seinen Job gekündigt hatte, fühlten wir uns mutig, abenteuerlustig, befreit und bereit.

Wir haben überlegt, wem wir nun schon von unserem Vorhaben erzählen. Das war vor allem deshalb nicht einfach, weil wir selber noch keinen Plan hatten, wo es für uns dann erst mal hingehen sollte. Am einfachsten war es mit Dominiks Eltern, da sie von unseren Auswanderträumen schon wussten und dem auch positiv gegenüberstanden. Sie freuten sich über unseren Mut, den sie nicht aufgebracht hatten, als sie damals vom Auswandern träumten. Natürlich waren sie gespannt, was wir nun vorhaben, worauf wir ja zunächst keine konkrete Antwort hatten. Auch das hat sie nicht weiter geschockt. Für uns war und ist es immer noch eine Reise ohne ein fest verortetes Ziel.

Für meine Eltern war es ein Schock. Sie haben uns im Prinzip für übergeschnappt gehalten. Innerhalb ihres Wertesystems konnten sie keinerlei Verständnis dafür aufbringen, dass wir uns die Freiheit nahmen, uns zu fragen wie wir wirklich leben wollten und dies ohne Rücksicht auf Konventionen durchzogen. Sie konnten sich auch nicht vorstellen, wie wir es finanziell anstellen wollen. Logisch, von den Möglichkeiten des Internets in Sachen online Business hatten sie natürlich keine Vorstellung (Wir ja auch erst seit kurzem).

Während ich damals auf Grund ihrer Reaktion traurig bis wütend war, kann ich es heute einfach annehmen, dass sie so sind wie sie sind (was seine Gründe hat). Um sich aus dem Wirrwarr von familiären und gesellschaftlichen Prägungen, Glaubenssätzen und Blockaden zu lösen ist ein innerer Entwicklungsprozess nötig, den man nicht von außen erzwingen kann. Ich für meinen Teil habe erkannt, dass ich nicht emotional davon abhängig bin, wie meine Eltern mein Tun bewerten.

Unsere Geschwister und Freunde reagierten eher positiv auf die Verkündigung unseres Vorhabens. Natürlich gab es ein bisschen Traurigkeit darüber, dass wir dann erst mal „weg" sind, aber es überwog eigentlich Anerkennung für unseren Mut „unser Ding" durchzuziehen. Auch die Überraschung war natürlich recht groß und ich glaube, die allermeisten sahen uns in spätestens ein paar Monaten wieder zurück ins alte Leben kehren. Es haben aber alle betont, dass ein solches Vorhaben nichts für sie wäre, das „Sicherheitsbedürfnis" sei zu groß (vor allem in Bezug auf die Finanzen und alles, was damit zusammenhängt).

Den Verwandten und Freunden haben wir ihr „zurück könnt ihr ja immer" bestätigt. Das stimmt nur theoretisch, denn eigentlich war uns schon damals in der Planungsphase klar, dass es für uns kein Zurück mehr ins alte Leben gibt. Wir fühlten uns inzwischen richtig fehl am Platz im „Mainstream-Leben", denn unsere Werte haben sich ziemlich gewandelt. Freiheit ist uns ein Wert von immens hoher Bedeutung geworden.

Es hatte auch mit einem neuen Weltbild zu tun: Wir begannen zu verstehen, dass der Mensch ein Schöpferwesen ist, sein Leben vollständig selbst erschafft und dass es keinen Zufall gibt. Dass wir kompromisslos unseren persönlichen Herzensweg suchen müssen, um Erfüllung zu finden. Schließlich hatten wir das Gefühl, dass wir einen anderen Weg als der Mainstream einschlagen wollen, der sich immer noch von der Illusion leiten lässt, dass der Weg des unbegrenzten Ressourcen-verschwendenden und zerstörerischen Wirtschaftswachstums alternativlos ist.

Ich habe mit dem Verlust eines vermeintlichen sicheren Jobs, an dem ich mich festgehalten hatte, erkannt: Sicherheit gibt es im Leben nicht! Auch das Thema Altersvorsorge scheint einige daran zu hindern ihre Träume zu leben. Ein fataler Trugschluss: Wie viele Menschen gibt es, die ihr Leben lang hart gearbeitet und sich darauf gefreut haben, sich ihre Träume zu erfüllen, wenn sie in Rente sind? Nur leider ist daraus dann nichts mehr geworden, da sie nur kurze Zeit später (oder kurz davor) gestorben sind...

Weshalb uns das Thema Altersvorsorge nicht besonders juckt: Wir glauben, dass bis zu unserem „Ruhestandsalter" massive gesellschaftliche wie ökonomische Umbrüche geschehen werden, die jegliche Vorhersehbarkeit und Planbarkeit ausschließt. Wir wollten dem Staat oder den Banken und Versicherungen unter diesem Gesichtspunkt langfristig nicht unser Geld anvertrauen.

Wir würden viel mehr auf eine autarke Gemeinschaft vertrauen, die wir mit anderen zusammen in den nächsten Jahren aufbauen werden. Außerdem glauben wir, dass wir bis ins hohe Alter Tätigkeiten nachgehen werden, die uns erfüllen und anderen helfen (= Berufung), so dass es einen Energieausgleich für uns geben wird (wenn es dann noch eine Rolle spielt). Was das dann ist, müssen und können wir jetzt noch gar nicht wissen.

Rein in die Planung: eine intensive Zeit

Nachdem Dominik einmal gekündigt hatte und klar war, dass wir in 6 Monaten frei sein werden, dort hinzugehen, wo es uns hinzieht, haben wir uns auch keine weitere Vorbereitungszeit eingeräumt: die Wohnung haben wir zum gleichen Monat gekündigt. Für uns war klar, wir wollen so schnell es geht weg aus Düsseldorf und werden auch nicht wiederkommen. Der anvisierte Monat für die Abreise war also Oktober, was auch jahreszeitlich gesehen ein guter Zeitpunkt ist, um Deutschland zu verlassen. Denn von den Wintern hier hatten wir wirklich genug.

Für mich gehörte ab Juli zur Vorbereitungszeit die Planung eines online Kongresses zum Thema Well-Aging. Das Geschäftsmodell und die Versprechungen dazu klangen vielversprechend, sich damit schnell ein online Business aufzubauen. Ganzheitliche Gesundheit für ein glückliches und gesundes langes Leben war ein Thema, was mich faszinierte, nachdem ich selber positive Erfahrungen mit einer Ernährungsumstellung auf Vitalkost, Fasten, mehr Naturverbundenheit und Yoga gemacht habe. Zu diesem Thema fühlte ich mich stark hingezogen, und könnte endlos dazu recherchieren und lesen. Das wollte ich jetzt endlich mal nach draußen an die Menschen bringen. Ich entwickelte die Vision einer Gesellschaft, in der jeder das Wissen hat, was es für ein gesundes und erfülltes Leben bis zum Schluss braucht, und damit die Verantwortung für sich komplett übernimmt. Natürlich geht es nicht nur um Wissen, sondern auch ganz stark um kollektive Glaubenssätze, die geändert werden müssen.

Wenn Dominik von der Arbeit heimkam, habe ich mich also an den Computer zum Arbeiten gesetzt. Gleichzeitig beschäftigten wir uns natürlich mit möglichen Zielen, wo wir hinreisen wollten. Oder gab es doch noch eine Gemeinschaft aktuell für uns? Langsam mussten wir uns aber wirklich mal festlegen...

Nach einem weiteren Besuch eines Gemeinschafts-Gründungsprojektes in Portugal, das leider nicht für uns passte, wurden wir auf das Konzept „Familiy Workations & Co-living" aufmerksam: Gemeinschaft auf Zeit auf der Reise mit anderen reisenden Familien, die ebenfalls online arbeiteten (digitale Nomaden-Familien), perfekt für uns als Übergangslösung!
Nach einem Facebook-Post von Antje und Boris für Family-Workation & Co-living auf La Palma und einem Skype-Gespräch Anfang September buchten wir unsere Flüge nach La Palma. Wir wollten dort 3 Monate gemeinsam leben, arbeiten und eine schöne Zeit verbringen. Wie passend, denn die Kanaren waren sowieso eine unserer Traumdestinationen im Hinblick auf eine neue Heimat.

Ansonsten gehörte Ausmisten der Wohnung zur Vorbereitung. Das heißt wir haben Sachen, von denen wir glaubten, sie auch in Zukunft, wenn wir wieder sesshaft würden, nicht mehr zu brauchen, verschenkt, verkauft oder weggeschmissen. Das bedeutete, dass wir doch recht viel behalten haben, was eben daran lag, dass wir zu diesem Zeitpunkt nicht planten für eine sehr lange Zeit reisend unterwegs zu sein. Wir dachten tatsächlich, dass wir uns spätestens nach einem halben Jahr irgendwo wieder niederlassen würden. Beim Umzug unserer Sachen in die leerstehende Wohnung von Dominiks Oma bereuten wir jedoch, uns nicht großzügiger von unseren Sachen getrennt zu haben. Unglaublich, wie groß unser Besitzstand immer noch war, obwohl wir nur in einer relativ kleinen Wohnung gelebt hatten...

Ein weiterer Aspekt unserer Vorbereitung war auch die Digitalisierung aller wichtigen Dokumente. Da wir auch dies zum Anlass genommen haben, auszumisten, war das relativ zeitaufwendig. Bei der Gelegenheit haben wir uns auch von einigen Versicherungen getrennt, wie Berufsunfähigkeitsversicherung oder Hausratsversicherung. Da wir uns aus Deutschland abmelden würden, verabschiedeten wir uns auch aus der gesetzlichen Krankenversicherung und entschieden uns für eine internationale Krankenversicherung (Cigna). Auch mein Gewerbe, das ich für meine Ringana-Partnertätigkeit hatte, meldete ich ab.

Stattdessen gründete ich nach Beratung durch Christoph Heuermann von Staatenlos eine amerikanische Firma für mein online Business. Auch haben wir durch seine Beratung erfahren, dass für uns mit aufgegebener Wohnung die Abmeldung aus Deutschland sinnvoll ist. Infos dazu gibt es auch auf seinem Blog (www.staatenlos.ch). Und ja, das bedeutet auch, wir beziehen nicht weiter Kindergeld. Das ist für unser Empfinden aber nur fair und konsequent. Wir wollen für uns vollständig Eigenverantwortung übernehmen und raus aus der „Vollkasko-Mentalität".

Zu guter Letzt haben wir unser Auto verkauft und uns aus Deutschland abgemeldet, Ziel: Spanien, genauer La Palma. Unsere 3 Koffer haben wir im Prinzip während der Umzugskisten-Packerei mitgepackt, dann ging es noch für ein paar Tage zur Oma und schließlich, pünktlich am Tag des ersten Kälteeinbruchs in diesem Herbst, zum Flughafen. Mann, waren wir fix und alle, als wir das alles endlich geschafft hatten!

Unser Start auf La Palma

Wir kamen also etwas gestresst von unserem überhasteten Aufbruch auf La Palma an, jedoch bei herrlichstem Wetter und in einer wunderschönen Apartmentanlage, wo Antje, Boris und Nolan schon auf uns warteten. Der fast 3-jährige Nolan freute sich schon auf unsere knapp 2-jährige Feline, die auch sofort Gefallen an ihm fand. Das waren schon mal beste Voraussetzungen für die kommenden 3 Monate, die wir uns in der Anlage eingebucht hatten (So konnten wir einen günstigen Festpreis bekommen). Ansonsten toppte die Anlage mit einem großen Pool in einem Garten mit leckeren Früchten und einem traumhaften Meerblick. Der Pool erforderte natürlich auch erhöhte Wachsamkeit den lieben Kleinen gegenüber, ebenso wie die Treppen, die das terrassierte Gelände erschlossen.

Die Lage erforderte unbedingt ein Auto, zum Einkaufen und auch zum Strand. Auch hierfür schafften wir es einen günstigen Mietpreis auszuhandeln (1000 Euro für 3 Monate). Mit dem Auto war dann in 5 Minuten ein Bioladen mit vielen lokalen Früchten und Gemüse zu erreichen, was unsere Haupteinkaufsquelle wurde.

Etwas mühsam gestaltete sich die Suche nach einer ausreichend schnellen Internetverbindung, was auf La Palma Mangelware ist. Was der Vermieter uns anbieten konnte, reichte nicht mal zum gewöhnlichen Surfen. Für meine Kongress-Interviews mit Video brauchte ich jedoch eine stabile und schnelle Verbindung. Wir haben also sämtliche Mobilfunk-Läden und Optionen für öffentliches Internet abgeklopft. Die Lösung fanden wir erst nach 2-3- Wochen mit einer mobilen Sim-Karte von Simyo.

Eigentlich hatte ich bereits wenige Tage nach unserer Ankunft die ersten Interview-Termine für den Online-Kongress, wodurch ich mir einen ganz schönen Stress machte... Das war eigentlich unnötig, wenn ich es aus heutiger Perspektive betrachte. Schon bald sah ich auch ein, dass der Kongress-Termin, den ich mir in Deutschland sehr ambitioniert überlegt hatte, nicht einhaltbar war und dass eine Verschiebung um 3 Monate kein Beinbruch war. Denn natürlich hatten wir auch Ersparnisse, die unsere einzige Geldquelle für die ersten 5 Monate waren und auch heute noch nicht aufgebraucht sind. Waren wir nicht gerade erst aus dem Hamsterrad ausgestiegen? Unbewusst haben wir es offensichtlich erst mal fortgesetzt. Denn ohne Fleiß kein Preis... und um zu leben, müssen wir hart arbeiten, als Selbstständige natürlich noch viel mehr...wir sind hier ja schließlich nicht zum Urlaub machen... Da sind sie wieder, die Glaubenssätze und Prägungen, die einen so beeinflussen!

Für mich waren in dieser Hinsicht meine Kongress-Interview-Partner teilweise interessante Lehrer (Deshalb veranstaltet man auch einen Kongress ;-)). Ich hatte mich zuvor noch nicht damit auseinandergesetzt, was Glaubenssätze, Prägungen und Muster sind, das Thema war noch nicht zu mir gekommen. Offensichtlich wurde es nun aber Zeit dafür. Das Schöne ist: Mit diesem Wissen erkannte ich nach und nach welche bei mir wirkten und konnte sie auch loszulassen.

Relativ schnell gewöhnten wir uns an den neuen Alltag, der immer auch ein bisschen Urlaubsfeeling brachte: Allein die Lage, der Blick auf's Meer, die Wärme und so viele Strandbesuche wie wir lustig waren trugen viel dazu bei. Eine Umstellung war natürlich die geänderte Rollenverteilung zwischen mir und Dominik. Auf einmal war ich diejenige, die relativ viel Zeit mit Computerarbeit verbrachte und Dominik betreute in der Zeit unsere Tochter. Aber es ergab sich auch relativ schnell, dass der Kongress auch für Dominik Arbeit „abwarf": Er befasste sich mit dem Videoschnitt, zumeist in den Abendstunden.

Im Gegensatz zu unserem alten Leben in Deutschland konnten wir vollkommen frei über Arbeits- und gemeinsame Familien-Freizeit entscheiden, was dann für mehr Zufriedenheit bei allen Beteiligten sorgt. Es gehörte jedoch zu meinen Learnings dazu, nicht in das alte Glaubensmuster von „viel arbeiten müssen" zu fallen, und die Arbeit über alles zu stellen, sondern eine Alltagsstruktur zu entwickeln, die die Bedürfnisse aller berücksichtigt (auch meine eigenen). Natürlich brauchte auch Dominik mal „Kind-frei", so dass ich mit Feli auch mal alleine (meistens mit Nolan und einem Elternteil) unterwegs war. Hier musste ganz klar eine Balance gefunden werden. Am meisten Spaß hatten wir immer bei Familienausflügen, manchmal sogar mit beiden Familien gemeinsam!

Die Zeit auf La Palma verging wie im Flug und der Aufbau des online Business kostete unsere gesamte Aufmerksamkeit. Eine passende Gemeinschaft ist uns auf La Palma nicht begegnet und wir merkten, dass die Suche nach Gemeinschaften und wieder sesshaft werden nicht wirklich dran war bei uns. Stattdessen ließen wir uns von Antje und Boris zur Weiterreise nach Thailand inspirieren. Sie machten uns darauf aufmerksam, dass dort auf der Insel Ko Phangan im Winter viele Reise-Familien hinkamen.

Weiter geht's nach Thailand

Nun stand also unsere erste Fernreise für unsere nun 2-jährige Tochter an. Ein wenig mulmig war uns dabei schon, aber es war tatsächlich völlig unproblematisch, da sie wirklich viel geschlafen hat während des Fluges. Unsere erste Anlaufstelle war die Insel Phuket, wo wir an Silvester ankamen und auf Grund des Jetlags zusammen mit Feline gut ins neue Jahr sowie ihren 2. Geburtstag am 1.1. reinfeiern konnten.

Es war ein Wahnsinns-Gefühl, dass wir jetzt in Thailand waren, woran wir vor 3 Monaten noch nicht im Traum gedacht hatten. Und wir hatten ein neues Jahr vor uns, dessen Verlauf so unabsehbar für uns war, wie niemals zuvor. Das ist vermutlich für viele Menschen nicht gerade ein Traum, mit solch einer Ungewissheit umzugehen, aber bei uns verursachte es ein eher freudiges Kribbeln und eine Dankbarkeit dafür, welche Wendung wir unserem Leben gegeben hatten. Wir waren voller Vertrauen und Zuversicht, da wir inzwischen verstanden hatten, dass es keine Zufälle gibt und dass wir durch unsere Einstellung und durch unsere Gefühle selbst bestimmen, was wir wie erleben. Das bedeutet, solange wir uns gut fühlen und achtsam mit uns sind, wiederfährt uns nichts Schlimmes.

Wir genossen für die nächsten 5 Tage den Strand und kamen erst mal in der neuen Kultur und dem Klima an. Und wir freuten uns riesig über frische Trink-Kokosnüsse und Tropenfrüchte!

Danach ging es mit einem kurzen Flug in den Norden von Thailand nach Chiang Mai, einer überschaubaren aber quirligen Stadt von rund 130.000 Einwohnern. Im Januar war auf Ko Phangan Regenzeit, die noch dazu in diesem Jahr besonders heftig ausfiel. Das Wetter in Chiang Mai dagegen war sehr angenehm trocken und nicht allzu heiß. Die ersten 10 Tage verbrachten wir in einem Gästehaus im Zentrum, danach fanden wir über AirBnB ein Appartement in einem modernen Hochhaus mit schönem Pool am Stadtrand. Toll war in Chiang Mai die Vielfalt an guten Restaurants, insbesondere viele vegane und auch mit Rohkost-Angebot. Aber auch die „Nacht-Märkte" mit ihren vielen Essens-Angeboten für wenig Geld waren toll.

Ansonsten gibt es in Chiang Mai unzählige buddhistische Tempel zu besichtigen, einer schöner und größer als der andere. Eine tolle Abwechslung für unsere kleine Tochter war aber auch der Zoo und z.B. ein Katzen-Café. Ihr gefiel auch das „Tuc-Tuc"-Fahren sehr. Und nicht zuletzt hatte sie Spaß mit vielen Kinder-liebenden Thailändern, die immer gerne Kontakt aufnahmen. Dies ist ein Punkt, der uns im Vergleich zu Deutschland natürlich sehr positiv aufgefallen ist...

Wie schon auf La Palma war es natürlich nicht nur Freizeit und Besichtigungen, sondern auch viel Arbeiten für den Kongress, was auf dem Programm stand.

Nach knapp 4 Wochen in Chiang Mai hatten wir dann aber auch wirklich genug von der Stadt. Wir empfanden den Verkehr als immer stressiger und es gab auch einfach zu wenig Möglichkeiten für Feline zum draußen austoben und spielen. Der einzige Park mit Spielplatz war eine halbe Stunde Fahrt von uns entfernt, im offenen Taxi-Bus („Songtaews"), in dem man einfach zu viele Abgase einatmet. Zudem fehlten uns Kontakte zu anderen Familien in der Nähe (Eine französische Familie mit Kleinkind hatten wir getroffen, leider weiter weg wohnend). Wir freuten uns auf das Kontrastprogramm auf Ko Phangan mit viel Natur und vielen anderen Reise-Familien.

Zuvor mussten wir aber noch unsere Visums-Verlängerung beantragen, da wir nach Thailand mit dem 30 Tage „on arrival" Visum eingereist waren. Dieses kann man um weitere 30 Tage verlängern. Wir fuhren also zum Immigration Office in Chiang Mai, wo wir dafür ein paar Stunden Wartezeit verbrachten. Zumindest ein bisschen Abwechslung gab es dabei durch das Einkaufszentrum, in dem das Office gelegen war.

Ein kurzer Flug nach Surat Thani, eine 1 ½ -stündige Busfahrt und 2 - stündige Schnellbootfahrt brachte uns Anfang Februar dorthin, auf diese wunderbar grüne Tropenparadies-Insel. Wir hatten schon vorab ein Zimmer in einem Resort direkt am Strand gebucht. Wir verzichteten auf den Komfort eines größeren Bungalows mit Küche zugunsten der Strandlage. Dafür waren wir sowieso in dem Ort, mit den meisten veganen und gesundheitsorientierten Restaurants, die tolles Essen nach unserem Geschmack anboten: Sri Thanu.

Feline konnte nun also direkt vor unserem Zimmer im Sand spielen, die Straße war weit weg, und die arbeitende Mama konnte auch zwischendurch mal schnell ins Meer springen. Denn nun ging mein Online Kongress über die Bühne und das war noch mal arbeitsintensiv. Toll war auch, dass ich auch einen Co-Working-Space mit extrem guter Internetverbindung nutzen konnte, der sich in unserer Nähe direkt am Strand befand. Zum ungestört Arbeiten ist das perfekt, aber kostet natürlich auch etwas mehr.
Über unsere Erfahrung mit dem online Kongress gibt es am Ende des Buches ein Kapitel.

Wir freuten uns auch, dass wir viele andere langzeitreisende Familien trafen. Der Austausch mit Gleichgesinnten ist einfach bereichernd und unverzichtbar, um die sozialen Bedürfnisse zu befriedigen. Wir genossen die vielen spontanen und immer herzlichen und offenen Begegnungen, aus denen neue Freundschaften wurden. Und wir wurden dadurch auch sehr spontan Teilnehmer auf dem „Familien-Weltreise-Kongress", den man als Pendant zu diesem Buch betrachten kann. ;-)

Die nötige Mobilität um die Insel zu erkunden und auch die zahlreichen deutschen Familien, die für 3 Monate im Buritara-Resort in Chaloklam waren, zu treffen, verschafften wir uns erst für die 2. Hälfte unseres Aufenthaltes: Zunächst hatten wir uns nicht getraut, Motorroller zu fahren, was auf der Insel – oder überhaupt in ganz Südostasien – DAS Verkehrsmittel der Wahl ist, auch für Familien mit kleinen Kindern. An den Anblick von 4-5-köpfigen Familien mit kleinen Kindern auf Rollern muss man sich auch erst mal gewöhnen. ;-) Aber irgendwann hat uns dann die Abenteuerlust gepackt und es hat wirklich Spaß gemacht. Während wir über die relativ verkehrsarme Insel durch den Dschungel und über Berge mit toller Aussicht fuhren, kam noch mal ein extra Freiheitsgefühl auf.

Die Planung unserer Weiterreise nach 4 Wochen auf Ko Phangan gingen wir auch erst in dieser Zeit an. Wir hatten lediglich den Ausreiseflug nach Kuala Lumpur, Malaysia schon vor Einreise nach Thailand gebucht, da man diesen evtl. vorweisen muss. Ein paar Tage wollten wir uns zumindest die Metropole mit den Petronas Twin-Towers ansehen. Und von dem Drehkreuz KL hatten wir dann die Option überall auf der Welt hinzufliegen...

Auf Ko Phangan hörten wir von mehreren Familien, dass sie im März nach Bali weiterreisten, wovon wir uns inspirieren ließen. Das klang für uns nach einer von Kuala Lumpur aus naheliegenden echten Traum-Destination.

Kuala Lumpur – Kontrastprogramm

Die Hauptstadt Malaysias stellt als moderne, sehr westlich-geprägte Stadt mit beeindruckender Skyline das absolute Kontrastprogramm zum beschaulichen thailändischen Inselparadies Ko Phangan dar. Sie ist ein Schmelztiegel vieler Nationen: Neben den Malaien leben hier Chinesen, Inder, Tamilen, Thais und viele mehr. Und statt buddhistischer Tempel gibt es hier Moscheen.

Wir haben nur 2 Übernachtungen dort eingeplant, da wir wissen, dass wir von einer Großstadt immer sehr schnell wieder genug haben.

Der Flughafen liegt etwa 50 km südlich des Stadtzentrums und wir waren mit dem Taxi 1 Stunde unterwegs um vom Flughafen zur Unterkunft zu fahren.

Uns fiel direkt auf, wie gut die Verkehrsinfrastruktur ausgebaut war im Gegensatz zum beschaulichen Koh Phangan. Auch war es überall sehr sauber und aufgeräumt und entlang der Straßen lag kaum Müll herum.

Wir hatten im Zentralen Viertel Bukit Bintang ein preiswertes Zimmer mit 3-Betten in einem Hostel gebucht. Von hier aus haben wir viel zu Fuß unternehmen können, und sind direkt zu den Petronas Zwillingstürmen gelaufen.

Nachts war die Skyline besonders beeindruckend, wenn alle Gebäude hell erleuchtet sind. Wir sind abends auch in das Restaurant des Traders Hotel gegangen, nicht zum Essen, sondern um die großartige Aussicht zu genießen.

Zum Einkaufen war Kuala Lumpur ideal, mit seinen zahlreichen Shopping-Malls. Unsere Tochter war in den vergangenen 5 Monaten ordentlich gewachsen und so war es höchste Zeit für sie neue Kleidung einzukaufen.

Erwähnenswert und empfehlenswert für Familien finden wir den Vogelpark (KL Bird Park), den wir besucht haben.

Bali – die Insel der Götter

Bei unserer Bali-Planung wussten wir zunächst nicht so genau, wo wir dort eigentlich hinwollten. Strand oder die spirituelle „Hauptstadt" Ubud im Inland? Da die Insel sehr groß ist und der Verkehr auch enorm ist, so dass man schon für kurze Distanzen relativ viel Zeit braucht, entschieden wir uns, zunächst ein Hotel nicht allzu weit vom Flughafen, aber strandnah zu buchen. Es wurde dann ein 4-Sterne-Hotel zum Sonderangebot für 9 Tage in dem Surferort Kuta.

Was uns nicht klar war, war, dass es sich bei dem Ort quasi um den Ballermann der Australier handelt, touristisch überlaufen, wo sich auch der Verkehr dicht an dicht durchschlängelte. Umso faszinierender, dass trotzdem die alltägliche spirituelle Praxis der Balinesen ihren Platz fand – in Form von allgegenwärtigen Opfergaben (für die Götter und auch die Dämonen) vor den (Geschäfts)-türen auf dem Gehweg. Das sind kleine Körbchen aus Palmblättern, die Blumen, Räucherstäbchen (Feuer), manchmal auch Früchte, Reis, Kekse oder Geld enthalten und noch mit heiligem Wasser besprenkelt werden. Man läuft ständig Gefahr, rein zu trampeln – aber das verärgert niemanden, da die Opfergabe ihren Zweck mit der Niederlegung erfüllt hat.

Am Strand konnten wir zwar toll den Surfern zugucken, baden bzw. schwimmen war bei der Brandung aber nahezu unmöglich. Und wir waren zudem viel damit beschäftigt, dankend uns angebotene Waren abzulehnen.

Da das Hotel aber ziemlich angenehm war, harrten wir fast bis zum letzten Buchungstag dort aus (war ja auch bezahlt), und zogen dann weiter nach Sanur, einem wesentlich ruhigeren kleinen Urlaubsort an der Südküste. Dort klapperten wir einfach die Homestays ab, bis wir ein schönes gefunden hatten. Die ursprüngliche Bedeutung von Homestay ist, dass man bei einer Familie im Haus zu Gast ist. Aber hier handelte es sich um kleine familienbetriebene Resorts mit einfachen Bungalows oder Zimmern.

Der Strand dort war zwar nicht besonders schön, aber dafür war das Meer dort sehr flach und durch ein Riff geschützt ohne Wellen, ideal für kleine Kinder.

Um die Ecke gab es ein tolles veganes Rohkost-Restaurant, und wir bekamen hier auch eine noch größere Vielfalt an Tropenfrüchten als in Thailand - Unser tägliches Frühstück!

Für einen schöneren Strand haben wir uns einmal per Uber-Taxi 40 km nach Padangbai zum Secret Beach fahren lassen. Im dichten Bali-Verkehr dauert das eine gute Stunde. Es war ein wenig schwierig dem Fahrer zu vermitteln, wo wir hinwollten, da er der festen Überzeugung war, dass wir eine Fähre zu den Gili Islands nehmen wollten. Denn das wollen wohl die meisten Touristen, die zu diesem Ort kommen. Wir liefen dann noch zu Fuß über einen Berg, um uns dann völlig nass-geschwitzt in die kühle Brandung des für Bali wirklich schönen Strandes zu stürzen. Tatsächlich wurde dort sogar Eintritt erhoben, ziemlich ungewöhnlich für diese Region auf der Erde. Unser Fazit zum Thema Strand und Bali ist auf jeden Fall: besser nach Thailand, wenn einem schöne Strände wichtig sind.

Unvergesslich in Sanur bleibt uns eine balinesische Hauseinweihungszeremonie, die sich an der Hauptstraße über 5 Tage hinzog. Dies zog unglaublich viele Menschen an... Es gab den ganzen Tag Musik - entweder live auf den traditionellen balinesischen Musikinstrumenten oder auch „vom Band". Es wurden in dem Haus Reden gehalten, die auch per Leinwand nach draußen übertragen wurden, für alle, die nicht mehr in das große Haus passten. Einfach faszinierend, diese Kultur!

Business-technisch hatte ich mir schon kurz nach dem Kongress auf Koh Phangan überlegt, mit Webinaren weiterzumachen. Ich fing also an, live Interviews mit Kooperationspartnern durchzuführen, die interessante Themen und Angebote zum Thema Well Aging beisteuern konnten. So konnte ich die aufgebaute E-Mail-Liste nutzen, um über Affiliate-Provisionen Geld zu verdienen. Im Interviewen hatte ich ja bereits Übung, aber live war es doch noch mal ein anderes Gefühl. Toll ist, dass ich durch die Fragerunde mit den Zuschauern noch direkter das Gefühl hatte zu helfen. Technisch war es zunächst erst wieder eine Herausforderung, die ich aber schnell lösen konnte.

Nach einer Weile in Sanur zog es uns dann noch nach Ubud im Inland, dem kulturellen und spirituellen Zentrum von Bali. Dort trafen wir auch einige Reisefamilien von La Palma und Koh Phangan wieder und lernten auch wieder neue kennen, was auch dazu beitrug, dass wir uns dort viel wohler fühlten als an der Küste. Wir kamen in einem älteren aber stilvollen Resort am Stadtrand angrenzend an schön grüne Reisfelder unter (sind wirklich eine Augenweide!), gebucht als Angebot auf booking.com. Es gab einen wunderbaren großen Pool und Feline und ihre Freunde hatten im schönen Garten viel Platz um zu spielen.

Die Stadt bot neben wunderschönen hinduistischen Tempeln an jeder Straßenecke auch (roh-) vegane kulinarische Highlights auf internationalem Niveau. Wahlweise kann man für sehr wenig Geld in den indonesischen „Warungs" essen. Auch hier ist vegetarisch/vegan kein Problem. Erwähnenswert als kulinarisches Highlight ist auch die „Ubud Raw Chocolate", die in den Kühlvitrinen vieler Restaurants und Lädchen angeboten wird. Die beste Schokolade, die wir je gegessen haben, und dazu auch noch gesund: aus rohem Kakao und nur mit Kokosblütensirup gesüßt.

Ein besonderes Highlight ist der Money Forest direkt in Ubud, ein kühles Fleckchen Urwald mit Hunderten Makaken, die natürlich an die Touristen gewöhnt sind. Kleine Kinder nimmt man besser auf den Arm, denn die Affen sind ganz schön frech. Dort in der Nähe gab es auch das tolle Resort „Swasti Eco Cottages", in dessen Restaurant es Bio-Gemüse und Früchte aus dem eigenen Garten in sehr gesunden und schmackhaften Kreationen gab. Der Garten mit Tieren, viel Platz zum Spielen und auch einem Pool machte wiederum auch das Kinderglück komplett. Das Resort ist in allen Bereichen ökologisch orientiert, aber hat natürlich auch seinen Preis.

Am 21. März wurden wir etwas unsanft von einem 20 Sekunden andauernden starken Erdbeben der Stärke 5.5 auf der Richterskala geweckt. Als Geowissenschaftler war uns bewusst, dass in diesem Teil der Erde mit starken Erdbeben und auch auf Bali mit Vulkanausbrüchen zu rechnen ist, aber es hat uns doch überrascht, nur wenige Kilometer vom Epizentrum entfernt, selbst zu erleben wie sich eine solche Naturgewalt anfühlt. Wir wurden ordentlich durchgeschüttelt, aber niemand kam zu Schaden.

Einmal mieteten wir uns einen Fahrer, der mit uns zu ein paar nahegelegenen Sehenswürdigkeiten fuhr: Goa Gajah, die antike Elefantengrotte, Pura Tirta Empul, eine Tempelanlage mit heiliger Quelle, eine Kaffeeplantage und hoch auf den Vulkan Batur mit seinem Kratersee und tollem Fernblick (wenn das Wetter besser gewesen wäre). Besonders beeindruckend waren die heiligen Quellen, wo Menschenmassen sich in voller Montur rituell gebadet haben.

So ging dieser letzte und spannendste Teil von Bali für uns am schnellsten vorbei.

Natürlich mussten wir uns auch darum kümmern, wohin es als nächstes gehen sollte. Ziemlich schnell kamen wir auf Australien, das von Bali aus sehr schnell und kostengünstig zu erreichen ist. Dominik war vor 10 Jahren alleine dort gewesen und schwärmte immer davon, dass er da noch mal hinwollte. Aber wie können wir uns das leisten, wenn wir nicht horrend viel Geld ausgeben möchten, in diesem Land mit bekanntermaßen sehr hohen Lebenshaltungskosten?

Ziemlich schnell kamen wir auf die Idee, dass wir Housesitting machen könnten: Man passt auf die Haustiere, Haus und Garten von Leuten auf, die verreisen und wohnt dafür umsonst! Wir meldeten uns bei der Plattform „aussiehousesitters.com" an, die für Australien die meisten Angebote enthielt und beworben uns auf einen 2-monatigen Housesit an der Ostküste irgendwo in der Mitte zwischen Townsville und Brisbane ab Ende März. Zu betreuen war lediglich eine Katze... Und welch Glück, sie nahmen uns! Also schnell die Flüge gebucht, kostenloses 3-Monats-Visum beantragt und auch Mietwagen für eine Woche gemietet, Australien wir kommen!

Australien – Vor- und Nachteile von Housesitting

Sobald wir das Flughafengebäude von Townsville verlassen hatten, fühlten wir uns gleich sehr wohl – irgendwie geerdet und entspannt. Im Vergleich zu Bali kam uns alles menschenleer vor und extrem sauber und aufgeräumt. Der Blick konnte selbst in der Stadt irgendwo bis zum Horizont schweifen. Das erlaubten u.a. die ewig breiten Straßen im Autofahrer-Land.

Das Klima war keine Umstellung, es war drückend schwül – warm. Auch konnten wir uns ganz Tropen-typisch gleich mit einer Kiste köstlicher super-reifer Mangos eindecken – die Mango-Saison ging gerade zu Ende.

Als wir bei unserer AirBnB-Unterkunft für die erste Nacht in Townsville ankamen, erfuhren wir auch den Grund für das schwülwarme Wetter: Der Landgang von Zyklon „Debbie" war für die kommenden Tage angekündigt! Laut australischen Nachrichten war mit dem verheerendsten Zyklon seit 80 Jahren zu rechnen. Da war die Aufregung groß! Nach einigem Herumfragen, ob und wo man am besten in südliche Richtung fahren konnte – oder ob man den Zyklon besser abwartete, entschieden wir uns sehr früh am nächsten Morgen aufzubrechen. Wir nahmen eine Inlandsroute und fuhren am ersten Tag mit 600 km schon den größten Teil der Strecke (Die nächste Tankstelle kam nach 350 km). Auf absolut leerer Landstraße war das mit einem sehr müden Kleinkind gut machbar.

Vom Regen und Wind bekamen wir nichts mit, auch nicht am folgenden Tag, wo wir noch die restlichen 300 km wieder in Richtung Küste zurücklegten.

Am Abend kam dann heftiger Regen und Wind und wir waren froh angekommen zu sein. Und viel Regen bedeutet in Australien, dass die Landstraßen in den Senken überflutet sind (manchmal wochenlang), da es in ländlichen Gegenden kaum Brücken gibt und das Wasser einfach über die Straßen hinweg abfließt.

Das Haus und die Lage waren ein Traum! Ein 2-stöckiges großes Haus und von der oberen Veranda hatte man einen fantastischen Meerblick. Vogelgezwitscher war das einzige Geräusch in dieser Siedlung. Der Strand – ewig lang und breit – besonders bei Ebbe.

Wir waren doch wirklich Glückskinder!

Sobald wir uns ein wenig eingelebt hatten und auch die netten Besitzer nach ein paar Tagen gemeinsamen Wohnens mit ihrem Wohnwagen auf große Australien-Rundreise verschwanden, ging es mit einer wichtigen organisatorischen Frage weiter: Machte es für uns Sinn, statt eines Mietwagens ein Auto zu kaufen? Entscheidend dafür war eigentlich, ob wir länger als die 2 Monate, die dieser Housesit dauerte, in Australien bleiben wollten. Weil wir uns gerade so wohl fühlten, entschieden wir, dass wir das wollten. Wir wussten zwar noch nicht wie lange, aber auf jeden Fall länger als die 3 Monate, die unser kostenloses Touristen-Visum gültig war.

Also mussten wir uns (sehr komfortabel: online) auch um ein längeres Visum bewerben: Für rund AU$340 pro Person und Kind durften wir dann sogar insgesamt 12 Monate bleiben. Für einen Gebrauchtwagen schaute Dominik auf Gumtree.com.au, der australischen Plattform für gebrauchte Produkte aller Art. Auch ein Gebrauchtwagen-Händler aus der nächsten großen Stadt, Rockhampton (Beef-Capitol of Australia), inserierte dort. So wurde ein solider Subaru Forester unser Auto. Dass wir unseren Mietwagen in Rockhampton abgeben konnten, hatten wir schon bei der Anmietung so gebucht.

Was wir auch genossen, war nach 3 Monaten endlich wieder eine richtige vollausgestattete Küche zu haben. Neben dem örtlichen IGA-Supermarkt und einem „Woolworth" in der nächsten Stadt, nutzten wir jeden Samstag die Gelegenheit auf einem Farmer's Market frische Produkte der Region einzukaufen. Für die von uns heiß geliebten Sternfrüchte und Drachenfrüchte bekamen wir sehr günstige Kisten-Preise. Ananas wurde auch in der direkten Umgebung angebaut und wir konnten die leckersten Ananas, die wir je gegessen haben (selbst die Azoren-Ananas konnte nicht mithalten) für nur 1AU$ pro Stück (umgerechnet 0,75€), direkt an einem Verkaufsstand an der Straße zu unserem Wohnort erwerben.

Essengehen spielte dagegen keine weitere Rolle mehr, die Preise sind einfach zu hoch und das Angebot für gesundheitsbewusste oder sogar vegane Esser auch nicht attraktiv, zumindest nicht in den eher ländlichen Regionen. Einige Male haben wir Fish & Chips gegessen, aber das war es auch schon.
Dominik und Feli probierten biologisches „Grass-Fed" Beef und das allgegenwärtige Kängurufleisch. Selbst Krokodilfleisch konnte man im örtlichen Supermarkt kaufen (die nächste Krokodilfarm war nur 15 Kilometer entfernt), aber auch die Fleischesser unter uns wollten kein Krokodilfleisch.

Für Feli waren die australischen Spielplätze ein Highlight. Es gab immer vielfältige Klettermöglichkeiten, Schaukeln, Rutschen, Seilbahnen... alles tip-top in Schuss und wohlbeschattet durch Sonnensegel meistens in einem Park gelegen. Und wo wir gerade bei öffentlichen Einrichtungen sind: Auch die öffentlichen Toiletten waren zahlreich, sauber und kostenlos! Und sogar unser kleiner Ort hatte eine Bücherei, auch mit extra Veranstaltungen für Kinder.
Damit Feli auch Kontakt zu Kindern bekam, besuchten wir 1x die Woche eine „Playgroup" für die 0-4-Jährigen. Ansonsten gab es in dieser Hinsicht nur Kontakt zu einem Nachbarjungen, der lediglich am Wochenende da war.

Hier wird der Nachteil vom Housesitting deutlich: Man fühlt sich teilweise etwas isoliert. Die Nachbarschaft sind meistens Leute, die zum Arbeiten morgens irgendwo hinfahren und abends spät wiederkommen und kaum Interesse an den Housesittern der Nachbarn haben. Auch ist es kaum möglich, sich mit anderen Reise-Familien irgendwo zu verabreden. Es sei denn, die andere Familie ist durch einen Camper flexibler, was wir auch noch erlebt haben.

Zu unser aller Glück kam uns aber zunächst Dominiks Vater in diesem Haus für 4 Wochen besuchen. Feline hat die Zeit mit ihrem Opa sehr genossen, den sie quasi neu kennenlernen musste. Und der Opa fand's natürlich genauso toll! ☺

Im Business machte ich mich an ein neues kleines Projekt, weil ich das Gefühl hatte, ich möchte auch mal ein eigenes Produkt anbieten. Ich hatte per Umfrage an meine E-Mail-Liste herausgefunden, dass ein Mini-Videokurs als Quintessenz der Kongress-Inhalte gut angekommen würde, daneben auch ein Kochrezepte-Buch. Die Idee war, dass Dominik das E-Book übernimmt, da er auch mindestens gleichberechtigter Koch bei uns ist und es liebt neue Gerichte zu kreieren. Es zeigte sich jedoch, dass er mit Reise- und Alltagsorganisation mehr als ausgelastet war, so dass daraus noch nichts wurde.

Das war etwas, was für viel Diskussion bei uns sorgt: Wie zeitaufwändig das Reiseleben eigentlich ist. Gefühlt ständig muss man sich mit Visa-Beantragung, Reiseplanung, Suche nach günstigen Flügen und Unterkünften und nun in Australien um Autokauf, die dazugehörige Anmeldung und Versicherung und natürlich um die weitere Housesit-Suche mit Bewerbung auf zahlreiche Optionen kümmern. Am Ende unserer Australienreise (nach 9 ½ Monaten) stellten wir fest, dass unsere Erfolgs-Quote bei den Bewerbungen bei ca. 10 % lag. Das macht deutlich, bei 12 erfolgreichen Housesits, dass man einiges an Zeit und Mühe reinstecken muss, wenn man sich örtlich passende und möglichst nahtlos anschließende Housesits organisieren möchte. Wenn man Zeit mit Geld gleichsetzt, ist also ein Housesitter-Leben durchaus nicht kostenlos.

Dazu kommt dann natürlich sich um die Tiere zu kümmern, Rasen mähen, Pool pflegen, das Einkaufen, Kochen, Wäsche, ab und zu mal putzen und Feli immer dabei... Was jetzt natürlich nicht heißt, dass wir sie immer voll integrieren können, und sie keine weitere Beschäftigung braucht... Aber das ist wohl der ganz normale Alltag, den klassischer Weise jede Mutter eines Kleinkindes zu Hause kennt. ;-)

Diese kleine Ausführung zum ganz normalen Alltags-Reiseleben nur um einmal deutlich zu machen, warum es manchmal gar nicht so einfach ist, auch noch ausreichend Arbeitszeit für das Business zu erübrigen. Den Lernprozess aus La Palma, mir nicht zu viel Arbeit als „Pflichtpensum" aufzulegen, durfte ich immer noch weiter fortsetzen. Denn immer noch hatte ich oft das Gefühl, eigentlich müssten wir doch mehr schaffen, das reicht noch nicht. Da war er wieder, dieser Leistungsdruck, den man in unserer Gesellschaft von klein auf vermittelt bekommt! Ich war in dieser Hinsicht schon immer sehr angepasst gewesen und habe einfach „funktioniert" ohne offensichtlichen Druck - ohne jemals zu hinterfragen oder zu rebellieren. Die Teenagerzeit habe ich in dieser Hinsicht komplett ausgelassen. Über mögliche Gründe dafür kann ich mutmaßen, bzw. habe auch in einer energetischen Heil-Session einen Anhaltspunkt dafür bekommen. Nun bin ich froh, dass ich diese Prägung loslassen kann!

Während wir diese 2 Monate in unserem ersten Haus verbrachten, brach auch so langsam der australische Herbst an. Da wir uns aber im subtropisch/tropischen Randbereich aufhielten, war das natürlich nicht dramatisch. Aber zumindest wurden die Nächte und auch Abende kühler, da brauchten wir zumindest mal lange Hose und Pullover und eine wärmere Bettdecke.

Angesichts des australischen Winters, der bevorstand, bewarben wir uns daher nur in nördliche Richtung. Wir hatten Erfolg im Bergland hinter dem tropischen Cairns. Da jedoch noch ein bisschen mehr Zeit bis dahin war, durften wir sogar nach der Wiederkehr der Hausbesitzer noch eine ganze Woche länger bleiben. Wir verstanden uns gut mit ihnen und auch Feli mochte sie (und umgekehrt). Vor unserer Abreise bekamen wir von den Besitzern noch das Angebot ein weiteres Mal auf ihr Haus aufzupassen, wenn sie nochmal für 2 Wochen Ende Juli/Anfang August verreisten, was wir gerne annahmen.

Ein einwöchiger, wunderschöner Housesit folgte noch in Tannum Sands, etwas südlicher in der Nähe von Gladstone. Die Hausbesitzer waren super freundlich und sehr an unserem Reiseleben interessiert. Beim Abendessen, das wir zubereitet hatten, kamen sehr anregende Gespräche zustande. Beim Spazierengehen mit den Hunden haben wir dann auch unsere ersten wildlebenden Kängurus gesehen, seit wir in Australien angekommen waren.

Auch erlebten wir unsere bisher kälteste Nacht im australischen Winter (im Juni) bei nur 7 °C in einem Haus, das so konstruiert ist, dass es Wärme möglichst schnell abgibt. Am Morgen wollte erst einmal keiner von uns das warme Bett verlassen. Tagsüber war es aber sonnig und warm. Wir genossen auch hier einen sehr breiten und langen Sandstrand, wo wir mit den Hunden spazieren gingen. Die Woche ging schnell um und wir machten uns auf den Weg fast 1300 km in Richtung Norden nach Cairns, mit 2 Zwischenübernachtungen und zahlreichen Stopps unterwegs.

Ein wichtiger Halt war der Eungella Nationalpark landeinwärts von Mackay, wo wir wildlebende Schnabeltiere beobachten konnten. Dies sind die einzigen eierlegenden Säugetiere, zusammen mit dem Ichidna-Igel, der auch in Australien lebt.

Auch Diana, Bob und Ella, die wir auf Bali kurz kennengelernt hatten, waren inzwischen in Cairns und wir freuten uns auf ein Wiedersehen und näheres Kennenlernen. Ein paar Tage verbrachten wir also in einer AirBnB-Unterkunft bei einem netten chinesischen Pärchen in dem Strand-Vorort „Trinity Beach" nördlich von Cairns und trafen die andere Familie, die mit ihrem Camper direkt an der schönen Promenade von Cairns standen. Obwohl Ella 2 Jahre älter war als unsere Feline, verstanden sich die beiden auf Anhieb.

Dann ging es hoch in die (etwas kühleren) „Atherton Tablelands", zu unserem Housesit. Dieses Mal hatten wir uns auf richtig viele Tiere eingelassen, sogar 7 Pferde. Wir hatten keine Bilder von dem Haus gesehen, was uns aber erst klar wurde, als wir dort ankamen. Und uns wurde klar, dass wir diesen Fehler nicht noch einmal machen...

Als wir auf das Grundstück fuhren, sahen wir eine Hütte, die den Anschein einer Werkstatt hatte, umgeben von sehr viel Gerätschaften und Gerümpel. Während Dominik ausstieg, als er den Besitzer sah, blieb ich erst mal sitzen, da ich dachte, das eigentliche Haus befindet sich irgendwo anders auf dem großen Grundstück. Dem war aber nicht so. Wir wurden sehr freundlich von den Besitzern begrüßt und betraten die Hütte über eine von Hühnern vollgeschissene Terrasse. Drinnen wohnten zwei große Hunde, die es sich auf den abgewetzten Sesseln gemütlich gemacht hatten. Der Wohnraum wirkte auch innen sehr „zusammen gezimmert".
Unser Schlafzimmer roch moderig und bei genauerer Inspektion der Decke und Wände stellten wir fest, dass diese von Termiten zerfressen waren...

Wir waren wirklich verzweifelt, weil wir uns überhaupt nicht wohlfühlten in dem Haus, aber keine Idee hatten, wie wir da wieder herauskamen, ohne die doch sehr netten Besitzer in großen Stress zu bringen. Diese wollten drei Tage später nach Europa fliegen. Nachdem wir die erste Nacht dort geschlafen hatten und am nächsten Morgen erstmal die Gegend erkunden gefahren waren (bei strömendem Regen...), haben wir uns dann dazu durchgerungen, dass wir uns nicht „opfern", 4 Wochen in diesem Haus zu leben.

Wir haben es dem Mann gesagt, der sogleich tödlich beleidigt war und meinte, das hätte er uns ja gleich angesehen, dass wir den Housesit nicht machen wollen. Er tat uns leid, jedoch wurde jeglicher Dialog unmöglich. Seine Frau hatte sogar am Vorabend erwähnt, dass wir auch bei einem Freund in der Nachbarschaft schlafen könnten und nur tagsüber präsent sein müssten. Aber der Mann war von lösungsorientiertem Denken nun weit entfernt und so packten wir lieber unsere Sachen und fuhren wieder in Richtung Cairns.

Es war schon früher Abend, es wurde bereits dunkel und wir hatten noch keine Unterkunft für die Nacht. Während ich mit unserem Auto die steile Bergstraße hinunter Richtung in Richtung Cairns fuhr, versuchte Dominik noch eine kurzfristige Unterkunft zu organisieren. Aber die Unterkunft in der wir vorher verbracht hatten war belegt und über Airbnb ließ sich auf die Schnelle nichts organisieren. Wir hatten schon überlegt im Auto zu übernachten, da fiel uns ein, dass Diana, Bob und Ella ihre ersten Nächte in Cairns in einem Hostel übernachtet hatten (viele Hostel nehmen nämlich nur Gäste ab 18 Jahren auf, also keine Kinder). So erfragten wir telefonisch die Kontaktdaten des Hostels und riefen im Caravella Backpackers an, um ein Familienzimmer zu reservieren.

Das Caravella Backpackers ist ein Familien-freundliches Hostel, direkt an der Strandpromenade von Cairns, an der Diana, Bob und Ella immer noch waren. Irgendwie waren wir auch froh, wieder in dem wesentlich wärmeren und aktuell auch trockeneren Klima von Cairns zu sein und unsere Freunde wieder zu sehen. Es war jedoch klar, dass wir nun schnell wieder einen Housesit finden müssten, denn Bezahl-Unterkünfte gehen in Australien einfach immer wahnsinnig ins Geld.

Die folgenden drei Wochen wurden zäh, was diese Suche anging. Zweimal scheiterten Housesit-Optionen in der Gegend, nachdem wir schon eine Zusage hatten. Bekamen wir hier unsere Absage in den Tablelands doppelt zurück? Es erschien uns wie Reziprozität im negativen Sinne.
Vom Hostel zogen wir wieder zu dem chinesischen Pärchen für eine Woche und, als dieses andere Gäste erwartete, zu einem netten, jedoch Drogen-konsumierenden alleine lebenden Mann. Aber das Schöne war, dass Diana, Bob & Ella mit ihrem Camper vor dem Haus stehen durften und Küche und Bad mitnutzen konnten. Auf der Terrasse lebten wir gemeinsame „Workation" und teilten uns auch die Essenszubereitung, bei der wir ähnliche Vorlieben hatten (gesund mit viel Rohkost). Hier konnten wir für 2 Wochen zu einem wirklich sehr entgegenkommenden Preis bleiben.

Dann wurde es Zeit, uns wieder auf den Weg in den Süden zu dem Haus in Zilzie/Emu Park zu machen, wo wir unseren ersten Housesit hatten. Auf dem Weg dorthin schauten wir schon einmal bei dem Haus vorbei, auf das wir danach in Alligator Creek, in der Gegend von Townsville aufpassen sollten. Nach der negativen Erfahrung in den Atherton Tablelands waren wir nun vorsichtig. Dieses jedoch gefiel uns. Und wir fragten auch gleich, ob unsere Freunde mit Camper uns dort längere Zeit besuchen dürfen, was auch ok war.
Auch die Besitzer in Zilzie fragten wir das und Bob Diana und Ella waren ebenfalls willkommen. Perfekt!

Bei diesem gemeinsamen Housesit konnten wir also ein sehr enges gemeinschaftliches Lebens „üben", mit all seinen Herausforderungen. Beide Familien haben ein online Business, so dass Zeit immer ein knappes Gut ist. Bei den anderen haben beide ihr eigenes Business mit vielen Coaching-Terminen, während bei uns hauptsächlich ich arbeitete, mit nur sporadischen Terminen. Es wurde viel diskutiert, wie wir uns am besten die Haushalts- und Kinderbetreuungsaufgaben einteilen. Die Mädchen spielten zwar oft wunderbar zusammen, aber kamen unbeaufsichtigt auch schon mal auf „dumme Gedanken", so dass das natürlich keine Option war. Vor allem nicht in einem fremden Haus, wo die Gefahr des Kaputtmachens von fremdem Eigentum bestand. Eine Idee für Gerechtigkeit zu sorgen, waren Aufgabenverteilungs-Wochenpläne. Wir stellten dann aber dabei fest, dass wir besser mit einer freieren, spontaneren Arbeitsteilung klarkamen.

Ansonsten war das Zusammenleben toll, da wir viel gemeinsam hatten und wir uns super gegenseitig unterstützt und inspiriert haben, gerade auch im online Business.

So hatten wir jetzt beste Voraussetzung auch den kommenden Housesit, wieder im Norden von Queensland in der Nähe von Townsville gemeinsam zu machen. Alligator Creek hieß die Ortschaft, die nur aus vereinzelt in der Wildnis stehenden Häusern bestand. Es war also wieder wahnsinnig ruhig, nur die entsprechende Tier-Geräusch-Kulisse (Grillen, Vögel) war vorhanden. Das Grundstück war so wild, dass jede Menge Feuermaterial für schöne Lagerfeuer-Abende vorhanden war. Das war wirklich wild-romantisch! Und auch den Pizzaofen befeuerten wir öfters mal. (Wenn gesundheitsbewusste Familien Pizza machen, gibt es z.B. einen glutenfreien Teig nur aus Quinoa.)

Als Tiere waren dieses Mal zwei lauffreudige Hunde, ca. 30 Hühner und ein Erpel zu betreuen. Wir hatten also Eier satt, was idealer Weise auch bei den Kindern gerade sehr gut ankam. So kam es, dass wir statt Stockbrot am abendlichen Lagerfeuer auch auf die Idee kamen Stockeier zuzubereiten, eine für uns völlig neue, sehr delikate Art Eier zu essen.
Bei Dunkelheit hatten wir häufig einige Wildtiere wie Possums und Kängurus zu Besuch.

Die Hunde liebten es auch im namensgebenden „Alligator Creek" zu schwimmen, genau wie wir... Nein, Alligatoren soll es dort nicht mehr geben. ;-) Wir gingen zum Schwimmen ohne die Hunde in den zu Fuß erreichbaren Nationalpark und genossen das sehr saubere Wasser zwischen großen Felsen in einem wunderschönen Fluss-Tal. Der „Winter" im Norden von Queensland bedeutet zumeist heiße Tage mit lediglich etwas kühleren Abenden und Nächten. Dazu ist es sehr trocken – während unserer 5

Wochen dort hatten wir keinen Regen.

Im Business ging ich in die Planung eines weiteren online Kongresses. Ich fing an neue Interviews mit neuen interessanten Gesprächspartnern zu führen. Und ich nahm mir noch mal einen persönlichen Coach dazu. Cindy Pfitzmann brachte mir viele hilfreiche Methoden und Tools in Sachen online Marketing näher. Es brachte mich sehr intensiv zum Arbeiten, was gut war. Und das Tolle war, da sie in Sydney lebte, wo wir im weiteren Verlauf unserer Reise auch noch hinwollten, konnten wir uns sogar noch persönlich treffen.

Dominik kam in der Betreuung von Feline und Ella an seine Grenzen. Da Bob und Diana oft eher den Essensvorbereitungspart übernahmen (Bob ist gelernter Koch und Diana „Raw Chef") und ich aktuell alleine für unser Business arbeitete, war er am meisten von uns bei der Kinderbetreuung eingespannt. Stressig war, dass es in dem Haus 2 Kinderzimmer von größeren Kindern gab, deren Spielsachen sehr beliebt bei unseren waren. Hier durfte erstens nichts kaputtgehen und zweitens bestand die Herausforderung darin, dass hinterher wieder alles an seinem Platz sein musste (z.B. eine Bettschublade voller penibel sortierter Ponys und anderer Gummitiere). Das Ganze war mit einer willensstarken 4 ½-jährigen als fremdes Kind, dem das eigene 2 ½-jährige unbedingt folgen will, eine echte Herausforderung.

Ansonsten genossen wir auch Ausflüge in die nähere Umgebung, zum „Strand" in Townsville oder auch ein Tagesausflug mit der Fähre nach Magnetic Island, einem süßen tropischen Inselparadies direkt vor Townsville. Auch zum Markt fuhren wir einmal die Woche nach Townsville, wo dann der Wocheneinkauf für 2 Rohkost-liebende Familien erledigt wurde. Wie gut, dass wir zwei Riesen-Kühlschränke hatten... ;-)

Nach dieser langen und intensiven gemeinsamen Zeit trennten sich unsere Wege dann ab Mitte September wieder. Wir merkten, dass wir dringend auch wieder Zeit für uns alleine brauchten und freuten uns aber trotzdem, dass wir uns auf jeden Fall irgendwann wiedertreffen würden.

Wir hatten nun mehrere kurze Housesits im Großraum Brisbane, bzw. Byron Bay, auf dem Weg nach Süden, d.h. jeweils eine Woche. Der Frühling kam, so waren dort die Temperaturen für uns Wärmeliebhaber auch wieder erträglicher... Unser Ziel war ein 4-wöchiger Housesit in den Blue Mountains bei Sydney ab Mitte Oktober. Alle Häuser und die dazugehörigen Tiere waren sehr angenehm. Naja, bis auf einmal, wo wir zwei kleine Kläffer zu betreuen hatten... Dafür entschädigte dort wieder ein Pool, den wir bei großer Hitze auch nutzten.

Es war also wieder ein mobileres Reiseleben, wo viel Zeit zum Packen, Aufräumen, Fahren und auch zusätzliche Übernachtungs-Unterkünfte suchen draufging. Wir meisterten sogar eine Überschneidung um zwei Tage von zwei Housesits, indem Dominik mich mit Feline zum neuen Haus in 100 km Entfernung fuhr und selber wieder zurückfuhr. Da auch die Kongressvorbereitung in die intensive Phase ging, war es mal wieder eine sehr herausfordernde Zeit.

So haben wir uns für Brisbane auch nur einen Nachmittag Zeit genommen, was uns aber auch gereicht hat. Wir haben uns hauptsächlich in dem grüneren Stadtteil – Southbank – aufgehalten, wo es großartige Spielplätze gab. Ansonsten hat Brisbane die längste Fußgängerzone Australiens und eignet sich daher gut zum Shoppen. Neue hochwertige Sandalen für Feline haben wir dort auch endlich gefunden, nach zuvor verzweifelter Suche im nördlichen Queensland. Berühmt ist auch ein Museum für moderne Kunst, die QAGOMA – haben wir aber nicht angeschaut.

Von Gold Coast aus haben wir eine Bootstour zum Whale Watching unternommen. Und wir hatten Glück und konnten zahlreiche Wale beobachten, die nun mit ihren am Great Barrier Reef geborenen Kälbern in Richtung Antarktis unterwegs waren. Leider wurde Feline seekrank und hatte nicht allzu viel von diesem Erlebnis.

Den schönen Bade- und Surfer-Ort Byron Bay haben wir auch besucht. Hier gibt es eine interessante Szene von Surfern, Backpackern, Spirituellen und Künstlern mit einem Hauch von Hippie-Feeling. Mit weniger als 5000 Einwohnern geht es familiär zu und doch gilt der Ort manchen als die coolste Stadt Australiens... Aber um darüber zu urteilen müsste man das Nachtleben mal getestet haben. Die Strände sind schon atemberaubend, aber wo in Australien sind sie das nicht?

Bevor wir in die Blue Mountains fuhren, haben wir noch einen Stopp in Sydney eingelegt, für ein bisschen Sightseeing und um meinen Coach Cindy zu treffen. Die Zeit war jedoch knapp, da unser Housesit 2 Tage später startete. Wir hofften, auf dem Rückweg noch mal mehr Zeit zu haben.

In Wentworth Falls, einem auf über 1000 Metern Höhe in den Blue Mountains gelegenen Ort erwartete uns ein ziemlich ungemütlich kühles Wetter, aber dafür ein gemütliches traditionelles rosa Holzhaus mit Kaminofen. Über mehrere Tage hatten wir dichten Nebel, oder besser gesagt waren wir in Wolken gehüllt. Es gab viel Regen und zumindest die ganze erste Woche kletterte das Thermometer kaum über 10°C.

Draußen mussten Hühner und Enten sowie ein Kaninchen gefüttert werden, was bei diesem Wetter nicht immer ein Vergnügen war. Und zwar mit „schnabelgerecht" geschnittenem frischem Gemüse, Obst, Salat und aufgetauten Erbsen und Mais. Die

Trinkgefäße und das Schwimmbecken der Enten mussten täglich gereinigt werden. Hühner und Enten durften nur getrennt voneinander frei im Garten laufen, da die Erpel die Hühner sonst „vergewaltigen" würden. Dazu mussten die Tiere beaufsichtigt werden, weil in der Gegend Füchse leben.

Und 3 Wurmfarmen und 2 Komposthaufen waren zusätzlich mit Küchenabfällen der Nachbarn zu befüllen. Wahnsinn, hier erlebten wir den Höhepunkt in Sachen Aufwand bei der Tierversorgung und weiterer House-Sitting Aufgaben. Wieso eigentlich gerade dann, wenn wir auch im Business mit dem Kongress wieder einen Höhepunkt an Arbeit hatten???

Außerdem gab es noch 3 Katzen, die aber zum Glück mit Dosenfutter zufrieden waren. Zwei von ihnen waren wahnsinnig scheu, so dass wir sie kaum zu Gesicht bekamen. Eine der scheuen Katzen musste für einen eingeplanten Besuch beim Tierarzt eingefangen werden, was dann auch eine besondere Herausforderung war.

Was uns aber sehr freute, war der Gemüsegarten, der auch uns in der Zeit gut mit Grünzeug versorgte. Ich liebte es trotz der etwas kühleren Temperaturen mir jeden Morgen FRISCHES Grünzeug für meinen grünen Smoothie zu ernten. Und auch unser nicht besonders Gemüse-affines Kind liebte es, sich selber Erbsenschoten zu pflücken und sogar zu essen. Die Küche war hervorragend ausgestattet und es gab einen leistungsstarken Mixer zur Herstellung leckerer Smoothies.

Die Blue Mountains mit ihren ausgedehnten Eukalyptuswäldern (die für den namensgebenden blauen Dunst sorgen), Tafelbergen mit einer grandiosen Aussicht über die tief eingeschnittenen Flusstäler und vielen Wasserfällen sind UNESCO Weltnaturerbe. Ein großartiges Wandergebiet, das wir aber leider nicht mehr als zweimal in den 4 Wochen nutzten – geschuldet dem Arbeitsaufwand für den online Kongress. Praktisch und schön für kurze Pausen war aber auch der Stausee, der sich fußläufig von uns befand und wo es auch einen Spielplatz gab.

Während des Kongresses bekam ich eine kleine Sinnkrise. Ich merkte, wie ich eigentlich gar nicht für dieses Thema brannte, dass es sich nicht mehr wie „meins" anfühlte. Trotz des vielen dankbaren Feedbacks, das ich von den Teilnehmern wiederbekam.

Nun, ich war gespannt, welche „Aufgabe" als nächstes auf mich zukommt. In dieser Situation stieß ich im Internet auch auf eine Frau, die „Seelenplan-Readings" anbot und spontan buchte ich einen Termin (Bei Gabriela Leopoldseder). Ja, das geht sogar über Skype.

Du wirst lachen – aber dabei kam heraus, dass sie mich ein Buch schreiben sah…

Im Anschluss hatten wir uns einen Housesit von 14 Tagen in einem südlichen Vorort von Sydney organisiert. Der Kongress war vorbei und zu versorgen war nur eine Katze, das machte das Leben wieder einfacher.

Der Weg nach Sydney war von hier weit, aber zumindest dreimal fuhren wir noch hin. Ein absolutes Highlight war der Besuch des Opernhauses als der „Australian Girls Choir" mit ca. 600 Mädchen ein Konzert gab. Feline war so begeistert, dass sie gleich am nächsten Tag nochmal hinwollte.

Außerdem besuchten wir den Botanischen Garten gleich um die Ecke und trafen uns mit Cindy noch mal in einem tollen roh-veganen Restaurant.

Nun hatten wir auch den Kopf wieder frei, um unsere Reise weiter zu planen. Wir hatten 3 Optionen:

1. Wir nutzen das 12-Monatige Australien-Visum noch länger aus und reisen noch mal bis ganz in den Süden (Melbourne interessierte uns), wo es im kommenden Sommer auch heiß ist.

2. Wir fliegen nach Neuseeland, da dort auch im Januar die wärmste Zeit ist.

3. Wir fliegen nach Thailand, um auf Ko Phangan Kontakt zu vielen deutschen Reise-Familien zu haben.

Da für die Region Melbourne nur wenige Housesits angeboten wurden, die aber sehr begehrt waren, gaben wir diese Hoffnung auf. Auch hatten wir das Gefühl langsam genug vom Australischen Reiseleben zu haben. Wir hatten immerhin Tausende Kilometer auf dem Tacho dazu gewonnen... Neuseeland wäre ein Urlaubstraum, aber machte für uns dann doch nicht so viel Sinn, wenn wir es zu Ende dachten. Mit Feline konnten wir keine ausgedehnten Wandertouren machen, was wir dort gerne machen würden. Zeit für das Business wollten wir auch haben (unter anderem dieses Buch schreiben) Außerdem ist es wieder ein sehr teures Land. Optionen für Housesitting gibt es dort nicht so viele wie in Australien.

Und wenn wir Feline fragten, war sie natürlich dafür ihre Freunde Nolan & Ella wieder zu sehen. Auch wir freuten uns wieder auf mehr Kontakt zu Gleichgesinnten, Wiedersehen mit Freunden und auf die schöne Insel Ko Phangan.

Also begaben wir uns zum Thailändischen Konsulat in Sydney und beantragten direkt ein 2 Monatsvisum, mit 30-Tage Verlängerungsoption. Wir buchten unsere Flüge und sogar schon eine Unterkunft für die 3 Monate in Thailand. Wow, damit hatten wir nun schon im November eine Perspektive bis Anfang April! Und wir freuten uns richtig darauf, 3 Monate lang in einem einzigen Bungalow zu wohnen und nicht zu reisen.

Und wir verlängerten unsere Perspektive sogar direkt weiter: Uns zog es wieder auf die Kanaren, dieses Mal vielleicht eine andere Insel. Wir haben die Kanarischen Inseln immer noch als Ort zum Niederlassen im Hinterkopf. Es traf sich, dass wir eine Einladung von einer deutschen Dame bekamen, die meinen Kongress verfolgt hat und schon viele Jahre auf Teneriffa lebte. Da zögerten wir nicht lange und buchten unsere Flüge für Mitte April nach Teneriffa! Wir wussten auch, dass diese Insel bei digitalen Nomaden-Familien beliebt ist und wir uns mit anderen treffen können.

Auch das ist uns jetzt schon klar: Im Sommer steht nach fast zwei Jahren Abwesenheit ein Besuch in Deutschland auf dem Plan.

Zurück nach Australien: Unser letzter großer Housesit führte uns Ende November für 5 Wochen in eine ländliche Gegend im Hinterland von Gold Coast / Byron Bay. Es handelte sich um die einzigartige Landschaft des alten (erloschenen) gigantischen Tweed Vulkankraters mit üppig grüner Vegetation (subtropischer Regenwald) und zahlreichen Nationalparks. Das Haus war noch mal ein richtiges Highlight für uns. In Alleinlage auf einem Hügel mit tollem Fernblick über eine magisch-grüne Hügellandschaft mit viel Wald, großer Pool, geschmackvoll eingerichtetes großes Haus (die Frau ist Künstlerin) mit interessanter Bibliothek (viele spirituelle Bücher, z.B. Eckhart Tolle „Eine neue Erde" oder Bruce Lipton „Honeymoon Effect", beide sehr empfehlenswert für einen Bewusstseinsquantensprung) ... und nur einem jungen verspielten Kater. Aufgaben für uns ergaben sich aber auch aus dem Salzwasser-Pool, der täglich kontrolliert, chemisch abgestimmt und von hineingeflogenen Blättern etc. befreit werden musste. Außerdem waren zumindest zweimal die ausgedehnten Rasenflächen mit dem Aufsitzrasenmäher abzufahren, Spaß für Dominik.

Mitten in der Wildnis gelegen kamen auch wieder zahlreiche Tiere zu Besuch: laut quakende Frösche im Fallrohr der Regenrinne (wahnsinnige Akkustik...), ein Skorpion im Schlafzimmer, Handteller-große Huntsman Spinnen im Wohnzimmer, eine schwarze Schlange vor der Tür (keine Ahnung ob sie giftig war, wir haben sie einfach in Ruhe gelassen) und ein 1,5 Meter großer Monitor-Lizard am Swimming-Pool.

Das Anwesen gehörte zu einem winzigen Dorf, zum Einkaufen mussten wir 20 Minuten in die Kreisstadt Murwillumbah fahren.

Toll war auch, dass in der Gegend zweimal die Woche Bauernmärkte stattfanden. Dort versorgten wir uns permanent mit lokalen frische Produkten.

Da der Sommer nun so richtig kam, war es uns zum Wandern leider zu heiß. Da zogen wir den Pool oder aber Ausflüge zum Strand vor. Bevorzugt fuhren wir zu den Flussmündungen bei Potts Point oder Hastings Point, da es hier relativ geschützt war vor den hohen Brandungswellen. Auch gab es hier Flachwasserbereiche, die auch für die kleine Feli gut zum Schwimmen und Toben geeignet waren. Das Wasser war glasklar und viel sauberer als in Thailand oder Indonesien.

So verbrachten wir auch den Heiligen Abend am Pool, und vermissten dabei keinerlei Deutsche Winterstimmung. ;-) Am 1. Weihnachtstag sind wir von dem Bruder der Hausbesitzerin und dessen Frau eingeladen worden. Wir haben uns am Strand getroffen, so wie auch die Aussies klassischer Weise Weihnachten verbringen. Dazu gehört dann meistens das „Barbie" (Barbecue), jedoch waren wir in diesem Fall bei den Leuten zu Hause zum Essen eingeladen.

Kurz nach Weihnachten kamen die Hausherren aus Thailand wieder und wir fuhren zu einem Kurz-Housesit nach Brisbane in einen direkt am Strand gelegenen Vorort. Hier waren wir nun wirklich direkt hinter dem Strand, so dass wir im Haus oder auf der Terrasse das Wellenrauschen genießen konnten. Zum Baden eignete sich die flache Moreton Bay jedoch nicht, die stark an das Nordsee-Wattenmeer erinnert. Aber dafür hatten wir wieder einen kleinen Pool am Haus. Das einzige, was wir tun mussten, war, uns um eine sehr liebe junge große Hündin (ungarischer Vizsla) zu kümmern, die wir alle sehr in unser Herz schlossen. Gassi gehen im Watt war ihre wahre Freude und unsere auch. Hier verbrachten wir auch einen sehr ruhigen Silvester-Abend (privates feuerwerkeln ist in Australien nicht erlaubt und von den zentralen Brisbane-Festivitäten waren wir zu weit weg) und Felines 3. Geburtstag am 1.1.2018.

Bis zu unserem Abflug nach Thailand waren es nun nur noch ein paar Tage und wir fanden noch gerade rechtzeitig einen Käufer für unser Auto. Mit dem Inserat auf Gumtree hatten wir schon vor Weihnachten begonnen und es zog sich für unser Gefühl dann doch ganz schön hin. Wir hätten sonst mit dem Preis noch weiter runtergehen müssen, aber so haben wir das Auto nach 9 ½ Monaten und 14.000 km mit nur 2000 AU$ Wertverlust erfolgreich verkauft.

Nach diesem Housesit am Strand mussten wir noch ein paar Tage überbrücken und probierten zum ersten Mal Couchsurfing aus. Eigentlich ist es mehrheitlich eher etwas für Singles oder zumindest kinderlose Paare, aber wir fanden eine iranische Familie in Brisbane mit einer 7-jährigen Tochter, die uns sehr herzlich aufnahmen (die iranische Gastfreundschaft ist glaube ich bekannt). Sie lebten seit anderthalb Jahren in Australien und hatten ihr neues Glück hier gefunden... wir hatten interessante Gespräche! Wir blieben jedoch nur 2 Tage, da das Mädchen ihr Zimmer für uns räumen musste und es für länger uns doch zu eng war.

So zogen wir für die letzten 3 Nächte in eine geräumigere AirBnB-Unterkunft in Gold Coast, wo wir Platz hatten unser Gepäck für den Flug nach Thailand fertig zu machen. Hier verbrachten wir noch mal einen wunderbaren Strandtag an der Flussmündung bei Burleigh Heads. Und an unserem letzten Tag in Australien genossen wir einen Aufenthalt im Currumbin Wildlife-Sanctuary, einem kleinen Zoo mit vielen Australischen Wildtieren (inklusive Koala Foto-Shooting.)

Zurück auf Ko Phangan, Thailand

Unsere Ankunft auf Ko Phangan fühlte sich fast wie eine Heimkehr an. Wir wohnten sogar wieder im gleichen Ort, in Sri Thanu. Hier gab es einfach die meisten guten Restaurants und eine interessante alternative Yoga-Szene. Dieses Mal hatten wir uns aber für einen größeren Bungalow mit Küche und zusätzlichem Schlafzimmer entschieden und verzichteten dafür auf die direkte Strandlage. Dafür waren wir jetzt von üppiger grüner tropischer Vegetation umgeben. Leider war die Mücken-Konzentration hier auch deutlich höher.

Gleich am nächsten Tag hatten wir ein Wiedersehenstreffen mit Antje, Boris und dem nun 4-jährigen Nolan zum Frühstück in einem unserer geliebten Yogi-Restaurants. Wir freuten uns alle sehr!

Als nächstes mieteten wir uns einen Motorroller. Die Angst davor hatten wir ja zum Glück schon im letzten Jahr überwunden, als wir diese Fortbewegungsart kennen und lieben gelernt hatte. Feline sitzt vorne und wird mit einem Sarong um den Bauch an Dominik festgebunden und ich sitze hinten drauf (Nein, ich habe mich noch nicht getraut, selber zu fahren).

So fuhren wir oft in den Norden der Insel, wo es wieder das Familien-Wintercamp im Buritara-Resort gab. Hier wohnten auch Diana, Bob & Ella, mit denen wir viel Zeit in Australien verbracht hatten. Feline zog nun schon gerne mit Ella und anderen Kindern relativ unabhängig durch das Resort, während wir uns unterhalten konnten, an „Beach-Talks" zu interessanten Themen teilnehmen konnten, oder auch arbeiteten. Das war so toll, dass wir kurzfristig überlegten, ob wir doch dorthin ziehen wollten. Aber irgendwie wollten wir den Komfort unserer Unterkunft in Sri Thanu nicht dafür aufgeben und hatten auch das Gefühl, dass es uns dort mit dieser großen Anzahl an Familien (ca. 30) auf engstem Raum auf Dauer zu eng und intensiv würde.

Wir hatten auch in Sri Thanu direkt Freunde mit Spielgefährten für Feli. Viel Zeit verbachte sie neben Nolan mit dem englischen Oscar von Aura und Ben. Toll wie die beiden Kinder auch ganz von selbst voneinander die Sprache des anderen lernen.

Außerdem kamen nach Sri Thanu später noch Julia, Robert und die 2-jährige Frieda, weitere Freunde vom letzten Jahr, mit denen wir gerne Zeit verbrachten. Sie übergaben uns ein sehr spannendes Buch, das sie im Norden von Thailand gefunden hatten: „Earth Awakens. Prophecy 2012-2030" gechannelt durch Sal Rachele. Es enthält viele spannende Hintergrundinformationen zum derzeitig stattfinden Bewusstseinswandel der Menschen und Antworten auf Fragen, die man dazu haben kann. Es hat mich auch noch mal darin bestätigt, dass für uns das Leben in einer sich selbst versorgenden Gemeinschaft bewusster Menschen ideal ist, um uns gegenseitig in unserer

Entwicklung zu unterstützen und um wieder einen natürlichen Zugang zu unsere Nahrung zu bekommen.

Was wir in diesen 3 Monaten dieses Mal viel stärker spürten als im letzten Jahr, war die starke transformative Energie der Insel, für die sie berühmt ist. Zum einen verläuft hier wohl eine Ley-Linie, zum anderen soll die Insel auf Rosenquarz sitzen... (ohne wissenschaftliche Bestätigung)

In Sri Thanu findet dies ganz besonders Ausdruck durch unzählige Angebote rund um Yoga, Bewusstseins-Arbeit und Heilung im spirituellen Sinne, die Suchende aus aller Welt anziehen.

Auf jeden Fall merkten wir, dass viele alte Themen hochkamen, die losgelassen werden wollten oder wie wir neue Erkenntnisse gewannen. Mein Körper hat mir in dieser Zeit auch mehrfach durch Krankheit und einen kleinen Unfall signalisiert, dass ich mir mehr Zeit und Ruhe für mich nehmen muss. Das fiel mir bei der Vielzahl an Aktivitäts-Möglichkeiten und geselligen Meet-ups, Kinderbetreuung und arbeiten nicht immer leicht.

Dafür habe ich jetzt auch die Tropen-Erfahrung „Dengue-Fieber" abgehakt. Es wird ausschließlich durch Mücken übertragen. Ehe ich jedoch wusste, dass es sich darum handelt (am Ausschlag ab dem 5. Tag erkannt), hatte ich die Krankheit schon fast überstanden – ohne dass ich beim Arzt oder sogar im Krankenhaus gewesen wäre. Im Grunde ist es so ähnlich wie Grippe: Fieber, Kopf- und Glieder- bzw. Rückenschmerzen und im späteren Verlauf besagter juckender Ausschlag. Die Schulmedizin hat außer Schmerzmittel keine Antwort darauf. Aber ich hatte interessanter Weise bereits vor der Erkrankung gehört, dass Papayablatt-Saft von den Einheimischen genommen wird und hilft und habe mir diesen dann von einer Saftbar mit Slow-Juicer frisch pressen lassen. Dazu musste Dominik lediglich zu unserer Standard-Saftbar, der Mann hatte Erfahrung damit. Es schmeckte extrem bitter, aber irgendwie wirkte es geradezu belebend. Auch war ich nach 8 Tagen wieder fit, was relativ schnell ist.

Zum Schluss, als gegen Ende März viele unserer Freunde die Insel schon wieder verlassen hatten, „gönnten" wir uns häufig eine Babysitterin. Wir fanden eine deutsche junge Frau, die ebenfalls auf Weltreise war und für länger auf Ko Phangan, die Feli sofort ins Herz geschlossen hatte und umgekehrt auch. Das war echt angenehm für uns und brachte für Feline auch noch mal eine gute Abwechslung. Während wir uns in Deutschland garantiert keinen Babysitter täglich für 3-5 Stunden leisten würden, wollte sie lediglich einen Freundschaftspreis auf „thailändischem Niveau", da sie es einfach gerne gemacht hat.

Apropos Kosten: Trotz unserer Küche gingen wir doch die meisten Tage abends essen, wie gesagt, die Auswahl an guten alternativen Veggie-Restaurants war einfach genial. Erwähnen möchte ich übrigens Dominiks meistbestelltes Gericht, das es in fast allen von uns besuchten Restaurants gab: Den „Burmese Salad", der durch fermentierte Teeblätter eine einmalige würzige Note bekommt und durch geröstete dicke Bohnen (in Scheibchen) zum Knuspern war.

Die von uns besuchten Restaurants waren zwar immer noch viel günstiger als in der westlichen Welt, aber unter 20 € für uns 3 kamen wir doch eher selten raus. So kam es, dass unsere Lebenshaltungskosten entgegen der allgemeinen Erwartung teurer ausfielen als in Australien, wo wir so gut wie nie essen gingen. Hier wird deutlich, dass man sich von solch allgemeinen Vergleichen und Einstufungen von Ländern bezüglich des Preisniveaus nicht unbedingt abschrecken lassen sollte. Man findet immer Wege, es günstiger zu gestalten und umgekehrt natürlich auch Möglichkeiten mehr Geld auszugeben.

Zum Ende unserer Zeit ab Mitte März wurde es immer heißer und schwüler, so dass wir uns nun wirklich darauf freuten, die Tropen bald zu verlassen. Zum Abschluss verbrachten wir noch 3 Tage in Krabi, einem sehr touristischen Ort mit paradiesischen von Kalksteinfelsen gesäumten Stränden (u.a. James Bond – Kulisse). Denn von dort flogen wir nach Deutschland, zum ersten Mal seit dem Start unserer Reise vor anderthalb Jahren.

Kurzbesuch in Deutschland und weiter nach Teneriffa

Wir verbrachten lediglich 5 Tage in Deutschland, zu Besuch bei Dominiks Schwester und ihrer Familie, die am nächsten am Frankfurter Flughafen wohnten, wo wir landeten. Dort genoss es Feline mit ihrer Cousine und ihrem Cousin zu spielen, worauf sie sich schon lange im Voraus gefreut hatte. Diese kannte sie nun hauptsächlich durch Whatsapp-Videos von ihnen, die sie immer sehr gerne anschaute (zeitweise mehr als uns lieb war).

Dann hieß es: Kanarische Inseln wir kommen zurück! Vor anderthalb Jahren waren wir ja auf der Nachbarinsel La Palma und hatten das Klima und die Landschaft der Vulkaninsel sehr genossen. Wir wollten nun die „große Schwester" Teneriffa kennenlernen. Immer noch haben wir im Hinterkopf, dass es potentiell ein Ort sein könnte, an dem wir uns eine neue Basis schaffen. Das Klima ist ganzjährig sehr angenehm, die Insel ist umgeben von Meer und der Vulkanboden ist äußerst fruchtbar. Das Klima dort ist sehr trocken, was einerseits den Vorteil von viel Sonnenschein bringt, andererseits natürlich eine Herausforderung für den Garten- und Landbau darstellt. Und: Wir haben schon von einigen Familien gehört, die sich die Kanaren als Basis vorstellen könnten.

Wir verbringen gerade die ersten paar Tage in Puerto de Santiago bei Ingrid, der Frau die uns eingeladen hat, nachdem sie meinen Kongress gesehen hatte. Die Lage des Hauses ist ein Traum, direkt über dem Meer, wir schlafen bei tosenden Meeresgeräuschen und blicken auf einen kleinen schwarzen Sandstrand hinunter. An Baden ist erst einmal bei 3 Meter hohen Wellen und roter Fahne am Strand nicht zu denken. Auch ist die Wassertemperatur (18°C) für uns gerade aus Thailand (Wassertemperatur 29°C) kommend noch gewöhnungsbedürftig.

Ingrid zeigte uns direkt am nächsten Tag nach unserer Ankunft einen Bauern-Markt und wie der „Zufall" es wollte, trafen wir direkt auf Aura, Ben und Oscar, die wir 3 Wochen zuvor noch auf Ko Phangan gesehen hatten. Da war die Wiedersehensfreude groß, auch bei den Kindern. Wir wussten natürlich, dass sie auf der Insel sind, hatten uns aber in keiner Weise abgesprochen, wohin wir dort gehen. Und nun stellte sich heraus, dass wir im selben Ort wohnten. Einfach genial, diese Synchronizität! Und es ging weiter: Auf dem Markt trafen wir auch noch eine österreichische Familie, die wir vor einem Jahr auf Ko Phangan kennengelernt hatten („Die Weltreisefamilie"). Diese initiierten dann direkt ein Meetup mit 2 weiteren deutschen Reise-Familien, die gerade auf Teneriffa weilten. Diese Vernetzungsmöglichkeiten- Freunde, die man egal wo auf der Welt wiedertrifft – das ist wirklich das Salz in der Suppe des digitalen Nomadenlebens!

Ansonsten sind wir gespannt was sich hier auf der Insel für uns ergibt, wie sich unser Gefühl für die Insel entwickeln wird und freuen uns auf Wanderungen durch atemberaubende Vulkanlandschaften und das Baden im nun wieder erfrischend-kühlen Meer.

Fazit nach anderthalb Jahren als digitale Nomaden-Familie

Die vergangenen anderthalb Jahre waren mit Sicherheit die spannendsten, interessantesten und glücklichsten anderthalb Jahre bislang in unserem Leben. Das schreiben wir nicht allein der Tatsache zu, dass wir gerne reisen und somit unseren Traum leben würden. Vielmehr steht dabei unsere persönliche Entwicklung im Vordergrund, die uns Stück für Stück in die Freiheit geführt hat. Dazu gehörte in allererster Linie das Loslassen von Ängsten und Sorgen und das absolute Vertrauen darin, dass das Leben es immer gut mit uns meint. Das war nicht immer ganz einfach, und wir hatten trotzdem auch „schlechte Laune". Aber letztendlich können wir auch die Tatsache, dass „ups" und „downs" im Leben immer dazu gehören, besser annehmen.

Wir haben selbst in der Hand, welchen Gefühlen und Launen wir uns hingeben. Mehr Achtsamkeit bei uns selbst oder füreinander hilft uns Gefühle und Emotionen besser zu erkennen und damit umzugehen. Gerade in unserer Situation ist das besonders wichtig, da wir viel Zeit miteinander verbringen und Missverständnisse und schlechte Laune viel Energie rauben.

Als „Familienunternehmen" dürfen wir selbstbestimmt sowohl unser Familienleben und unser Miteinander, als auch unser Business gestalten. In unserem Alltag wechseln sich intensive Arbeit an Projekten, Kinderbetreuung, Haushalt und gemeinsame Freizeitaktivitäten ab. Diese Aufgaben teilen wir uns möglichst gleichberechtigt untereinander auf, was manchmal eine Herausforderung darstellt. Wir haben festgestellt, dass keiner von uns glücklich ist, wenn er/sie entweder nur Kindbetreuung oder nur Business als Aufgabe hat. Aber die Freiheit, diese Aufgabenverteilung täglich bedürfnisorientiert zu gestalten, lieben wir.

Wenn wir sehen, wie Feline sich auf unserer Reise entwickelt hat, wissen wir einmal mehr, dass es die beste Entscheidung unseres Lebens war. Selbstbewusst, offen und neugierig begegnet sie der Welt. Sie fühlt sich dort zu Hause, wo wir gerade sind. Sie ist unglaublich flexibel, z.B. was ihre Schlafstatt angeht: Egal ob im elterlichen Bett, im eigenen Bett in unserem Zimmer oder sogar im eigenen Kinderzimmer, alle Varianten waren ok für sie. Die Anregungen durch andere Kulturen, Menschen und Naturräume sind vielfältiger als sie in Deutschland gewesen wären. Doch diese Herausforderung meistert sie spielend. Natürlich gab es auch sprachlich ordentlich Input, vor allem was das Englische angeht, aber auch ein paar Brocken Spanisch oder Thailändisch. Es fanden sich auch immer wieder neue Spielgefährten und sie konnte sogar alte Bekanntschaften an anderen Orten wiedertreffen.

Auch gesundheitlich war es vollkommen ok. Klar hatte sie auch mal „Kotzerei" oder Erkältung oder Fieber, es war aber nie dramatisch.

Es stellt sich also die Frage, wovor haben Menschen Angst, die behaupten, Reisen wäre nichts für Kleinkinder?

Wir haben auch gemerkt: Schnell wird auch das Reiseleben zum neuen Alltag, in dem man sich wegen Nichtigkeiten Stress macht. Wenn wir es uns nicht immer wieder *bewusstmachen*, vergessen wir leicht die großen Verbesserungen gegenüber unserem früheren Leben. Es ist einfach zur *Selbstverständlichkeit* geworden: die Freiheit, zu leben, wo man *möchte* oder seinen Alltag vollkommen frei zu gestalten. Oder auch wie viel besser wir uns in der Wärme, als im kalten Winter fühlen.

Beim Bewusstmachen hilft uns eines ganz besonders: Dankbarkeit empfinden!

Im Folgenden einmal eine Liste von Dingen, für die wir dankbar sind, seit wir losgezogen sind (eine Zeitlang habe ich so eine Liste mit Dingen, für die ich gerade dankbar war, jeden Morgen geschrieben, was echt glücklich macht):

- Leben, wo andere Urlaub machen
- Freiheit im Tagesablauf
- Zeit für unser Kind (besonders Papa)
- Zeit für Bedürfnisorientierung
- Neue Freunde, die ähnlich denken wie wir
- schöne Natur, Meer, warmes Klima, Sonne

Diese Freiheit, die wir gefunden haben, ist auch stark Ergebnis einer inneren Entwicklung. Sie hat auch damit zu tun vom Denken mehr ins Fühlen zu kommen. Wir wissen, dass wir uns idealerweise bei unseren Entscheidungen von unserer Intuition leiten lassen. Mit unserer Intuition sind wir nur in Kontakt, wenn wir im „Hier und Jetzt" präsent sind und den pessimistischen problemorientierten Denker, der gerne in der Vergangenheit oder der Zukunft festhängt, in seine Schranken verweisen. Denn wenn wir uns limitiert fühlen, also unfrei, hat es oft mit einer Blockade im Kopf zu tun... Vielleicht findet auch dein Kopf noch ziemlich viele Gründe, warum Du nicht deinem Herzen folgen kannst?

Uns helfen verschiedene Dinge zu mehr Präsenz im Hier und Jetzt zu finden. Eine ganz große Hilfe ist unser Kind, das dies in Perfektion vorlebt. In dem Moment, wo ich mich ganz auf unser Kind einlasse, während ich mit ihm spiele, spreche oder sonst etwas mache, bin ich richtig präsent.

Als weitere große Hilfe empfinden wir das Sein in der Natur. Den Aspekt, den wir mit am meisten beim Reisen schätzen, ist, wenn wir immer wieder neue tolle Naturlandschaften kennenlernen, die wir mit allen Sinnen aufsaugen. Wie haben wir das vermisst, solange wir im Büro saßen oder im kalten Winter in der Wohnung in Deutschland!

Ich persönlich liebe auch Yoga, am liebsten unter freiem Himmel, wo ich ganz in meinem Körper und Atem präsent bin. Und hin und wieder schaffe ich es auch mal eine Meditation, geführt oder frei, einzubauen.

Wie alles im Leben hat auch das Reiseleben seine Vor- und Nachteile. Für uns war es der Weg in die Freiheit. Es ist für uns aber ein vorübergehender Lifestyle, solange wir unsere Vision eines gemeinschaftlichen Lebens an einem festen Ort noch nicht klar und verwirklicht haben. Mit Kind Reisen und gleichzeitig ein Online-Business zu führen ist definitiv oft anstrengend. Wir haben immer versucht, möglichst lange an einem Ort zu bleiben, da ständiges Herumreisen viel Zeit, Nerven und Geld kostet. Manchmal mussten wir jedoch mehr reisen als uns lieb war, z.B. durch das Housesitting in Australien. Die Suche nach einer erschwinglichen Unterkunft kann manchmal zeitraubend und nervig sein.

Ein anderer Punkt, weshalb wir wieder sesshaft werden wollen, ist, dass Dominik Spaß an Haus- und Gartenbau hat und deshalb gerne sein eigenes Projekt verwirklichen möchte. Wir sehnen uns langfristig gesehen nach einem Stück Heimat (Land), wo wir auch relativ autark in einer Gemeinschaft leben.

Ein Grund für uns ist aber auch, dass wir denken je älter unsere Tochter wird, umso mehr wünscht sie sich vielleicht Konstanz in ihrem sozialen Umfeld, was Freundschaften angeht. Es hat sich für uns zwar auch auf Reisen toll ergeben, dass sie Freunde an den verschiedenen Stationen unserer Reise wiedergetroffen hat, aber sie hat auch zwischendurch nach bestimmten Freunden gefragt, die gerade woanders waren. Letztendlich wünschen wir uns gerade auch für unser Kind eine „Dorfgemeinschaft", wo sie nicht nur Kontakte zu Kindern aller Altersstufen, sondern auch zu anderen Erwachsenen hat. Diese sollten ein Bewusstsein dafür haben Kindern auf Augenhöhe zu begegnen und von denen sie noch mehr über die Vielfalt des Lebens lernen kann.

Unsere Vision ist es immer noch, irgendwo im Warmen, jedoch nicht in den Tropen und nicht zu weit von Europa entfernt, in einer neu, möglicherweise von uns selbst, gegründeten Gemeinschaft zu leben. Wir würden durch Permakultur, eigene Energieerzeugung, eigene Wasserquelle etc. eine größtmögliche Autarkie anstreben. Die Kinder wachsen freilernend auf, Erwachsene wie Kinder lernen voneinander. Das Miteinander ist wertschätzend und achtsam, im Bewusstsein für die volle Verantwortung eines jeden für alles, was im eigenen Leben passiert.

Eine Variante dieser Vision liegt darin, eine Anlaufstelle für reisende Familien zu schaffen, die für eine gewisse Zeit mit uns leben wollen. Auch Woofing als Option für Gäste, sich aktiv zu betätigen und dafür kostenfrei zu wohnen gehört dazu.

Noch sind wir nicht soweit unsere Vision zu konkretisieren, und in die Tat umzusetzen. Wir halten die Augen offen, nach geeigneten Orten. Andererseits merken wir auch, dass wir immer noch Entwicklungsprozesse zu durchlaufen haben, die uns unsere Lebensaufgabe sowie unsere Rollen, die wir in einer Gemeinschaft einnehmen wollen, klarer werden lassen. Es bleibt spannend...

Andere Familien auf Reisen

happy visions

1. Wer ist auf Reisen (Namen, Alter)?
Julia (34), Philip (31), Nele (6), Nils (1)

2. Wie war eure familiäre und berufliche Situation zum Zeitpunkt der Entscheidung, länger auf Reisen zu gehen? Was war eure Motivation dafür und was war euer erstes Reise-Ziel?
Wir hatten gerade ein Baby bekommen (8 Monate alt) und zu wenig Zeit für uns als Familie. Mein Mann unterbrach daraufhin seine Ausbildung. Ich hatte bereits ein ortsunabhängiges Business und so fragten wir uns: Wenn ich von überall arbeiten kann, warum bleiben wir dann hier? Außerdem hatten wir Probleme, eine Schule für Nele zu finden, die uns wirklich zusagte. Durch die vielen Blogs & alternativen Gruppen auf Facebook kamen wir zum Freilernen und Reisen und haben uns dann kurzerhand entschlossen, das auch zu probieren. Zuerst sind wir über Dänemark nach Schweden gefahren und haben dort 3 Monate im großen Haus einer ganz lieben Familie gewohnt, unter anderem fand dort auch das vegane Musikfestival "Kaos Skola" statt. Eine wunderbare Erfahrung! Momentan leben wir in England.

3. Wie hat euer soziales Umfeld auf euer Vorhaben reagiert? Wie wird euer Lifestyle heute gesehen? Falls es Ablehnung gab, wie seid ihr damit umgegangen/ geht ihr damit um?
Bis auf eine Person sehr positiv. Die meisten finden es sehr mutig, sagten sie würden sich das nicht zutrauen. Für uns war der Schritt am Ende nur ganz klein, weil im Kopf vorher schon so viel passiert war. Mit der Ablehnung konnte ich am Anfang nicht gut umgehen, da es eine Person aus unserem engsten Umfeld betrifft. Ich arbeite aber gerade daran, es lockerer zu sehen.

4. Wieviel Zeit habt ihr euch für die Planung eures Aufbruchs genommen, und was gehörte zu diesem Prozess alles dazu (praktisch und evtl. innerlich)?
Die innere Arbeit hat mehrere Jahre gebraucht. Sich von allem zu lösen (wir haben alles in Deutschland verkauft und gekündigt, uns komplett abgemeldet) war schon ein großer Schritt. Aber nachdem die Kopfarbeit getan war, ging es ganz schnell :) Innerhalb von 6-8 Wochen waren wir dann "plötzlich weg" :) Innerlich gehört vor allem das Überwältigen von Ängsten dazu (bei mir zumindest). Ich arbeite gerade viel an mir, um mit meinen Ängsten besser klarzukommen. Denn: alles aufzugeben erfordert

sehr viel Mut und in einem "neuen" Land zu leben, wo niemand deine Muttersprache spricht ist jeden Tag aufs Neue eine Herausforderung.

5. Hat sich eure ursprüngliche Motivation auf Reisen zu sein im Laufe der Zeit verändert?

Ja. Nach ca. 6 Monaten war die Luft raus und wir sehnten uns nach einem festen Ort. Deshalb leben wir jetzt hier in England in einem kleinen Häuschen und überlegen, wie es für uns weitergeht. Ich denke aber, dass es stark darauf ankommt, wie man reist. Im Wohnmobil hat man seine Umgebung immer dabei, es ist kein stetiger Wechsel. Wir reisen mit Auto und haben immer Ferienhäuser / Air BNBs / Housesits gehabt - dadurch änderte sich so vieles in kurzer Zeit immer wieder und das konnten wir so schnell gar nicht verarbeiten. Wir sind eher der Typ, der eine feste Base hat und von dort aus Reisen unternimmt.

6. Wie lange seid ihr schon auf Reisen? Seid ihr (jetzt oder von Anfang an) komplett ortsungebunden? Oder wo steht ihr gerade?

Seit Juni 2017. Da wir alles verkauft und uns aus DE abgemeldet haben, sind wir komplett offen und frei, wo es hingehen wird. Wir haben hier in England einen 6-Monats Mietvertrag und schauen dann weiter.

7. Welche Länder habt ihr seitdem bereist und wo hat es euch als Familie am besten gefallen? Welche Art zu reisen gefällt euch am besten (Wohnmobil/ Flugzeug, alleine/ mit anderen Familien, immer wieder neue Länder oder bekannte Orte, wie lange an einem Ort)?

Dänemark, Schweden, England (hier sind wir hängen geblieben, haha). ursprünglich waren noch Spanien, Portugal, Norwegen, Schottland geplant - momentan sind wir aber einige Monate sesshaft geworden, um zu schauen wo wir stehen und wo wir hinwollen. Wie und wo wir leben wollen. Schweden hat uns am besten gefallen. Die weite Landschaft, die unberührte Natur, die Ruhe, das ist einmalig! Wir haben viele Familien mit Wohnmobil getroffen und denken, dass das für uns wahrscheinlich besser gewesen wäre.

8. Welche Länder wollt ihr als nächstes bereisen oder stehen auf eurer (Wunsch-) Liste? Mit welcher Perspektive reist ihr (open-end oder zeitlich begrenzt)?

Schottland (ist ja grad nicht weit), Portugal, Bhutan, Norwegen, Holland, Dänemark nochmal ausführlicher, Finnland, Kanada. Perspektive ist unklar.

9. Wie finanziert ihr euer Leben/ Was ist euer Business? Spielt eure Berufung dabei eine Rolle? Wie und wann war euer Übergang vom sesshaften (Angestellten-)Berufsleben zum ortsunabhängigen Business?

Ich bin ortsunabhängig tätig. Mein Mann ist Verkäufer bzw. Erzieher i.A. Wir suchen beide noch nach unserer "Berufung". Mein Mann bringt in Kürze sein erstes Buch heraus. Ich habe schon einige Bücher geschrieben und bin hauptberuflich Designerin (Web & Mode), sowie Bloggerin. Ich war in meinem Leben nur ein Jahr angestellt und wusste eigentlich sofort, dass das nichts für mich ist. Ich brauche sehr viel Freiheit.

10. Habt ihr eine Vision für eure Zukunft oder lebt ihr sie bereits voll und ganz (bezogen auf Familienleben, Herzens-Business oder z.B. ein Leben in Gemeinschaft)?

Wir sind noch auf der Suche. Bzw. wir wissen mittlerweile relativ genau, was wir wollen und arbeiten daran, das umzusetzen. Eine Gemeinschaft mit deutschen Freilernern hier in Großbritannien wäre toll. Und dann wollen wir natürlich gern unsere Berufung finden und voll ausleben.

11. Wie habt ihr euch persönlich, wie hat sich eure Paarbeziehung/ euer Familienleben, wie hat sich euer Lebensgefühl verändert, seit ihr euch auf den Weg gemacht habt?

Wir sind viel enger zusammengerückt. Wir lernen viel über uns und was es braucht, um harmonisch zusammenzuleben. Die persönliche Weiterentwicklung ist riesig! Wir fühlen uns auch sehr viel freier als früher "in den alten Strukturen". Wir können alles machen, können überall hin. Wir können in unser altes Leben zurück, oder ein komplett neues Leben erfinden. Dieses Gefühl ist unbeschreiblich.

12. Wo kann man online mehr über euch erfahren/wo findet man euer online Business?

http://www.happyvisions.de/, http://www.blog-werkstatt.com/, http://www.gewaltfreiesleben.de/,

Buch mit Reisetipps: http://www.happyvisions.de/familienreise/

meingeliebteskind

1. Wer ist auf Reisen (Namen, Alter)?

Katharina (1979), Vincent (2008), Frida (2010), Lorenz (2015)

2. Wie war eure familiäre und berufliche Situation zum Zeitpunkt der Entscheidung, länger auf Reisen zu gehen? Was war eure Motivation dafür und was war euer erstes Reise-Ziel?

Als ich entschied, mit den Kindern reisen zu gehen, war ich in Elternzeit mit dem Junior und hatte gerade eine Alternative zu meinem Beruf (Lehrerin) gefunden, die es mir ermöglichen sollte, als digitale Nomadin von unterwegs zu arbeiten und das zu tun, was ich liebe: Menschen auf ihrem Weg von Erziehung in wahrhaftige Begegnung mit sich und anderen zu begleiten. Die Motivation hatte ich schon lange, da in mir eine Nomadenseele wohnt mit Dauerfernweh. Gewagt habe ich den Schritt erst, als ich gefühlt einfach nicht mehr im Hamsterrad bleiben konnte, der Klos im Hals immer größer wurde und mein ältester Sohn das erste Schuljahr besuchte. Das war der Zeitpunkt, an dem die Entscheidung fiel: raus aus dem System, rein in die Freiheit. Sowohl im Innen als auch im Außen. Wir haben unsere sieben Sachen gepackt und sind von 400 auf 12qm in unseren LKW gezogen und haben es nie bereut.

3. Wie hat euer soziales Umfeld auf euer Vorhaben reagiert? Wie wird euer Lifestyle heute gesehen? Falls es Ablehnung gab, wie seid ihr damit umgegangen/ geht ihr damit um?

Unser Umfeld hat es nicht verstanden. Wie kann man alles aufgeben, was man hat - gerade wenn man mehr als genug hat - um ein minimalistisches Leben auf der Straße zu führen, ohne festen Wohnsitz und natürlich immer die Frage: "Was soll nur aus den Kindern werden und was ist mit Schule?" Viele von denen ich es nicht gedacht hätte, standen hinter uns, andere von denen ich glaubte, sie verstünden unseren Entschluss, wandten sich ab. Beziehungen veränderten sich und schließlich trennte ich mich auch vom Vater der Kinder, mit dem mich heute eine tiefe Freundschaft verbindet.

Ablehnung war für mich kein Grund, irgendetwas anzuzweifeln oder mich verunsichern zu lassen. Mein Gefühl ist meine einzige Wahrheit und nach der entscheide ich, was ich tue. Dementsprechend konnte ich annehmen, was von außen mit dieser Entscheidung auf uns zu kam und erkennen, dass sich neue Türen, neue Begegnungen auftun durften, die dann wahrhaftig, authentisch und wirklich zu uns passend waren.

4. Wieviel Zeit habt ihr euch für die Planung eures Aufbruchs genommen, und was gehörte zu diesem Prozess alles dazu (praktisch und evtl. innerlich)?

Ich wollte erst aufbrechen, wenn ich mein Business soweit in trockenen Tüchern hatte, dass ich dachte, ich könne uns davon ernähren. Der erste Kongress lief bombastisch und ich gewann das Vertrauen in mein Wirken und meine Arbeit, auch wenn ich noch nicht wusste, ob daraus ein Business erwachsen würde, dass finanziell "sicher" sein könnte. Ich wagte es dennoch. Der Kongress war im Mai und im September meldeten wir uns in Deutschland ab. Gereist waren wir seit Juli. Praktisch bedeutete das zunächst nicht viel, da ich zu dem Zeitpunkt noch mit meinem Mann zusammen war. Die Veränderung kam dann mit der Trennung, wir minimalisierten stark, verkauften und verschenkten Vieles, ließen los.

Es wurde immer leichter um mich herum und zeitgleich in mir. Ich fühlte plötzlich, was ich wirklich brauche und dass es keine Dinge, sondern Erinnerungen sind, die mich erfüllen und mich reich machen. So machte ich mich immer mehr auf die Reise zu mir selbst, zu meinem inneren Frieden, ging durch den Schmerz, durch Ängste und ließ alles an Gefühlen zu, was mit dem Aufbruch und der Trennung, dem Ungewissen auf mich zu kam. Alleine mit drei kleinen Kindern um die Welt ist schon eine Hausnummer. Aber ich spürte rasch, dass wenn ich in mir fühle, was das Richtige ist und ich diesen Weg gehe, nichts im Außen mir etwas anhaben kann. Und bisher hat mich mein Gefühl stets getragen und wurde ich in allem bestätigt. Natürlich bedurfte es auch der Abmeldung von der Schule, ein Überdenken der Versicherungen und dergleichen, aber das waren alles kleine Schritte im Vergleich zu der Veränderung, die seither innerlich vonstattengehen darf. Wir leben das, was wir uns zuvor nicht haben ausmalen können: Freiheit.

5. Hat sich eure ursprüngliche Motivation auf Reisen zu sein im Laufe der Zeit verändert?

Nein, sie ist nach wie vor die gleiche geblieben. Ich möchte entscheiden können wo ich mich mit wem wie lange umgebe, möchte meinem Herzen folgen können und von überall auf der Erde arbeiten können. Schule ist für uns keine Option, weshalb auch eine Rückkehr nach Deutschland gar nicht in Frage käme. Wir genießen das Leben in der Natur mit allem, was es uns schenkt und haben nicht einen Moment das Gefühl, etwas anders haben zu wollen oder "falsch" gemacht zu haben. Im Gegenteil.

6. Wie lange seid ihr schon auf Reisen? Seid ihr (jetzt oder von Anfang an) komplett ortsungebunden? Oder wo steht ihr gerade?

Wir sind seit anderthalb Jahren unterwegs und das von Anfang an im LKW mit einer Winterunterbrechung in Thailand, wo wir mit anderen Familien in einem Resort leben und dorthin fliegen. Ansonsten halten wir uns in Europa auf, tingeln immer dorthin, wo wir andere nette Familien treffen können und wo es uns gefällt. Es gibt keine Pläne, wir lassen alles auf uns zukommen und reagieren auf das Leben.

7. Welche Länder habt ihr seitdem bereist und wo hat es euch als Familie am besten gefallen? Welche Art zu reisen gefällt euch am besten (Wohnmobil/ Flugzeug, alleine/ mit anderen Familien, immer wieder neue Länder oder bekannte Orte, wie lange an einem Ort)?

Wir haben bis auf Rumänien, Tschechien und die Slowakei und Slowenien alles in Europa bereist. Irland kommt im Mai, dann waren wir überall. Besonders gut hat uns Schottland gefallen, Frankreich ist quasi meine zweite Heimat, da bin ich immer "zuhause", Sardinien war wundervoll im Frühjahr, Portugal und Galizien sind für Familien und auch zur Vernetzung mit anderen großartig, Griechenland ist mega kinderlieb und wunderschön, Skandinavien mochten wir auch sehr, allerdings ist das eben teuer, gerade wenn man auf Fährfahrten angewiesen ist. Was mich begeistert hat waren zudem Polen, Litauen, Lettland und Estland - wundervolle Natur, nette Menschen, günstig und absolut kinderlieb.

Wir reisen gerne alleine aber auch mit 1 oder 2 Familien zusammen oder treffen uns zeitweise mit anderen Familien zu gemeinschaftlichen Treffen. Uns zieht es häufig rasch weiter (echte Nomadenseelen eben), aber wir genießen es, mit anderen im Austausch zu sein, die Kinder sind gerne mit anderen Kindern zusammen und so entschieden wir flexibel wann und wo wir mit anderen Menschen zusammenkommen oder wo wir uns einfach in ein Land einfühlen, ohne zwingend deutsche Reisefamilien treffen zu müssen. Da wir das Entdecken lieben und neugierig sind, haben wir nun fast ganz Europa abgegrast, sind immer schnell gereist, so dass wir nun wissen, wo es uns hinzieht und wo wir auch länger bleiben möchten. Meist waren wir nicht länger als 1-2 Wochen an einem Ort/Stellplatz/Camping. Da wir am Liebsten frei stehen und das Campingplatzleben uns nicht so zusagt, Gemeinschaften sich aber häufig auf solchen Plätzen zusammenfinden, verbringen wir immer etwas Zeit gemeinsam und reisen dann wieder weiter. Aber auch das darf sich entwickeln und gerade meine Tochter sagte neulich, sie wünsche sich jetzt etwas längere Phasen des "Stehens". Also schauen wir mal was das neue Jahr so bringt.

8. Welche Länder wollt ihr als nächstes bereisen oder stehen auf eurer (Wunsch-) Liste? Mit welcher Perspektive reist ihr (open-end oder zeitlich begrenzt)?

Irland ist als nächstes dran, da ich plane, in Schottland oder Irland eine flexible Base für reisende Familien zu schaffen. Auf die Azoren möchte ich gerne mal wieder und viele Freunde haben nach Österreich eingeladen, wo wir schon lange nicht mehr waren und was vielleicht mal wieder ansteht in diesem Jahr. Ansonsten gibt es keine Pläne -

wie gesagt: immer dem Herzen nach. Open-end und aus dem momentanen Gefühl - da völlig gelöst von Deutschland, auch emotional - wird es auch keine Rückkehr geben, sondern wenn dann ggf. ein neues Zuhause an einem anderen schönen Fleckchen Erde.

9. Wie finanziert ihr euer Leben/ Was ist euer Business? Spielt eure Berufung dabei eine Rolle? Wie und wann war euer Übergang vom sesshaften (Angestellten-)Berufsleben zum ortsunabhängigen Business?

Ich arbeite online, habe zwei große Kongresse veranstaltet, gebe Vorträge (offline), schreibe Bücher (Ebooks), coache Menschen, die sich auf den Weg machen von Erziehung in Beziehung, die mit ihrem inneren Kind in Kontakt gehen möchten und vor allem auch Lehrer und Eltern, die mit der "Situation Schule" Bauchweh haben und sich Unterstützung wünschen. Der Übergang kam mit der Elternzeit und dem Gedanken, nicht zurück gehen zu können in dieses System und nicht mehr als Lehrerin unter diesen Umständen arbeiten zu wollen. Meine Berufung habe ich in meinem Business aufgegriffen, umgesetzt und zu meinem Leben gemacht - ich liebe, was ich tue und trenne Arbeit und Freizeit seither nicht mehr. Ein großartiges Gefühl...

10. Habt ihr eine Vision für eure Zukunft oder lebt ihr sie bereits voll und ganz (bezogen auf Familienleben, Herzens-Business oder z.B. ein Leben in Gemeinschaft)?

Wir leben immer im Moment und genau das, was gerade dran ist. Da wir schon immer gerne auch mit anderen in Gemeinschaft auf Zeit zusammen gereist oder gelebt haben, kam mir die Idee, in Schottland oder Irland eine flexible Base für digitale Nomadenfamilien, viel reisende Familien oder solche, die sich eben anschließen möchten, zu erschaffen. Ein Projekt, das sich Celebrate Being nennen wird und es Menschen ermöglicht gemeinsam zu sein, wann immer sie möchten, aber nichts zu müssen. Gemeinsame Verantwortung, gemeinsames Arbeiten, Wirken, Leben - so flexibel wie es ein jeder gerne hätte. Das Herzensbusiness wird somit für mich auf noch aktivere Beine gestellt, verwirklicht sich nicht nur online, sondern darf auch ein spürbares offline-Gesicht bekommen und in Seminaren, Workshops, Festivals und dergleichen dann Realität werden. Das sind so grob die nächsten Teilziele und Visionen.

11. Wie habt ihr euch persönlich, wie hat sich eure Paarbeziehung/ euer Familienleben, wie hat sich euer Lebensgefühl verändert, seit ihr euch auf den Weg gemacht habt?

Ich bin wahrhaftig frei. Das sagt alles. Meine äußere Reise war eine Bestätigung und Einladung zu einer noch tieferen inneren Reise und ich habe mich in ihr gefunden, erkenne mich mehr und mehr und darf noch mehr sein, wer ich bin, zulassen, loslassen und ankommen bei mir. Mein Leben ist seither selbstbestimmt, wahrhaftig, authentisch und frei - mehr Selbstliebe geht nicht.

12. Wo kann man online mehr über euch erfahren/wo findet man euer online Business?

Mein Hauptbusiness, Coachingangebote, Kurse und Ebooks findet man über die Blogseite unter https://www.meingeliebteskind.co. Meine Vision von Celebrate Bing wird samt dem dort stattfindenden Angebot unter www.celebrate-being.com erreichbar sein und mein jüngstes "Baby", das Kinder sind Frieden-Symposium ist unter https://www.kindersindfrieden.com/ zu finden. Natürlich gibt es auch Instagram (www.instagram.com/meingeliebteskind), youtube (www.youtube.com/meingeliebteskindkw) und facebook (www.facebook.com/ElternbegleitungMeinGeliebtesKind)

Wild and Free - Kidstravel

1. Wer ist auf Reisen (Namen, Alter)?

Wir sind die "Wild and Free - Kidstravel" Familie. Kello (51), June (33), Jamie (7), Julie (3) und Jessie (3 Monate)

2. Wie war eure familiäre und berufliche Situation zum Zeitpunkt der Entscheidung, länger auf Reisen zu gehen? Was war eure Motivation dafür und was war euer erstes Reise-Ziel?

June

Mit 16 war ich endlich mit der Schule fertig und habe erstmal eine Ausbildung zur Erzieherin gemacht, wusste aber, dass ich das nicht für immer machen möchte. Nebenbei habe ich gemodelt und wollte das auch hauptberuflich machen. Nachdem die Ausbildung fertig war und ich endlich frei war, bin ich in einer Nacht und Nebel Action einfach nach Stuttgart gefahren. Ich liebte schon immer meine Freiheit.

Seitdem sind 14 Jahre vergangen, ich bin selbständig und habe 3 wunderbare Kinder. Ich reise, wann immer sich die Gelegenheit ergibt und habe zum Ziel, mit meinem Freund Kello, Digitaler Nomade zu werden um mit den Kindern die Welt zu bereisen, getreu unserem Motto "Wild and Free - Kidstravel"

Kello

Nach einer Bankausbildung, habe ich den klassischen Weg eines Bankers erlebt. Das Arbeiten mit Menschen hat mir dabei immer Freude bereitet, aber es hat irgendwie auch immer etwas gefehlt. Meine Urlaube waren oft im Luxusbereich, Kreuzfahrten mit der Aida, Clubanlagen und Städtereisen nach Rom, Paris oder New York. Aber am wohlsten habe ich mich gefühlt, wenn ich frei und ohne Zwänge sein konnte. Da reichte ein Feuer im Wald und ein Zelt.

Nachdem ich June kennengelernt habe, haben sich auch meine Reisen verändert. Mit einem Caravan die Mittelmeerregion erkunden, am Strand schlafen und die Menschen und Kulturen kennenlernen sind seitdem fester Bestandteil meines Lebens. Ziel ist es jetzt, die Voraussetzungen zu schaffen um eine unabhängiges Leben "Wild and Free" zu erreichen. Als Digital Nomaden unabhängig die Welt bereisen, zeigen das das auch mit Kindern gut geht und alle Interessierten daran teilhaben lassen.

Unsere Motivation: Das tägliche Leben, die Routinen und klassischen Berufssituationen, ließen wenig Zeit für die Familie. Uns war schnell klar, dass wir unsere Kinder gemeinsam aufwachsen sehen wollen.

Unser erstes Reiseziel, war Indonesien, die Insel Gili Meno und die Inseln der Komodo Sea.

3. Wie hat euer soziales Umfeld auf euer Vorhaben reagiert? Wie wird euer Lifestyle heute gesehen? Falls es Ablehnung gab, wie seid ihr damit umgegangen/ geht ihr damit um?

Wie bei vielen langzeitreisenden Familien, sind wir zu Beginn, bei Freunden und Verwandten, auf Unverständnis gestoßen. Wir haben uns bewusst für dieses freie ortsunabhängige Leben entschieden und es auch gegenüber der Familie vertreten. In vielen Gesprächen, haben wir erklärt, was wir konkret vorhaben und so konnten wir einige Bedenken ausräumen.

4. Wieviel Zeit habt ihr euch für die Planung eures Aufbruchs genommen, und was gehörte zu diesem Prozess alles dazu (praktisch und evtl. innerlich)?

Von den ersten Überlegungen, als Digital Nomaden Familie durch die Welt zu ziehen, bis zu unserer ersten längeren Reise, hat es ca. 6 Monate gedauert. Neben den innerlichen Umstellungsprozessen (die bei uns schon sehr lange im Gang waren), mussten einige organisatorische Hürden gemeistert werden (Job kündigen/Wohnsituation verändern/Social Media aufbauen/Online Jobmöglichkeiten finden/Finanzierung klären)

5. Hat sich eure ursprüngliche Motivation auf Reisen zu sein im Laufe der Zeit verändert?

Nein, wir spüren jeden Tag aufs Neue, wie schön es ist, mit Kindern die Welt zu bereisen. Als Familie können wir ungezwungen und frei zusammen sein. Die Kinder können die Natur und die verschiedenen Kulturen kennenlernen, sie treffen viele verschiedene Menschen und lernen auf unseren Reisen, vollkommen frei und selbstbestimmt.

6. Wie lange seid ihr schon auf Reisen? Seid ihr (jetzt oder von Anfang an) komplett ortsungebunden? Oder wo steht ihr gerade?

Wir sind seit ca. 6 Jahren immer wieder auf Reisen. Vor ca. 2 Jahren haben wir begonnen, ein ortsunabhängiges Leben aufzubauen. Inzwischen haben wir dieses Ziel erreicht.

7. Welche Länder habt ihr seitdem bereist und wo hat es euch als Familie am besten gefallen? Welche Art zu reisen gefällt euch am besten (Wohnmobil/ Flugzeug, alleine/ mit anderen Familien, immer wieder neue Länder oder bekannte Orte, wie lange an einem Ort)?

Als Familie haben wir die Balearen, Thailand, Philippinen, die Dom.Rep., Indonesien, Sardinien, Korsika, Frankreich, Italien und Vietnam besucht. Viele unserer

Reiseziele haben uns sehr gut gefallen. Aber in Thailand fühlen wir uns am wohlsten. Bei der Art des Reisens, gefällt uns besonders die Abwechslung. Mal mit dem Wohnmobil über die europäischen Inseln fahren und dann wieder mit dem Flugzeug in ferne Länder starten. Meist in einfachen Unterkünften, direkt am Meer in der Nähe der Einheimischen. Mit unseren mittlerweile 3 Kindern, reisen wir am liebsten langsam. Wir verweilen schon mal mehrere Monate an einem Ort. Das gibt uns auch die Möglichkeit, die lokalen Gegebenheiten und Menschen kennenzulernen. Wir reisen auch gern in komplett für uns neue Länder (2018 Vietnam)

8. Welche Länder wollt ihr als nächstes bereisen oder stehen auf eurer (Wunsch-) Liste? Mit welcher Perspektive reist ihr (open-end oder zeitlich begrenzt)?

Als nächstes reisen wir nach Indonesien. Auf unserer Reiseliste stehen, französisch Polynesien und Hawaii. Wir reisen open-end, immer wieder machen wir aber einen Zwischenstopp in Deutschland, um die Familie zu besuchen oder mit dem Wohnmobil auf Reisen zu gehen.

So haben wir es uns auch erträumt!

9. Wie finanziert ihr euer Leben/ Was ist euer Business? Spielt eure Berufung dabei eine Rolle? Wie und wann war euer Übergang vom sesshaften (Angestellten-)Berufsleben zum ortsunabhängigen Business?

Derzeit finanzieren wir unser Leben durch, Online Marketing, Affiliate Marketing, Kooperationen, Social Media, E-Books und Ersparnissen. Erlerntes aus dem früheren Berufsleben, spielt bei den aktuellen Tätigkeiten immer wieder eine Rolle. Der Übergang erfolgte innerhalb von 2 Monaten durch Kündigung.

10. Habt ihr eine Vision für eure Zukunft oder lebt ihr sie bereits voll und ganz (bezogen auf Familienleben, Herzens-Business oder z.B. ein Leben in Gemeinschaft)?

Unsere Vision, ist ein freies ortsunabhängiges Leben und Reisen mit unseren Kindern, finanziert durch ein 100% passives Einkommen. Als Familie wollen wir weiterhin die Welt entdecken und dabei helfen die Natur und Umwelt zu schützen. Wir wollen unseren Kindern die Möglichkeit schaffen als Freilerner Ihren eigenen Lebensweg zu gestalten.

11. Wie habt ihr euch persönlich, wie hat sich eure Paarbeziehung/ euer Familienleben, wie hat sich euer Lebensgefühl verändert, seit ihr euch auf den Weg gemacht habt?

Wir haben uns persönlich, vor allem in unserem Freiheitsempfinden verändert. Die Routinen und Erwartungen aus dem "alten Leben" haben wir hinter uns gelassen. Das gewonnene Gefühl von Freiheit kann man nicht beschreiben, man muss es erleben. Als

Paar erleben wir die gemeinsame Zeit heute viel intensiver. Viel häufiger tauschen wir unsere Gedanken und Träume aus und versuchen sie gemeinsam zu realisieren. Durch unsere Kinder stellt sich ein echtes Familiengefühl ein, und die Alleingeburt von Jessie in Thailand war für uns alle ein ganz besonderes Erlebnis.

12. Wo kann man online mehr über euch erfahren/wo findet man euer online Business?

Auf folgenden Social Media Kanälen, könnt Ihr mehr über uns erfahren:
https://www.instagram.com/wildandfreekidstravel/
https://www.youtube.com/channel/UC4q86XsoKYsMZiHrLSHIa2w
https://www.facebook.com/wildandfreekidstravel/?ref=bookmarks

NOOBA

1. Wer ist auf Reisen (Namen, Alter)?

Wir sind Antje (36), Boris (39) und Nolan (4): Weltentdecker. Sonnenanbeter und Naturliebhaber. Freiheitsliebende Querdenker. Eine Digitale Nomadenfamilie die seit 4 Jahren um die Welt reist.

Wir kommen ursprünglich aus Deutschland und haben über sechs Jahre in der Schweiz gelebt, bevor wir 2014 nach Costa Rica aufgebrochen sind.

2. Wie war eure familiäre und berufliche Situation zum Zeitpunkt der Entscheidung, länger auf Reisen zu gehen? Was war eure Motivation dafür und was war euer erstes Reise-Ziel?

Bevor wir die Schweiz verließen, hatte Boris als RAMS Experte gearbeitet (u.a. am Gotthard-Basistunnel). Antje hat Fotografie und Kunst in Zürich studiert und freischaffend als Fotografin und Künstlerin gearbeitet.

Wir verließen die Schweiz nicht aus einem Unwohlsein heraus, sondern vielmehr aus einer Stärke, die wir in uns fanden. Wir wollten mehr vom Leben, wir wollten Kinder, Familie, mehr Freiheit, Natur und Zeit miteinander.

Ein herkömmliches Familienleben konnten wir uns in der Schweiz bzw. in Europa nicht vorstellen. Es wäre für uns nicht gut gegangen. Wir waren vielmehr auf der Suche nach einem neuen Lebensgefühl: raus aus der Stadt, rein in die Natur; raus aus der Routine, rein ins Abenteuer. Wir wollten dort leben wo es uns hinzieht und das tun was uns interessiert. Und so sind wir 2014 dann nach Costa Rica aufgebrochen.

3. Wie hat euer soziales Umfeld auf euer Vorhaben reagiert? Wie wird euer Lifestyle heute gesehen? Falls es Ablehnung gab, wie seid ihr damit umgegangen/ geht ihr damit um?

Als wir uns entschieden hatten auf Reisen zu gehen, haben wir das nicht gleich allen erzählt. Alle wussten, dass wir etwas planten und ändern wollten. Aber niemand wusste was das konkret sein würde. Denn wir wollten die Entscheidung ganz frei von anderen Meinungen und Gedanken treffen. Es war eine Entscheidung, die wirklich aus unserem Innersten kam. Erst als wir uns wirklich sicher waren und beschlossen hatten los zu reisen, hatten wir allen davon berichtet. Somit waren manche aus der Familie und dem Freundeskreis sehr überrascht, manche eher inspiriert und wieder andere waren fassungslos und sehr kritisch uns gegenüber.

Familie und Freunde erst einmal zurück zu lassen ist keine einfache Entscheidung. Aber wie wir immer sagten: es war keine Entscheidung gegen etwas oder gegen jemanden, sondern für etwas: für unser Leben, unsere Träume und Wünsche, unsere Zukunft als Familie.

4. Wieviel Zeit habt ihr euch für die Planung eures Aufbruchs genommen, und was gehörte zu diesem Prozess alles dazu (praktisch und evtl. innerlich)?

Zwei Jahre planten wir unseren Ausstieg. Wir verkauften, verschenkten und spendeten all unsere Sachen, kündigten unsere Jobs und flogen mit zwei Koffern und unserem vier Monate alten Baby nach Costa Rica.

Wir denken, dass die ständige Hinterfragung seiner Träume und Ideale, gerade am Anfang solch einer Reise, einer der wichtigsten Grundpfeiler ist, um diesen Lifestyle glücklich und gemeinsam als Familie leben zu können. Denn die Reise ist immer auch eine innere Reise. Eine Reise zu den Abgründen und Höhepunkten seiner selbst. Dies zu erkennen und anzugehen führt einen auf ganz neue Wege.

5. Hat sich eure ursprüngliche Motivation auf Reisen zu sein im Laufe der Zeit verändert?

Am Anfang war es ein Gefühl, dann eine Entscheidung und letzten Endes wurde es unser Leben. Die Motivation ist immer noch die gleiche, wie damals vor 4 bzw. 6 Jahren als wir planten etwas zu verändern. Jeden Tag zusammen mit der Familie zu verbringen war und ist für uns das höchste Gut. Wir lieben es zusammen die Welt zu bereisen, unseren Leidenschaften und Träumen nachzugehen und uns dabei immer wieder neu entdecken zu dürfen.

6. Wie lange seid ihr schon auf Reisen? Seid ihr (jetzt oder von Anfang an) komplett ortsungebunden? Oder wo steht ihr gerade?

Wir sind im März 2014 los gereist. Das ist jetzt knapp 4 Jahre her. Von Anfang an waren wir ortsunabhängig und sind es auch heute noch.

7. Welche Länder habt ihr seitdem bereist und wo hat es euch als Familie am besten gefallen? Welche Art zu reisen gefällt euch am besten (Wohnmobil/ Flugzeug, alleine/ mit anderen Familien, immer wieder neue Länder oder bekannte Orte, wie lange an einem Ort)?

Wir waren in den letzten Jahren hauptsächlich in Costa Rica, Panama, Nicaragua, Deutschland, Schweiz, Thailand, Malaysia, Indonesien, Singapur und den Kanarischen Inseln unterwegs.

Wir erlebten unglaublich intensive Momente, trafen wundervolle Menschen, lernten

…nsere Möglichkeiten und Bedürfnisse kennen und

…e bewusste reisen uns besonders gut gefällt. So bleiben wir

…n einem Land - so wie in Costa Rica, wo wir fast 1,5 Jahre

Wir s… öfters an Orte zurückgekehrt, die uns besonders gut gefallen haben - so z.B. na… …h Phangan, Thailand, wo wir nun schon das dritte Mal sind und gerade ein halbes Jahr am Stück verbringen. So haben wir nun schon viele Orte mit Ihren Menschen in unser Herz geschlossen, und jeder Ort hat seine eigenen Erinnerungen bei uns hinterlassen. So haben wir mittlerweile viele kleine weltweite Heimaten gefunden. In den letzten Jahren haben wir außerdem mehr und mehr gemerkt, dass uns eine Gemeinschaft von Gleichgesinnten um uns herum besonders wichtig ist.

So haben wir auch aus einem eigenen Bedürfnis heraus unsere NOOBA Family Workations & Colivings ins Leben gerufen. Gemeinsam mit anderen Familien zusammen an den schönsten Orten der Welt leben, arbeiten und zusammen die Welt entdecken. Das ist eine wundervolle Erfahrung und ist so bereichernd und inspirierend zugleich.

8. Welche Länder wollt ihr als nächstes bereisen oder stehen auf eurer (Wunsch-) Liste? Mit welcher Perspektive reist ihr (open-end oder zeitlich begrenzt)?

Für uns geht es in ein paar Wochen weiter nach Malaysia und dann nach Hawaii. Mit Hawaii erfüllen wir uns auch einen langersehnten Traum - entsprechend groß ist unsere Vorfreude.

Danach stehen grob die Karibik sowie Zentral- und Südamerika auf dem Plan. Wir werden gewiss auch nach Costa Rica gehen, diesmal aus dem Westen kommend - dem Land, wo vor vier Jahren alles begann. Glücklicherweise sind wir nicht gezwungen alles genau durchzuplanen und haben die Freiheit alles so offen angehen zu können.

Im Moment reisen wir open-end und planen nicht uns irgendwo dauerhaft niederzulassen. Jedoch behalten wir uns auch hier die Freiheit bei, unseren Lebensstil jederzeit unseren Bedürfnissen anzupassen. Niemand weiß was die Zukunft bringt. Und das ist auch gut so. Wir sind offen für alles Neue, was auf uns zukommt.

9. Wie finanziert ihr euer Leben/ Was ist euer Business? Spielt eure Berufung dabei eine Rolle? Wie und wann war euer Übergang vom sesshaften (Angestellten-)Berufsleben zum ortsunabhängigen Business?

Seit Juni 2017 sind wir mit NOOBA online und organisieren dort weltweite Family Workations & Colivings. COworking, COliving & COplaying - mit Gleichgesinnten zusammen an den schönsten Orten der Welt leben und arbeiten. Wie schon erwähnt, ist dieses Business aus unserem eigenen Bedürfnis heraus entstanden.

Die letzten Jahre war unser Fokus ganz klar auf: Persönlichkeitsentwicklung und Weiterbildung im Bereich Online Business & Marketing. In dieser Zeit haben wir von unseren Ersparnissen gelebt.

10. Habt ihr eine Vision für eure Zukunft oder lebt ihr sie bereits voll und ganz (bezogen auf Familienleben, Herzens-Business oder z.B. ein Leben in Gemeinschaft)?

Im Moment sind wir ziemlich zufrieden mit unserem Lebensstil. So werden wir uns weiterhin die Welt zusammen als Familie ansehen und entdecken. Das natürlich nicht immer allein, sondern mit vielen Gleichgesinnten, Freunden und Familie um uns herum.

Bezogen auf NOOBA (unserem Business) haben wir große Pläne. Wir wollen Familien durch unsere Family Workations & Colivings inspirieren und helfen ihren ganz eigenen Weg vom freien Leben mit der Familie zu finden und zu gehen. Das heißt konkret, dass noch mehr weltweite Family Workations & Colivings dazukommen werden und wir zukünftig unser Wissen und unsere Erfahrungen z.B. in Mentorings anbieten werden.

11. Wie habt ihr euch persönlich, wie hat sich eure Paarbeziehung/ euer Familienleben, wie hat sich euer Lebensgefühl verändert, seit ihr euch auf den Weg gemacht habt?

Wir sind immer noch wir. Aber wir haben natürlich auch viel über uns in den letzten Jahren gelernt und erfahren. Wir haben uns viel mit unseren positiven aber auch negativen Seiten beschäftigt und sehen manche Dinge jetzt anders als damals. Wir wissen nun, dass wir alles schaffen können, wenn wir es wirklich wollen, und dass man mit Liebe, Zuversicht und Vertrauen ins Leben jeden Weg gehen kann. Wir haben so unglaublich viel über uns erfahren und dazugelernt. Als wir damals gestartet sind, mussten wir erst einmal als kleine Familie zusammenwachsen. Unser Sohn war 4 Monate alt als wir gestartet sind. Das war eine sehr intensive Zeit. Unsere Partnerschaft ist sehr innig geworden durch die gemeinsamen Momente, die wir miteinander erlebt und geteilt haben. Die innere Reise haben wir gemeinsam durchlaufen, was eine unglaublich schöne Erfahrung war und weiterhin ist.

12. Wo kann man online mehr über euch erfahren/wo findet man euer online Business?

Auf https://nooba.co kann man alles über unsere weltweiten Family Workations & Colivings sowie über uns und unsere Reise erfahren.

Facebook: @NOOBA.co
Mail: antje@mail.co

Außerdem führen wir zwei deutschsprachige Facebookgruppen in Bezug auf das Digitale Nomadenleben mit der Familie und Family Workations & Colivings. Family Workations & Colivings (German):
https://www.facebook.com/groups/218954565171749/
Digitale Nomadenfamilien: https://www.facebook.com/groups/975643355880180/
englischsprachig: Family Workations & Colivings (Englisch)
https://www.facebook.com/groups/282748198772586/

Backpackbaby

1. Wer ist auf Reisen (Namen, Alter)?

Josi (29), Olaf (28) und Lola (fast 3)

2. Wie war eure familiäre und berufliche Situation zum Zeitpunkt der Entscheidung, länger auf Reisen zu gehen? Was war eure Motivation dafür und was war euer erstes Reise-Ziel?

Wir hatten gerade unser Philosophie-Studium abgeschlossen, unsere Tochter war zu der Zeit ein Jahr alt. Dann ging es darum zu planen, wie wir als Familie in Zukunft leben wollen. Uns war klar, dass der klassische Weg mit 8 Stunden Arbeitstagen, Kita und viel Stress absolut nichts für uns ist. Wir sehnten uns nach Abenteuer und Familienzeit und einem Ausbruch aus einem System, das sich für uns ziemlich einengend anfühlte. Wir sind als erstes nach Taipei geflogen, weil ich schon eine ganze Weile in Taipei gelebt hatte. Wir dachten, ein leichter Einstieg in ein Land, das ich schon gut kenne und wo ich die Landessprache spreche, wäre für unser Abenteuer noch aufregend genug. Es war eine phantastische Entscheidung. Taiwan ist so ein tolles Reiseland für Familien!

3. Wie hat euer soziales Umfeld auf euer Vorhaben reagiert? Wie wird euer Lifestyle heute gesehen? Falls es Ablehnung gab, wie seid ihr damit umgegangen/ geht ihr damit um?

Viele Leute fanden uns mutig. Sehr Viele konnten unsere Entscheidung dennoch nicht so richtig verstehen. Ich denke, es hat sich auch viel Trauer von Freunden und Verwandten in diese Urteile gemischt. Einige hatten wohl das Gefühl, dass sie uns nicht genügen. Dabei ging es darum ja gar nicht. Wir wollten einfach frei sein und mutig sein, nichts verpassen, die Welt entdecken und uns unterwegs selber finden.

Mir hilft es, mir andere Reiseblogger anzuschauen und zu sehen, wie sehr Menschen, die einfach "ihren" Weg gehen strahlen. Außerdem hilft es zu wissen, dass alle Kritik von einem liebevollen Ort kommt. Die Leute machen sich sorgen oder sind einfach traurig, dass wir nicht mehr da sind. Etwas Böses wünscht uns keiner unserer Freunde und Verwandten, soviel ist sicher!

4. Wieviel Zeit habt ihr euch für die Planung eures Aufbruchs genommen, und was gehörte zu diesem Prozess alles dazu (praktisch und evtl. innerlich)?

Wir haben unsere Reise unheimlich fix geplant. Innerhalb von etwas mehr als 4 Wochen haben wir alles organisiert und sind dann aufgebrochen.

Die Entscheidung ist an einem frühen Morgen um 5 Uhr gefallen. Ich bin aufgewacht, hatte eine Eingebung, habe Olaf wachgerüttelt und gesagt: "Ich weiß, das klingt jetzt verrückt, aber wir müssen nach Bali." Ein dreiviertel Jahr später waren wir dann da. Zwischendurch hatten wir schon halb Asien bereist. ;-)

5. Hat sich eure ursprüngliche Motivation auf Reisen zu sein im Laufe der Zeit verändert?

Inzwischen kommt für mich noch dazu, dass ich gesehen habe, wie unheimlich Lola auf der Reise aufgeblüht ist. Sie war schon immer ein sehr offenes und fröhliches Kind, aber diese Eigenschaften wurden unterwegs nochmal deutlich ausgeprägter. Es ist so toll zu sehen, wie dieses wissbegierige Kind alle fremden Kulturen und Orte völlig wertfrei in sich aufnimmt. Wie sie Sprachen mühelos im Vorbeigehen lernt und von klein auf begriffen hat, dass es ganz viele unterschiedliche Menschen auf der Welt gibt, die alle irgendwie spannend und liebenswert sind.

Ich möchte, dass sie all diese Lektionen verinnerlicht und weiterhin so ein offener, zufriedener Mensch bleibt. Unsere Tochter hat Erinnerung in ganz Asien und Europa und wird sich schließlich ihr ganz persönliches Potpourri aus Lebenswelten zusammenbauen - das ist schon die ultimative Freiheit, oder?

6. Wie lange seid ihr schon auf Reisen? Seid ihr (jetzt oder von Anfang an) komplett ortsungebunden? Oder wo steht ihr gerade?

Wir sind Mitte 2016 aufgebrochen, waren 2017 noch einmal für ein paar Monate in Deutschland (Selbstfindungsphase). Seit Dezember 2017 sind wir voll und ganz unterwegs. Im Moment sind wir ortsungebunden, solange es uns gefällt. Wobei - wir bauen gerade eine Reise-Homebase in Pai, Thailand auf. Wir haben alle das Gefühl, dass ein fester Ort, an den wir zurückkehren können, uns guttut. Lola kann längerfristige Freundschaften aufbauen und in die Kita gehen, wir Eltern können die Zeit zum Geld verdienen nutzen und wir sind an einem Ort, an dem wir uns alle drei so wohl und glücklich fühlen, wie vorher noch nirgendwo. Zwischen den Kitasemestern wird aber weitergereist und ich kann mir auch gut vorstellen, immer mal wieder 6-12 Monate ganz kitafrei durch die Welt zu reisen. Es gibt schließlich noch unheimlich viel zu sehen!

7. Welche Länder habt ihr seitdem bereist und wo hat es euch als Familie am besten gefallen? Welche Art zu reisen gefällt euch am besten (Wohnmobil/ Flugzeug, alleine/ mit anderen Familien, immer wieder neue Länder oder bekannte Orte, wie lange an einem Ort)?

Taiwan (grandios, vor allem für Foodies und nicht touristisch überlaufen), Vietnam, Thailand, Indien, Ägypten, Malaysia, Indonesien (Bali). Jeder Ort hat seinen Charme. Ich habe mich nach dem anfänglichen Schock in Indien total wohl gefühlt und so viel gelernt. Thailand ist einfach entspannt, günstig und wunderschön, Taiwan ist ein absolut spannendes, tolles Reiseland (aber etwas teurer), Ägypten fand ich erstaunlich toll. Die Leute dort waren extrem herzlich und das Essen der Hammer, und Malaysia erkunden wir gerade erst. Schaut doch einfach auf unserem Blog vorbei, da gibt es mehr Infos.

Wir Reisen meistens allein und treffen unterwegs so viele Reisefamilien wie möglich. Außerdem couchsurfen wir, um den Geldbeutel zu schonen und besser ins Land zu kommen. Mal fliegen wir und mal nehmen wir Überlandbusse. Je nachdem, wie es gerade passt, günstig ist und mit Kleinkind eben geht.

Unsere Reisebucketlist ist unendlich lang - wir wollen erst einmal so viele unterschiedliche Länder wie möglich bereisen. Das macht einfach Laune!

8. Welche Länder wollt ihr als nächstes bereisen oder stehen auf eurer (Wunsch-) Liste? Mit welcher Perspektive reist ihr (open-end oder zeitlich begrenzt)?

Ehrlich, die Liste ist endlos. Laos, Kambodscha, Sri Lanka, Australien, Neuseeland, Burma, Japan, Südkorea... und das sind nur die ersten paar, die mir in Asien einfallen. Wir reisen open end. :-)

9. Wie finanziert ihr euer Leben/ Was ist euer Business? Spielt eure Berufung dabei eine Rolle? Wie und wann war euer Übergang vom sesshaften (Angestellten-)Berufsleben zum ortsunabhängigen Business?

Wir bloggen und texten. Wir schreiben kleine Werbetexte, E-Books für größere Firmen, Texte für andere Webseiten und Blogs. Zusätzlich überlege ich, als online-Englisch- und Deutschlehrerin zu arbeiten. Dann ist mein Leben nicht ganz so schreiblastig.

Wir waren beide nie angestellt, sondern sind direkt vom Studium in die Reiselust und Selbstständigkeit gerutscht.

10. Habt ihr eine Vision für eure Zukunft oder lebt ihr sie bereits voll und ganz (bezogen auf Familienleben, Herzens-Business oder z.B. ein Leben in Gemeinschaft)?

Wir wünschen uns ein kleines bisschen mehr Gemeinschaft und Unterstützung. Das baut sich langsam auf, zum Beispiel in Pai und dadurch, dass wir mehr und mehr Reisefamilien zu unseren Freunden zählen und regelmäßig treffen.

Irgendwann kann ich mir auch vorstellen, in einer Gemeinschaft zu leben, zumindest für einen Teil des Jahres.

Irgendwann, wenn wir finanziell so gut aufgestellt sind, dass wir (noch) weniger arbeiten müssen und eventuell ein breites Netzwerk zur Unterstützung haben, wünschen wir uns weitere Kinder. Im Moment können wir uns das aber nicht vorstellen. Wir haben nämlich so ein wunderbares Kind mit viel Energie und sehr wenig Schlafbedürfnis bekommen. Da ist es schon oft eine große Herausforderung unseren Alltag gebacken zu kriegen.

Insgesamt lehne ich mich so oft zurück und denke, wie unwahrscheinlich glücklich ich mit dem Leben bin, dass wir uns aufgebaut haben. So kitschig es klingt: Es ist und bleibt ein echter Traum.

11. Wie habt ihr euch persönlich, wie hat sich eure Paarbeziehung/ euer Familienleben, wie hat sich euer Lebensgefühl verändert, seit ihr euch auf den Weg gemacht habt?

Wir geben uns mehr Raum. Wir haben mehr Raum, um an uns, unserer Beziehung und uns als Familie zu arbeiten. Ich merke, dass unsere Kommunikation noch einmal besser und klarer geworden ist. Wir sind uns als Paar so vertraut und können trotzdem noch nächtelang quatschen (trotz absoluter Übermüdung; wenn das nicht Liebe ist, dann weiß ich auch nicht..).

Wir sind besser darin geworden, auf unsere Bedürfnisse zu achten (nicht zu schnell reisen, Zeit für jeden von uns Elternteilen allein..).

Wir sind definitiv mutiger geworden und fühlen uns freier. Das macht sehr, sehr glücklich.

12. Wo kann man online mehr über euch erfahren/wo findet man euer online Business?

www.backpackbaby.de

und Instagram: https://www.instagram.com/backpack_baby/

Familie auf Weltreise

1. Wer ist auf Reisen (Namen, Alter)?

Stefan (35), Katrin (33), Julien Louis (10), Marie Isabelle (8) und Mathilda (5)

2. Wie war eure familiäre und berufliche Situation zum Zeitpunkt der Entscheidung, länger auf Reisen zu gehen? Was war eure Motivation dafür und was war euer erstes Reise-Ziel?

Wir hatten das typische Spießer-Alltagsleben. Zwei gute Jobs, Eigenheim, Auto, Urlaube etc. Uns beide packte schon immer das Reisefieber und mit der Planung eines Sabbaticals fing alles an. Eigentlich wollten wir nur unseren großen Traum verwirklichen bevor wir alt sind. Als erstes sind wir nach Thailand geflogen. In einer Gemeinschaft mit Gleichgesinnten auf Koh Phangan haben wir den optimalen Start gefunden in unsere Reise.

3. Wie hat euer soziales Umfeld auf euer Vorhaben reagiert? Wie wird euer Lifestyle heute gesehen? Falls es Ablehnung gab, wie seid ihr damit umgegangen/ geht ihr damit um?

Es gab gemischte Reaktionen. Viele fanden es mutig. Einige wenige konnten es gar nicht nachvollziehen. Von denen haben wir uns abgekehrt. Das tat zwar damals weh, aus heutiger Sicht war es das beste was wir machen konnten. Oftmals merkten wir, dass unser Umfeld versucht hat die eigenen Ängste auf uns zu projizieren. Auch heute gibt es noch Kritik, allerdings haben wir so viel Ansichten in der Welt gesehen und erleben dürfen, dass wir damit lockerer umgehen.

4. Wieviel Zeit habt ihr euch für die Planung eures Aufbruchs genommen, und was gehörte zu diesem Prozess alles dazu (praktisch und evtl. innerlich)?

Zwischen der Idee und der Abreise lag ein Jahr. Wir sind total systematisch an die Sache rangegangen. Es folgten viele Abende der Recherche und dann wurde alles umgesetzt. Eine lange To-Do Liste am Kühlschrank war unser Motivator. Je dichter wir der Abreise kamen, umso kürzer wurde die Liste. Wir hatten keinen Stress und das war sehr gut.

5. Hat sich eure ursprüngliche Motivation auf Reisen zu sein im Laufe der Zeit verändert?

Nein. Es geht weiterhin darum die Welt zu sehen und Abenteuer zu erleben. Allerdings ist aus dem ursprünglichen Ein-Jahr-Sabbatical nun eine Open-End

Weltreise geworden.

6. Wie lange seid ihr schon auf Reisen? Seid ihr (jetzt oder von Anfang an) komplett ortsungebunden? Oder wo steht ihr gerade?

Wir sind im Dezember 2016 gestartet und nun fast eineinhalb Jahre unterwegs. Wir sind komplett ortsungebunden. Unser Eigenheim in Deutschland ist langfristig vermietet.

7. Welche Länder habt ihr seitdem bereist und wo hat es euch als Familie am besten gefallen? Welche Art zu reisen gefällt euch am besten (Wohnmobil/ Flugzeug, alleine/ mit anderen Familien, immer wieder neue Länder oder bekannte Orte, wie lange an einem Ort)?

Wir sind in fast ganz Asien gereist. Fast alle Länder sind günstig und das schont die Reisekasse. In Asien hat uns Thailand am besten gefallen. Wir waren außerdem noch in Japan. Einen Monat mit dem Camper durch Japan zu reisen war unser Highlight. Ein Land jenseits unserer Vorstellung. Wir werden mit Sicherheit wieder durch Japan reisen. Australien und Neuseeland waren auch ganz reizvoll. In Australien könnten wir uns sogar vorstellen einmal dauerhaft zu leben. Wir reisen sehr minimalistisch. Zwei Koffer und ein Tagesrucksack reichen für uns fünf.

8. Welche Länder wollt ihr als nächstes bereisen oder stehen auf eurer (Wunsch-) Liste? Mit welcher Perspektive reist ihr (open-end oder zeitlich begrenzt)?

Im Somme 2018 reisen wir durch Europa und dürfen Ferienhäuser testen, bewerten und vorstellen. Wir konnten uns unsere Wunschroute zusammenstellen und reisen durch unsere alte Heimat Norwegen und im Herbst dann in den Süden Europas.

9. Wie finanziert ihr euer Leben/ Was ist euer Business? Spielt eure Berufung dabei eine Rolle? Wie und wann war euer Übergang vom sesshaften (Angestellten-)Berufsleben zum ortsunabhängigen Business?

Das erste Jahr haben wir von Ersparnissen gelebt. Mittlerweile hat unser Online Business aber voll eingeschlagen. Mit Katrin-Fit.de haben wir ein Online Fitness Studio erschaffen und auf unserem Blog verkaufen wir Produkte rund ums Thema Weltreisen. Nebenbei haben wir mit greenwood.media eine Online-Agentur gegründet und bietet Interessierten Hilfe bei der Digitalisierung eines "altmodischen" Offline Betriebes.

10. Habt ihr eine Vision für eure Zukunft oder lebt ihr sie bereits voll und ganz (bezogen auf Familienleben, Herzens-Business oder z.B. ein Leben in Gemeinschaft)?

Aktuell leben wir unseren Traum. Wir sind rundum glücklich mit der Familiensituation, dem Klima und unserem Business. In der Zukunft können wir uns vorstellen mit einigen Familien enger zu reisen.

11. Wie habt ihr euch persönlich, wie hat sich eure Paarbeziehung/ euer Familienleben, wie hat sich euer Lebensgefühl verändert, seit ihr euch auf den Weg gemacht habt?

Wir hatten schon immer eine tolle Ehe. Der Vorteil des Reisens liegt für uns darin, dass wir in der Lage sind den Alltag gemeinsam zu bestreiten und zu besprechen. Wir laufen keine Gefahr, dass wir uns auseinanderleben, wie es heutzutage so oft zu hören ist.

12. Wo kann man online mehr über euch erfahren/wo findet man euer online Business?

Familie auf Weltreise bei google und schon findest Du uns? Ne im Ernst: www.Familieaufweltreise.de. Sport mit Katrin gibt es unter: www.katrin-fit.de. Wer digital mitreisen will macht das am einfachsten bei YouTube (www.youtube.com/c/familieaufweltreisede)

Wir sind unterwegs

1. Wer ist auf Reisen (Namen, Alter)?

Hallo an euch alle, wir sind eine fünfköpfige Familie. Peter (29), Katharina (28), Mio (8), Joscha (6) und die kleine Malia (2).

2. Wie war eure familiäre und berufliche Situation zum Zeitpunkt der Entscheidung, länger auf Reisen zu gehen? Was war eure Motivation dafür und was war euer erstes Reise-Ziel?

Wir hatten über viele Jahre hinweg bereits versucht, mehr Zeit für uns als Familie zu gewinnen. Das haben wir damals über Urlaubssemester und Teilzeitarbeit geschafft. Allerdings empfanden wir das Leben in der Großstadt und in einer Wohnung als sehr beengend und so kamen erste Gedanken, inspiriert durch verschiedene andere Familien, noch einen Schritt weiter zu gehen. Unser Sohn entschied sich außerdem nicht mehr in die Schule zu gehen. Unsere eigene jahrelang unterdrückte Neugierde, die Welt wirklich zu sehen und zu begreifen paarte sich mit der Idee, auch unseren Kindern einen offenen Zugang zu anderen Sprachen, Kulturen, Religionen und Menschen zu ermöglichen, sowie dem Gefühl, dass in der aktuellen Situation zu wenig Entwicklungspotenzial für uns Erwachsene liegt. Zwar reisten wir damals schon so oft es ging, aber diesmal wollten wir einfach ausbrechen und noch weiter " über den Tellerrand gucken"! Eigentlich wollten wir nach Portugal reisen und hatten das auch allen kommuniziert. Wir haben uns damals vier Wochen vorher aus dem Bauch heraus für Italien entschieden. Einmal Sizilien und wieder zurück und das alles ganz langsam und entspannt.

3. Wie hat euer soziales Umfeld auf euer Vorhaben reagiert? Wie wird euer Lifestyle heute gesehen? Falls es Ablehnung gab, wie seid ihr damit umgegangen/ geht ihr damit um?

Von Entrüstung über Bewunderung bis hin zu Freude war tatsächlich alles dabei. Unsere Freunde waren unkonventionelle Entscheidungen schon gewohnt und die meisten waren total neugierig und baten uns sofort um regelmäßige Updates (so ist übrigens mein Blog entstanden. Es waren unsere Freunde, die sich so darüber gefreut haben). Einige wären gerne sofort mit ins Wohnmobil gestiegen und mitgefahren.

Bei unseren Familien war es komplexer. Wir haben die Entscheidung auf Reisen zu gehen, erst recht spät mitgeteilt, weil wir von einigen mit Gegenwind gerechnet hatten und wir uns vor rationaler Verunsicherung ein Stück weit schützen wollten. Das war sehr gut so. Denn als wir verkündeten, dass wir aufbrechen werden und viele Schritte bereits erledigt waren, haben wir uns so sicher gefühlt, das uns kein Wind mehr umpusten konnte. Heute haben sie sich wohl daran gewöhnt und wir haben das Gefühl, dass unsere Klarheit bezüglich unserer Entscheidungen auch ankommt. Da braucht es kein großes Gerede ob wir "richtig oder falsch" leben.

4. Wieviel Zeit habt ihr euch für die Planung eures Aufbruchs genommen, und was gehörte zu diesem Prozess alles dazu (praktisch und evtl. innerlich)?

Puh, wenn ich an diese Zeit zurückdenke, raucht mir der Kopf. Wir hatten im Mai 2016 beschlossen, dass wir alles verkaufen werden. Nur einige persönliche Sachen und zwei kleine Möbelstücke wollten wir einlagern. Also ging es ans Verkaufen. Ich habe wöchentlich an die 40 Pakete verschickt- das war richtig anstrengend, zumal ich ein kleines Baby und zwei größere Kinder nebenbei betreute. Dazu gab es alle zwei Wochen einen Flohmarkt in unserem Wohnzimmer. Ich muss ehrlich sagen, dass ich um keine der Sachen gejammert habe, die Vorfreude auf das, was wir uns erträumt hatten war so groß! Mit jedem Teil kam ich meinem Traum näher. Meine Vision von einem freien Leben wurde Stück für Stück zur Realität und das tat unheimlich gut. Nach einem halben Jahr war die Bude leer, ein Wohnmobil gekauft und die Wohnung übergeben. Wenn ich die Zeit reflektiere, würde ich mir beim nächsten Mal mehr Zeit nehmen. Je nach Haushalt mindestens neun Monate. Und dabei hatten wir gar nicht so viel Krempel.

5. Hat sich eure ursprüngliche Motivation auf Reisen zu sein im Laufe der Zeit verändert?

Nein. Wir haben durch das reisen noch stärker gemerkt, wie gut es uns allen geht, wenn wir zusammen sind, uns die Arbeiten teilen, Zeit für unser Business haben und selbstbestimmt unseren Alltag leben können.

6. Wie lange seid ihr schon auf Reisen? Seid ihr (jetzt oder von Anfang an) komplett ortsungebunden? Oder wo steht ihr gerade?

Im November 2016 sind wir gestartet und seitdem mal hier und mal da. Wir haben und hatten keine Wohnung oder sonst irgendetwas Festes. Im Dezember 2017 haben wir unser, nicht wintertaugliches Wohnmobil für den Winter einquartiert und leben grade an der holländischen Grenze in einem Zirkuswagen, was ebenfalls eine tolle naturnahe Erfahrung ist, zumal hier kein fließendes Wasser im Wagen selbst ist. Wir haben vor hier bis Ende April zu bleiben und dann unseren " Karl-Heinz", im Rausch der Frühlingsgefühle wieder startklar zu machen.

7. Welche Länder habt ihr seitdem bereist und wo hat es euch als Familie am besten gefallen? Welche Art zu reisen gefällt euch am besten (Wohnmobil/ Flugzeug, alleine/ mit anderen Familien, immer wieder neue Länder oder bekannte Orte, wie

lange an einem Ort)?

Die Idee vom fahrbaren Zuhaue gefällt uns nach wie vor sehr. Es ist einfach schön, alles zusammenzupacken und weiterzuziehen. Für uns als Familie geht es aber auch ohne, wenn die Umstände stimmen. Das heißt, wir möchten nach wie vor naturnah, möglichst ruhig und gepflegt leben. Beim Wohnmobil mussten wir natürlich immer Zusatzkosten für die Reparatur beachten, was echt nervig sein kann.

Da wir richtig Bock auf Thailand haben, kommen wir ums Flugzeug nicht herum und freuen uns dann über die Erfahrung anderer, die eine angenehme Unterkunft empfehlen können. Bereist haben wir seit Beginn unserer Reise Italien, Österreich, Portugal (mit dem Flugzeug), Holland und natürlich Deutschland bereist. Ich kann gar nicht sagen, welches Land mir am besten gefallen hat. Es kommt immer darauf an, welche Stellplätze wir gefunden haben und wie entspannt wir selber waren. Unsere Jungs fragen jedenfalls immer wieder nach "Terme di Caronte". Dort standen wir wochenlang und genossen mehrmals täglich die heiße, gesunde und frei zugängliche Quelle. Unser Großer hat in dem Wasser schwimmen gelernt und erzählt darüber nach wie vor.

8. Welche Länder wollt ihr als nächstes bereisen oder stehen auf eurer (Wunsch-) Liste? Mit welcher Perspektive reist ihr (open-end oder zeitlich begrenzt)?

Also ich träume davon, einmal um die Welt zu reisen. Und zwar ohne Zeitdruck. Einfach los und weiter wenn es dran ist. Peter möchte gerne Neuseeland besuchen und mich reizt grade England. Wir beide steuern Koh Phangan (Buritara) an um weltoffene Menschen zu treffen und sich gegenseitig zu inspirieren.

9. Wie finanziert ihr euer Leben/ Was ist euer Business? Spielt eure Berufung dabei eine Rolle? Wie und wann war euer Übergang vom sesshaften (Angestellten-)Berufsleben zum ortsunabhängigen Business?

Wir sind mit einem kleinen Haufen Erspartem und Kindergeld gestartet. Da wir möglichst lang damit auskommen wollten, sind wir immer wieder zwischendurch arbeiten gegangen (WWOOF). Das ging gut, schränkte uns aber in unserer selbstständigen Arbeit ein, sodass wir sehr dankbar sind, uns seit Mai 2017 durch die Arbeit mit einem rundum ethischen Konzept eine wachsende und zuverlässige Einnahmequelle gefunden zu haben. Hierbei ist es uns möglich, unsere Zeit frei einzuteilen. In einiger Zeit fließt das Geld dann auf unser Konto ohne, dass wir etwas tun müssen. Es bildet die Basis für unsere Herzensprojekte, die so schnell kein Geld abwerfen.

10. Habt ihr eine Vision für eure Zukunft oder lebt ihr sie bereits voll und ganz (bezogen auf Familienleben, Herzens-Business oder z.B. ein Leben in Gemeinschaft)?

in Zukunft möchten wir eine Basis haben, die uns erlaubt, immer wieder diesen Ort aufzusuchen. Wir möchten weiterhin reisen und uns frei fühlen. Unser ortsunabhängiges Einkommen soll uns rundum tragen, sodass wir als Familie zusammen leben -und wachsen können- in Komfort und Wohlstand. Wir wünschen uns eine fruchtbare, ehrliche, authentische und inspirierende Nachbarschaft mit anderen Familien, die ähnlich ticken wie wir.

11. Wie habt ihr euch persönlich, wie hat sich eure Paarbeziehung/ euer Familienleben, wie hat sich euer Lebensgefühl verändert, seit ihr euch auf den Weg gemacht habt?

Wir können behaupten, dass wir ein richtig gutes Team geworden sind. Es ist wie bei einer Wippe: ist der Eine grade geschafft, springt der Andere ein ohne dass wir darüber reden müssten. Wir reden viel und spiegeln uns gegenseitig. Und jeder von uns hat gelernt, dass Wut, Frust und Trauer, Gefühle sind, die in den wenigsten Fällen etwas mit dem Partner zu tun haben. Wir spüren eine größere innere Gelassenheit und strahlen offenbar mehr Klarheit aus. Ich merke, dass ich mir meines Selbstwertes bewusster bin und mich nicht klein mache vor Menschen, die sich kritisch über uns und unseren Lebensstil äußern.

12. Wo kann man online mehr über euch erfahren/wo findet man euer online Business?

Satt lesen kann man sich unter www.wir-sind-unterwegs.com und Peters Herzensprojekt, in dem es um Spielzeug mit hohem Wiederspielreiz geht, findet ihr auf www.wispir.de

Die Laulis

1. Wer ist auf Reisen (Namen, Alter)?

Lisa (28), Laurin (27), Lion (4)

2. Wie war eure familiäre und berufliche Situation zum Zeitpunkt der Entscheidung, länger auf Reisen zu gehen? Was war eure Motivation dafür und was war euer erstes Reise-Ziel?

Wir hatten kaum gemeinsame Zeit als Familie. Laurin arbeitete ca. 60 Stunden pro Woche und musste zusätzlich noch 10h/Woche im Auto von unserem Wohnort zu seinem Arbeitsplatz pendeln. Lisa war meistens zu Hause, studierte aber nebenbei. Um alles unter einen Hut zu bekommen, wurden wir von unseren Müttern durch Kinderbetreuung unterstützt, da wir Lion nicht in den Kindergarten geben wollten. Wenn Laurin morgens aufstand, schliefen Lisa und Lion noch, wenn er heimkam, war Lion oft auch bereits im Bett. Es gab Wochen, da sah Laurin seinen Sohn überhaupt nur am Wochenende. Unsere gemeinsame Zeit beschränkte sich auch auf das Wochenende, das wir meistens auch nur dafür nutzten, vom Stress der Woche runter zu kommen und unsere privaten Verpflichtungen zu erfüllen. Irgendwann hat es uns gereicht und haben beschlossen aus diesem Hamsterrad auszubrechen. Das war im Herbst 2016 während eines Vortrags einer Familie über ihre eigene Weltreise. Ein Jahr lang planten wir unsere Reise, verkauften nahezu alle Habseligkeiten, die wir auf Reisen nicht mitnehmen konnten und brachen am 4. Oktober 2017 auf unsere Weltreise auf.

3. Wie hat euer soziales Umfeld auf euer Vorhaben reagiert? Wie wird euer Lifestyle heute gesehen? Falls es Ablehnung gab, wie seid ihr damit umgegangen/ geht ihr damit um?

Alle waren überrascht. Teils gab es sehr positive Reaktionen und wundervollen Zuspruch für unser Vorhaben, teils gab es auch starke Kritik, teils wurde es auch einfach ignoriert und nicht wirklich ernst genommen. Wir haben uns mit der Verkündigung unserer Pläne lange Zeit gelassen und erst den Menschen davon erzählt, von denen wir wussten, dass sie hinter uns stehen würden. Das hat uns gestärkt und die nötige innere Stärke gegeben, auch denen davon erzählen, bei denen wir ahnten, dass sie mit dieser Information nicht so konformgehen würden. Zu dem Zeitpunkt waren wir innerlich so klar, dass es uns eigentlich kaum berührte. Wir versuchten auf die Bedenken einzugehen und Verständnis zu zeigen, waren aber auch ein bisschen enttäuscht darüber, dass uns teilweise nicht der Respekt, für unseren Weg, für unsere Entscheidungen und unsere eigene Verantwortung über unser Leben, entgegengebracht wurde.

4. Wieviel Zeit habt ihr euch für die Planung eures Aufbruchs genommen, und was gehörte zu diesem Prozess alles dazu (praktisch und evtl. innerlich)?

Für die Organisation nahmen wir uns ziemlich genau ein Jahr Zeit. Wir verkauften den Großteil unserer Habseligkeiten, sowie auch unser Auto und begannen jeden Groschen auf die Seite zu legen. Lisa kündigte ihren Job, ließ sich von ihrem Studium beurlauben. Laurin vereinbarte in seinem Job eine Auszeit, beantragte die Bildungskarenz beim AMS und meldete sich für ein Fernstudium an. Wir kündigten Versicherungen, Mobiltelefonverträge und diverse Mitgliedschaften, machten einen Nachsendeauftrag bei der Post und stellten unsere Wohnung über airbnb zur Verfügung. Unser letztes persönliches Hab und Gut wurde aus der Wohnung in den Keller verbannt. Danach investierten wir in neue Rucksäcke, Kameraequipment, Wasserfilter, Medikamente und ein paar weitere Reiseutensilien. Flüge wurden gebucht und Visa beantragt. Wir ließen uns ärztlich durchchecken und bezüglich Reisekrankheiten beraten. Außerdem organisierten wir jemanden, der hinter uns die Wohnung komplett reinigte.

Diese Zeit war für uns im Prinzip ein Lösungsprozess. Wir verabschiedeten uns innerlich von unserem Zuhause, von unserer gewohnten Umgebung und alten Strukturen. Das war teilweise schmerzhaft, aber auch sehr befreiend und erleichternd. Es war eine relativ anstrengende Zeit, in der wir sehr viel zu tun und wenig Zeit für uns hatten. Das konnten wir aber meistens sehr gut auf uns nehmen, da wir immer unsere Reise, unseren Traum und unser Ziel vor Augen hatten und die Vorfreude darauf immer überwog.

5. Hat sich eure ursprüngliche Motivation auf Reisen zu sein im Laufe der Zeit verändert?

Unsere Motivation zu Reisen hat sich im Prinzip noch verstärkt. Unser Entdeckungsdrang wurde durch diese Reise erst so richtig geweckt und wir alle wollen noch so viel Neues sehen und kennen lernen. Auch Lion ist mit voller Begeisterung dabei und möchte am liebsten alle Vulkane und Geysire dieser Welt erforschen. Unsere Liste der Länder, in die wir reisen wollen, wird nicht kürzer, sondern immer länger ;-)

6. Wie lange seid ihr schon auf Reisen? Seid ihr (jetzt oder von Anfang an) komplett ortsungebunden? Oder wo steht ihr gerade?

9 Monate – sprich, seit Oktober 2017 sind wir nun unterwegs. Als Graphikdesignerin ist Lisa bereits jetzt schon ortsunabhängig. Zurzeit arbeiten wir aber daran, ein gemeinsames ortsunabhängiges Business aufzubauen.

7. Welche Länder habt ihr seitdem bereist und wo hat es euch als Familie am besten gefallen? Welche Art zu reisen gefällt euch am besten (Wohnmobil/ Flugzeug,

alleine/ mit anderen Familien, immer wieder neue Länder oder bekannte Orte, wie lange an einem Ort)?

Wir waren seither einen Monat in Sri Lanka, 3 Monate mit dem Campervan unterwegs durch Neuseeland, 2 Monate in Thailand, 10 Tage Malaysien, und seit 3 Monate sind wir nun auf Bali in Indonesien. Für uns hat jede Art zu reisen einen eigenen Reiz. In Sri Lanka waren wir öffentlich – mit Zug, Bus, und TukTuk – unterwegs und machten viel Sightseeing. Diese Erfahrung war wunderschön und total beeindruckend, wir haben uns total in dieses vielseitige, unglaublich freundliche Land verliebt und möchten unbedingt wieder hin. Im Camper-van in Neuseeland hatten wir immer unsere ‚Base' dabei und legten jeden Tag sehr viele Kilometer zurück. Es war total spannend und erfahrungsreich, mit der Zeit aber auch anstrengend für uns. In Thailand hatten wir das erste Mal auf unserer Reise eine längerfristige, feste Unterkunft und stellten fest, dass es uns sehr gut tut, wenn wir an einem Ort die Zeit haben, richtig anzukommen und länger dort verweilen. Außerdem stellten wir fest, dass es uns gefällt, mit anderen gleichgesinnten Menschen zu reisen. Daher reisten wir ab dem Zeitpunkt gemeinsam mit anderen Menschen: zuerst 10 Tage mit Fähre, Zug und Bus durch Thailand und Malaysien nach Kuala Lumpur und danach 3 Monate an verschiedene Ort auf Bali.

8. Welche Länder wollt ihr als nächstes bereisen oder stehen auf eurer (Wunsch-) Liste? Mit welcher Perspektive reist ihr (open-end oder zeitlich begrenzt)?

Lisas nächstes kurze Reiseziel ist Westjava. Sie wird dort alleine hin reisen und für 10 Tage ins Schweigekloster gehen. Laurin und Lion werden in der Zeit auf Bali bleiben. Im September macht Lisa noch eine Yogaausbildung auf Bali und danach werden wir einen Abstecher nach Österreich machen. Ende des Jahres würden wir sehr gerne Südeuropa und eventuell die Kanaren erkunden. Da wir uns gerne treiben lassen und meist sehr spontan sind, könnte sich dieser Plan aber auch noch ändern.

9. Wie finanziert ihr euer Leben/ Was ist euer Business? Spielt eure Berufung dabei eine Rolle? Wie und wann war euer Übergang vom sesshaften (Angestellten-)Berufsleben zum ortsunabhängigen Business?

Momentan leben wir von Laurins Bildungskarenz-Geld, unserem Ersparten und kleineren Graphikdesign-Aufträgen von Lisa. Unser Business befindet sich zurzeit im Aufbau und es wird auch bald ein E-Book von uns geben. Wir lenken unseren Fokus nun immer mehr darauf, das zu tun und auch damit Geld zu verdienen, was wir gut können und was uns Spaß macht. Unser Übergang von sesshaft auf ortsunabhängig war von Null auf Hundert und zeitgleich mit dem Start in unsere Weltreise.

10. Habt ihr eine Vision für eure Zukunft oder lebt ihr sie bereits voll und ganz (bezogen auf Familienleben, Herzens-Business oder z.B. ein Leben in Gemeinschaft)?

Unsere Vision ist es, einen Beitrag zu einer friedlicheren schöneren Welt zu leisten, indem wir andere dazu inspirieren, auf ihr eigenes Herz zu hören, ihre eigenen Träume zu leben und Verantwortung für sich selbst zu übernehmen. Wir wollen ein Business starten, indem wir diese Vision umsetzen und schlussendlich davon leben können. In Zukunft möchten wir weiterhin viel reisen, aber sehr langsam und irgendwo eine oder mehrere Bases haben, an die wir immer wieder zurückkommen können und an der wir in Gemeinschaft mit anderen Familien leben möchten. So sieht unsere derzeitige Vorstellung unserer Zukunft aus, die sich aber auch noch ändern kann. Wir lassen uns überraschen, was die Zukunft bringt.

11. Wie habt ihr euch persönlich, wie hat sich eure Paarbeziehung/ euer Familienleben, wie hat sich euer Lebensgefühl verändert, seit ihr euch auf den Weg gemacht habt?

Wir sehen, wie wir immer mehr zusammenwachsen und dass unser Zusammenleben immer besser funktioniert. Es macht uns glücklich, ein gemeinsames Leben zu führen, gemeinsame Erfahrungen zu machen und unser Glück zu teilen. Die Beziehung zu uns selbst hat sich verbessert, wie auch unsere Beziehung als Paar und die Beziehung zu unserem Kind. Statt Stress dominiert nun Freude unseren Alltag und die Kommunikation untereinander ist nun viel wohlwollender und liebevoller.

12. Wo kann man online mehr über euch erfahren/wo findet man euer online Business?

Auf unserer Website findest du Beiträge zum Thema Ernährung, Mindset und Reisen. Über den Newsletter bekommst du Rezepte und Reiseempfehlungen und bist am Laufenden über uns und unsere Produkte.

https://www.dieLaulis.com

Für Geschichten aus unserem Alltag verfolgt unsere Stories auf Instagram.

https://www.instagram.com/dieLaulis

Auf Facebook teilen wir gerne inspirierende Inhalte sowie Fotos und Geschichten von uns.

https://www.facebook.com/dieLaulis

Reiseeindrücke und Themen mit Tiefgang gibt es auf unserem Youtubekanal zu sehen.

https://youtube.com/dieLaulis

Weltreisefamilie

1. Wer ist auf Reisen (Namen, Alter)?

Tamara Sudimac (35), Jovo Nedic (35), unsere Kinder Sara (14) und Ana (7)

2. Wie war eure familiäre und berufliche Situation zum Zeitpunkt der Entscheidung, länger auf Reisen zu gehen? Was war eure Motivation dafür und was war euer erstes Reise-Ziel?

Insgesamt haben wir ein „normales" Leben mit einem guten Lebensstandard und einem soliden Einkommen geführt. Mein Partner Jovo hat nach seinen Studien intensiv im Start-up/Investorenbereich gearbeitet, unsere ältere Tochter Sara hat das Gymnasium besucht, Ana den Kindergarten und ich, Tamara, habe auf der Akademie der bildenden Künste in Wien studiert. Zunehmend hat sich unsere jüngere Tochter Ana immer mehr im Kindergarten unwohl gefühlt, da unsere zu Hause gelebte „freie" Lebensphilosophie mit den strengeren Regeln und Vorschriften im Kindergarten nicht zusammengepasst haben.

Bald kamen bei Ana gesundheitliche Probleme hinzu und es entwickelte sich ein Ausschlag am ganzen Körper und ein chronischer Husten. Das war eine große Belastung für uns alle und wir fingen an darüber nachzudenken, was an unserer Lebenssituation nicht in Ordnung war. Wir fingen an uns mit dem Thema „Gesundheit" zu beschäftigen, machten eine umfangreiche Recherche und stellten schnell fest, dass die Art wie wir uns ernährten und lebten sehr kontraproduktiv für eine gesunde Körperfunktion war.

Das was der Zeitpunkt als wir anfingen, die Dinge die wir im Alltag ganz automatisch taten zu hinterfragen.

Wir stellten fest, dass es verschiedene Lebensmodelle gibt und fanden andere Familien, die ein alternatives Leben führen, sich gesund und pflanzenbasiert ernähren, ihre Kinder frei lernen lassen und die Welt bereisen.

So freundeten wir uns immer mehr mit diesen Ideen an und fingen an auch von so einem Leben zu Träumen und machten auch bald Pläne wie wir das umsetzen könnten.

Durch die Möglichkeit eine Bildungskarenz bei Jovo ergab sich damit die Chance, ein Jahr zu reisen und hier erste Erfahrungen zu sammeln. Somit entschieden wir uns, dieses Jahr als Testphase zu nutzen.

Um unabhängig und „frei" leben zu können, verkauften wir alles, was wir besaßen, kündigten unsere Wohnung auf und verschenkten die restlichen Dinge.

Unsere erste richtige Station war Mallorca, wo wir das Glück hatten, dass gute Freunde ein traumhaftes Haus hatten, in dem wir etwa ein Monat verbrachten. Es war der perfekte Ort um eine Auszeit zu nehmen, als Familie Zeit zu verbringen und Pläne zu schmieden und uns zu organisieren.

3. Wie hat euer soziales Umfeld auf euer Vorhaben reagiert? Wie wird euer Lifestyle heute gesehen? Falls es Ablehnung gab, wie seid ihr damit umgegangen/ geht ihr damit um?

Es gab zwar seitens der Familie und Freunden sowie Arbeitskollegen und Studienkollegen viele Fragen und eine erste ablehnende Haltung (mit vielen Fragezeichen in ihren Gesichtern), aber diese war damals nicht allzu groß, da wir ja erstmal nur für ein Jahr eine Reise planten und unsere Freunde und Familie dies als längeren Urlaub ansahen.

Auf stärkere Ablehnung stießen wir, als wir das erste Mal vom dauerhaftem Reisen sprachen, vor allem wenn es um die Schulbildung unserer Kinder ging.

Wir versuchten alles in Ruhe zu besprechen und je sicherer wir selbst waren, dass sich unser Vorhaben für uns gut anfühlte, umso besser konnten wir das auch nach außen kommunizieren.

Mittlerweile reisen wir schon seit rd. 2,5 Jahren und das ist für alle mittlerweile „normal" geworden, sodass nur wenig Diskussion oder Kritik seitens unseres Umfelds kommt. Ganz im Gegenteil haben wir unter unseren großen Kritikern große Fans gewonnen, welche unseren Lifestyle ziemlich ansprechend und gut finden :-).

Des Weiteren entwickeln sich unser Kids so unglaublich toll, dass wir auch in dieser Richtung viel selbstsicher und noch mehr davon überzeugt sind, den richtigen Weg zu gehen und eine gute Entscheidung getroffen zu haben.

4. Wieviel Zeit habt ihr euch für die Planung eures Aufbruchs genommen, und was gehörte zu diesem Prozess alles dazu (praktisch und evtl. innerlich)?

Es hat bei uns etwa ein Jahr gedauert, um alles zu planen und umzusetzen.
Da wir durch die Ana schon viel Veränderungen in Richtung gesunde Ernährung und allgemein gesunden Lifestyle durchgemacht hatten, setzten wir uns schon seit einiger Zeit mit alternativen Möglichkeiten auseinander.

Für die Kinder war es kein Problem die Schule bzw. den Kindergarten hinter sich zu lassen.

Bei uns Erwachsenen war das etwas komplizierter, wenn man so will, da wir beide zu dieser Zeit gerade Karriere in unseren jeweiligen Bereichen gemacht haben.

Für Jovo lief es in seiner Firma sehr gut und auch für mich hatte sich ein jahrelanger Traum erfüllt, da ich auf der Akademie der bildenden Künste studierte und die Möglichkeit bekam, im künstlerischen und professionellem Bereich Kunst zu schaffen.

Trotz allem fühlten wir uns nicht zu 100% zufrieden, da wir uns im Alltag immer zwischen Familie und Karriere entscheiden mussten. Die langen Arbeitstage von Jovo waren mit einem „gesunden" Familienleben nicht vereinbar.

Ich war mit unserer gesamten Lebenssituation sehr unzufrieden und mein Gefühl sagte mir, dass dies auf Dauer nicht gut und nicht richtig für uns wäre.

Wir begriffen, dass wir nicht bis zu unserer Pension warten wollten, um das Leben zu leben von dem wir träumten, sondern jetzt die Zeit reif war, um zusammen mit unseren Kindern die wertvolle Zeit verbringen zu können.

Praktisch haben wir nach Möglichkeiten gesucht, für zumindest ein halbes Jahr bzw. ein ganzes Jahr auf Reisen zu gehen und haben hier im Internet Recherchen angestellt. Wir haben uns Listen erstellt, welche Dinge wir vorab erledigen müssen, damit wir einen reibungslosen Übergang gewährleisten können.

- Kündigung von Handyverträgen, Versicherungen etc.
- Autoverkauf
- Übergabe der Wohnung (Kündigung sämtlicher Wohnungsverträge)
- Flohmarkt
- Beurlaubung von Kindergarten und Schule bezüglich der Kinder
- Beurlaubung/Freistellung der Dienstverträge

5. Hat sich eure ursprüngliche Motivation auf Reisen zu sein im Laufe der Zeit verändert?
Wir sind noch immer sehr reisemotiviert und bestärkter denn je, dass diese Art von Freiheit für uns und unsere Kinder richtig ist. Was sich verändert hat ist, dass wir es auch sehr genießen, längere Zeit an einem Ort zu sein, um neue Sprachen und Kulturen kennenzulernen.

Des Weiteren ergibt sich daraus, dass wir in Ruhe an eigenen Projekt arbeiten können und noch mehr die Zeit zusammen genießen. Trotzdem finden wir es aber auch total spannend und aufregend, eine Tour durch ein Land zu machen und ständig in Bewegung zu sein. Diese Abwechslung gefällt uns zurzeit sehr gut.

6. Wie lange seid ihr schon auf Reisen? Seid ihr (jetzt oder von Anfang an) komplett ortsungebunden? Oder wo steht ihr gerade?

Wir sind seit Ende 2015 unterwegs und haben von Beginn all unser „Hab und Gut" aufgegeben und sind seit Beginn an ortsungebunden. Einige Kisten mit persönlichen Sachen haben wir bei unseren Eltern eingelagert aber sonst haben wir uns von all unserem Besitz verabschiedet und hatten und haben auch keinen festen Wohnsitz.

Allerdings ist es nicht so, dass wir uns nicht vorstellen können an einem schönen Ort der Welt ein kleines Häuschen zu haben, ein gemütliches Zuhause, wo wir immer wieder einkehren können, wenn sich etwas Schönes ergibt sind wir offen für Neues.

7. Welche Länder habt ihr seitdem bereist und wo hat es euch als Familie am besten gefallen? Welche Art zu reisen gefällt euch am besten (Wohnmobil/ Flugzeug, alleine/ mit anderen Familien, immer wieder neue Länder oder bekannte Orte, wie lange an einem Ort)?

Serbien (Belgrad)
Spanien (Mallorca, Teneriffa)
VAE (Dubai)
Thailand (Phuket, Ko phan gnan, Ko Samui, Ko Tao)
Malaysia (Kuala Lumpur, Langkawi)
Indonesien (Bali)
Sri Lanka (Rundreise)
Australien (Rundreise)

Wir lieben alle Arten des Reisens. Bis jetzt waren wir per Zug, Autobus, Flugzeug, Moped, Threewheeler, Auto, Schiff und Wohnmobil unterwegs und es gibt keinen Favoriten denn alles hat seinen Reiz und ist auf einer eigenen Art und Weise aufregend und spannend.

Wir bereisen sehr gerne neue Länder und finden neue Kulturen sehr spannend. Besonders aufregend finden wir Rundreisen, die wir uns am liebsten selbst organisieren, weil wir dann individuell unterwegs sein können.

Das war für uns in Australien besonders überwältigend, weil wir da zum ersten Mal mit dem großen Wohnmobil unterwegs waren und Australien eine sowohl atemberaubende Landschaften als auch aufregende Städte bietet.

Wir hatten dort eine wunderschöne Zeit und es hat uns allen sehr gut gefallen. Die Kinder reden noch sehr oft über Australien und dass sie wieder dorthin wollen, also wird das für uns auch wieder ein Ziel sein.

Ein anderes sehr spannendes Erlebnis war Sri Lanka. Es ist ein sehr ursprüngliches Land mit einer überwältigenden Natur und bietet viele Abenteuer, vor allem weil es sehr gegensätzlich zu Europa, bzw. Deutschland/Österreich ist.

Mit Bali haben wir einen ganz besonderen Platz gefunden, welcher uns auch schon länger als geplant gebunden hat. Definitiv kann man sagen, dass es dort unserer Meinung nach die besten veganen Hot-Spots und tolle Früchte gibt und die Balinesen eine ganz besondere Kultur haben und alles ästhetisch und mit viel Liebe zubereitet wird.

8. Welche Länder wollt ihr als nächstes bereisen oder stehen auf eurer (Wunsch-) Liste? Mit welcher Perspektive reist ihr (open-end oder zeitlich begrenzt)?
Wir sind gerade in Teneriffa und unser nächstes Ziel ist Deutschland, da wir dort ein Seminar zusammen besuchen werden, und danach kommen sowohl Portugal, Südfrankreich und USA, da es einer unserer Träume ist, die USA mit einem Wohnwagen zu bereisen.

Zurzeit sind wir open-end unterwegs.

9. Wie finanziert ihr euer Leben/ Was ist euer Business? Spielt eure Berufung dabei eine Rolle? Wie und wann war euer Übergang vom sesshaften (Angestellten-)Berufsleben zum ortsunabhängigen Business?

Wir haben uns längere Zeit mit Ersparten, bzw. mit dem Erlös unseres Hab und Guts finanziert und seit letztem Jahr bieten wir auch eigene Online Produkte/Projekte an.

Wir haben letztes Jahr den „Familien-Weltreise-Kongress" veranstaltet und zurzeit arbeiten wir an unserem Projekt „Inspirationbox".

Jovo bietet außerdem Beratungen im Bereich Start-up an, da er da viel Erfahrung und Know-how in diesem Bereich an.

Wir setzten uns vermehrt mit dem Thema „Persönlichkeitsentwicklung" auseinander um unsere persönlichen Ziele besser umsetzen und noch intensiver an unseren Stärken arbeiten zu können.

Nach so vielen Jahren in einem System mit ganz bestimmten Regeln und Erwartungen, ist es nicht immer leicht sich von alten Mustern und Glaubenssätzen zu trennen aber.

Der Übergang als Angestellter mit sicherem Einkommen in die Selbstständigkeit war und ist in unserem Fall mit großer Lernbereitschaft verbunden, da wir uns erstmalig selbstständig gemacht haben und im Online Bereich bis dato keine großen Erfahrungen gehabt haben. Wir arbeiten stetig daran und es macht uns sehr viel Freue, da wir uns immer besser kennenlernen und auch mit schwierigen Situationen gelernt haben umzugehen.

Wir sind große Schritte gegangen aber wir arbeiten weiter an uns um unsere großen Visionen und Zielen zu erreichen.

10. Habt ihr eine Vision für eure Zukunft oder lebt ihr sie bereits voll und ganz (bezogen auf Familienleben, Herzens-Business oder z.B. ein Leben in Gemeinschaft)?

Unsere Vision ist völlig frei leben und reisen zu können ohne uns von äußeren Bedingungen abhängig machen zu müssen. Und was das Wichtigste ist: Glücklich und gesund zu sein.

Wir lieben die Abwechslung von Ruhe und Action, von Gemeinschaft und Familienzeit und auch vom Reisen und „zu sich kommen".

Bis jetzt haben wir das für uns sehr gut kombinieren können, indem wir manchmal einige Monate an einem Ort geblieben sind und dann auch wieder eine Tour durch ein Land gemacht haben wobei wir jeden Tag neues erlebt und entdeckt haben.

Manchmal haben wir in Gemeinschaft mit anderen Familien gelebt und dann wieder zu viert die Welt erobert.

Was das Herzens-Business betrifft, arbeiten wir an verschiedenen Projekten, welche mit unseren Wertvorstellungen im Einklang sind und sich gut anfühlen.

Wie gesagt haben wir den „Familien Weltreise Kongress" veranstaltet und arbeiten gerade an verschiedenen Projekten wie unserer „Inspirationbox.de".

Aber auch die Kinder arbeiten an ihren Projekten - entweder mit uns zusammen oder auch ganz alleine. Wir sitzen zusammen und besprechen wie sie jene Dinge, welche sie sich wünschen, umsetzen können.

11. Wie habt ihr euch persönlich, wie hat sich eure Paarbeziehung/ euer Familienleben, wie hat sich euer Lebensgefühl verändert, seit ihr euch auf den Weg gemacht habt?

Wir haben nun im Gegensatz zu vorher sehr viel Zeit miteinander. Wir verbringen praktisch Tag und Nacht zusammen und trotzdem hat jeder von uns seinen Freiraum.

Das ist das Schönste an unserem Leben.

Vor allem haben die Kinder einen viel stärkeren Bezug zu Jovo entwickelt und umgekehrt.
Wir haben jetzt nicht mehr das Gefühl diese wertvolle Zeit mit unseren Kindern und als Partner und Eltern zu verpassen.

Das war einer der Hauptgründe warum wir unser Leben verändern wollten und das haben wir geschafft und sind sehr froh, dass wir den Sprung gewagt haben.

Es gibt in so einem Alltag allerdings auch Herausforderungen - Die größten Hürden sind für uns sich Zeit abzuzweigen um alleine zu sein, alleine zu arbeiten oder als Paar Zeit zu verbringen.

Aber es ist alles machbar. Unsere Kinder sind nicht mehr so klein und nicht mehr 100% abhängig von uns, ganz im Gegenteil, daher ergeben sich auch Möglichkeiten, ab und zu als Paar etwas in der Nähe zu unternehmen und Zeit zusammen zu verbringen und dies kommt unseren Kindern ebenfalls sehr recht.

12. Wo kann man online mehr über euch erfahren/wo findet man euer online Business?
Wir sind online auf Instagram und auf Facebook und außerdem unserer Seite weltreisefamilie.com vertreten, wo man einerseits unseren Familien Weltreise Kongress finden kann.

Derzeit arbeiten wir an einem weiteren besonderen Projekt, welches auf der Seite inspirationbox.de entsteht.

Instagram: https://www.instagram.com/weltreisefamilie/
Facebook: https://www.facebook.com/Weltreisefamilie/
Weltreisefamilie: www.weltreisefamilie.com
Familien Weltreise Kongress: www.familienweltreisekongress.com
Inspiration Box: www.inspirationbox.de

Weltenbummlerleben

1. Wer ist auf Reisen (Namen, Alter)?

Wir sind Robert (32), Julia (31) und Frida Marlene (2)

2. Wie war eure familiäre und berufliche Situation zum Zeitpunkt der Entscheidung, länger auf Reisen zu gehen? Was war eure Motivation dafür und was war euer erstes Reise-Ziel?

Als wir beschlossen haben, länger reisen zu gehen, waren wir noch keine Eltern. Robert hatte gerade sein Studium zum Veranstaltungstechniker beendet, Julia stand mitten im Berufsleben und arbeitete Vollzeit in einer Berliner PR-Agentur. Wir hatten schon lange den Traum, gemeinsam für länger auf Reisen zu gehen und (für eine gewisse Zeit) aus dem Hamsterrad auszubrechen. Wir sahen wenig Sinn darin, die meiste Zeit unserer jungen Jahre an einem Arbeitsplatz zu verbringen, der uns keinen Spaß machte, und nur von Wochenende zu Wochenende zu leben. Geld und Sicherheiten waren uns nicht so wichtig – Wir wollten die Welt entdecken, Abenteuer erleben, einfach leben!

Also kündigten wir Job und Mietwohnung, verkauften viel von unserem Besitz und zogen los. Das war 2012. Der Plan war, ein Jahr für Work & Travel in Australien zu verbringen, mit Aussicht auf Rückkehr in ein "normales" Leben. Das daraus ein Nomadenleben wurde, hätten wir selbst niemals gedacht. Aus einem Jahr wurden 18 Monate, und seitdem ist nichts mehr wie es war. Wir verbrachten ein paar Monate in Deutschland, aber nur um zu arbeiten und schnell wieder an Geld zu kommen, dann zogen wir wieder los. Auf unserer zweiten längeren Reise durch Südamerika wurde Julia schwanger, und Frida kam ein halbes Jahr später in Deutschland zur Welt. Die Erfahrung, Eltern zu sein, bestätigte uns noch mehr in unserem Lebensstil. Seitdem sind wir immer mal wieder länger unterwegs. Die Winter gerne im Warmen, die Sommer in Deutschland. Einen festen Wohnsitz haben wir nicht.

3. Wie hat euer soziales Umfeld auf euer Vorhaben reagiert? Wie wird euer Lifestyle heute gesehen? Falls es Ablehnung gab, wie seid ihr damit umgegangen/ geht ihr damit um?

Unsere Familie hat unsere Reisesucht schon früh akzeptiert und kennt uns einfach als verrückte Reisevögel. Als wir von unserer ersten langen Reise zurückkamen, sind leider viele alte Freundschaften kaputtgegangen. Wir hatten uns sehr verändert, und viele konnten einfach nicht damit umgehen. Aber das war nicht schlimm. Dafür kamen ein paar neue, sehr enge Freundschaften dazu.

Als Frida geboren wurde, änderten sich manche Meinungen allerdings schlagartig. Es kamen Sprüche wie: "Jetzt müsst ihr euch ja endlich mal niederlassen" oder "Jetzt mit Kind könnt ihr nicht mehr reisen". Das wir es doch können, hat viele unserer Familienmitglieder doch geschockt. Doch auch daran haben sie sich nun gewöhnt. Unsere Eltern und Großeltern können uns vielleicht nicht verstehen, aber sie sparen sich ihre Kommentare. Ablehnung in dem Sinne gab es eigentlich nicht, jedenfalls nicht in dem Maße, dass wir es als Ablehnung wahrgenommen hätten.

4. Wieviel Zeit habt ihr euch für die Planung eures Aufbruchs genommen, und was gehörte zu diesem Prozess alles dazu (praktisch und evtl. innerlich)?

Wir sind beide eher spontan und haben nicht viel geplant. Wir dachten ja auch, dass wir wieder in ein normales Leben zurückkehren. Unser Hab und Gut haben wir bei der Familie eingelagert, die Wohnung, der Job und der Handyvertrag waren schnell gekündigt. Wir haben uns mit dem Grund "einjährige Weltreise" befristet abgemeldet, die Mitgliedschaft bei der Krankenkasse stillgelegt und eine Auslandskrankenversicherung abgeschlossen. Das alles war innerhalb von wenigen Monaten erledigt.

Innerlich hatten wir absolut keine Bedenken. Wir waren ja nur zu zweit und hatten schon viel Reiseerfahrung. Als Frida geboren wurde, fühlte es sich für uns eher komisch an, uns für eine gewisse Zeit niederzulassen. Das Reisen war schon so zu unserer Routine geworden, dass wir einfach wieder aufbrechen mussten, nur diesmal mit Baby im Gepäck.

5. Hat sich eure ursprüngliche Motivation auf Reisen zu sein im Laufe der Zeit verändert?

Ja, auf jeden Fall. Als wir gestartet sind, hatten wir noch kein Kind. Im Vordergrund stand für uns eher, neue Länder und Kulturen zu entdecken, viele Abenteuer zu erleben und aus dem Alltag auszubrechen. Jetzt ist das Reisen zu unserem Alltag geworden. Es erlaubt uns, mehr Zeit als Familie miteinander zu verbringen. Wir können den ganzen Tag zusammen sein und Frida beim Groß werden zuschauen. Wir sind weit weg von diesem typischen Leben in Deutschland, in dem einer arbeitet und der andere die Kinder großzieht, oder beide arbeiten und die Kinder in eine Institution gehen. Reisen bedeutet für uns einfach Familienzeit, und die Wärme und Kinderfreundlichkeit anderer Länder zu genießen.

6. Wie lange seid ihr schon auf Reisen? Seid ihr (jetzt oder von Anfang an) komplett ortsungebunden? Oder wo steht ihr gerade?

Wir sind seit 2012 auf Reisen, allerdings immer mal wieder mit kleinen

Unterbrechungen. Einen festen Wohnsitz an einem Ort haben wir nicht. Wenn wir in Deutschland sind, können wir bei unserer Familie unterkommen. Dort haben wir ein Zimmer, wo auch unser Hab und Gut steht. Ansonsten haben wir noch eine Mietwohnung, die wir aber zurzeit untervermieten, und einen Wohnwagen, mit dem wir schnell mal flüchten können.

7. Welche Länder habt ihr seitdem bereist und wo hat es euch als Familie am besten gefallen? Welche Art zu reisen gefällt euch am besten (Wohnmobil/ Flugzeug, alleine/ mit anderen Familien, immer wieder neue Länder oder bekannte Orte, wie lange an einem Ort)?
Wir waren in: USA (Kalifornien), Australien, Neuseeland, Hong Kong, Thailand, Laos, Kambodscha, Vietnam, Argentinien, Chile, Bolivien, Peru, Ecuador, Kolumbien. Mit Frida waren wir bis jetzt in Griechenland, Österreich, Spanien, Thailand und Island. Seit Frida auf der Welt ist, hat sich unsere Art zu Reisen komplett geändert: Vorher waren wir die typischen Backpacker, jetzt sind wir eher langsam unterwegs und bleiben gerne lange an einem Ort, ohne viele Ortswechsel. Auch fahren wir im Moment lieber an bekannte Orte, können uns aber vorstellen, wieder neue Länder zu erkunden, wenn Frida älter ist.

Wir fliegen gerne in die Tropen, mögen aber auch das Reisen mit dem Wohnwagen sehr. Meistens reisen wir allein, treffen uns aber vor Ort gerne mit gleichgesinnten Familien. Uns gefällt es als Familie in Thailand sehr gut, aber auch Spanien hat seinen Reiz. Beide Länder sind sehr kinderfreundlich.

8. Welche Länder wollt ihr als nächstes bereisen oder stehen auf eurer (Wunsch-) Liste? Mit welcher Perspektive reist ihr (open-end oder zeitlich begrenzt)?
Wir wollen demnächst gerne mit dem Wohnwagen durch Portugal reisen, da uns das Land sehr reizt und dort eine große Alternative/Aussteiger/ Freilerner Szene zu finden ist. Nach Indien zieht es uns schon lange, da wir beide sehr spirituell sind. Ansonsten wollen wir uns gerne noch die Kanaren anschauen (Teneriffa, La Palma), Skandinavien und Kanada. Irgendwann wollen wir nochmal nach Australien und Neuseeland zurück. Wir reisen am liebsten, wenn in Deutschland Winter ist. Von daher sind wir zeitlich begrenzt unterwegs, da wir die Sommer gerne in Deutschland bei Familie und Freunden verbringen.

9. Wie finanziert ihr euer Leben/ Was ist euer Business? Spielt eure Berufung dabei eine Rolle? Wie und wann war euer Übergang vom sesshaften (Angestellten-) Berufsleben zum ortsunabhängigen Business?
Als wir 2012 losgereist sind, haben wir komplett von Erspartem gelebt. In Australien haben wir Work and Travel gemacht, und uns so ein bisschen dazu verdient. Als wir dann zurück nach Deutschland kamen, waren wir fast pleite. Aber wir fanden einen

gut bezahlten, befristeten Job bei einer Event Agentur. So konnten wir relativ schnell wieder Geld für die nächste Reise sparen.

In dieser Zeit fing Julia an, sich als freie Autorin selbstständig zu machen. Seit sie klein ist, liebt sie es, ihre Gedanken auf Papier festzuhalten. Jetzt schreibt sie für verschiedene Zeitschriften und Blogs in Deutschland über alles, was mit Reisen (mit und ohne Kind) zu tun hat. Während der Australien-Reise starteten wir unseren eigenen Blog "weltenbummlerleben", auf den wir über unsere verrückten Abenteuer von der Weltreise, und jetzt über das Reisen mit Kind und Themen wie Minimalismus, Spiritualität und Mindset schreiben.

Zurzeit arbeiten wir an ganz vielen verschiedenen Dingen, selbstständig und manchmal auch angestellt. Wenn wir die Sommer in Deutschland sind, sucht Robert sich meistens einen befristeten, angestellten Teilzeit Job (z.B. Auslieferer einer Biokiste, Wohnmobil-Putzer, Supermarktkasse, etc.), um das nötige Geld zu verdienen und krankenversichert zu sein.

Letztes Jahr haben wir angefangen, von uns selbst designte T-Shirts für Kinder und Erwachsene zum Thema Veganismus und Nachhaltigkeit online zu verkaufen. Der Hintergrund war, dass wir uns vegan ernähren, und einfach keine schönen Shirts für Kinder fanden, die diese Message in die Welt tragen. Julia hat im letzten Jahr eine Ausbildung zur veganen Ernährungsberaterin abgeschlossen und plant, online Beratungen für vegane Schwangere, Eltern, und alle die mehr zum Thema Veganismus erfahren möchten, anzubieten. Sie möchte damit werdenden Eltern die Angst nehmen, ihren Nachwuchs vegan zu ernähren und aufzeigen, dass eine vegane Ernährung für Kinder gut möglich ist, sowie die größten Vorurteile aus der Welt schaffen.

Ansonsten sollten wir noch erwähnen, dass wir sehr sparsam und minimalistisch leben. Wir konsumieren fast nichts, machen viel selbst, tauschen oder kaufen Second-Hand. In Deutschland gehen wir ab und zu containern. Wir setzen Prioritäten und so bleibt immer genug Geld zum Reisen. Wir reisen low-budget und machen gerne Couchsurfing, Urlaub gegen Hand oder Housesitting. So können wir uns Kosten für teure Unterkünfte sparen. Auf Reisen benötigen wir allgemein fast immer weniger Geld, als in einem festen Leben in Deutschland

10. Habt ihr eine Vision für eure Zukunft oder lebt ihr sie bereits voll und ganz (bezogen auf Familienleben, Herzens-Business oder z.B. ein Leben in Gemeinschaft)?
Bezogen auf unser Familienleben hat sich unsere Vision schon erfüllt. Durch unser jetziges Leben haben wir viel Zeit für uns als Familie, was für uns an erster Stelle steht. In Zukunft wollen wir nicht dauerhaft auf Reisen sein, sondern eine "Base" mit ein bis

zwei lieben anderen Familien haben. Ein Haus mit einem großen Garten, in dem wir eigenes Obst und Gemüse anbauen. Die Winter wollen wir gerne weiterhin im Warmen verbringen.

Bezogen auf unser Business leben wir bereits unsere Ideen, ein Teil unseres Geldes online und ortsunabhängig zu verdienen. In Zukunft möchte Julia gerne ein Buch schreiben und eine Ausbildung zur Yoga- und Meditationslehrerin machen. Robert liebt das Fotografieren und plant, Kalender mit unseren schönsten Reisefotos zu veröffentlichen. Außerdem upcyclet er gerne Dinge mit seinen eigenen Händen und baut Wohnwagen aus. Wie wir das in ein Business verwandeln, steht noch offen. Darüber hinaus haben wir die Mission, anderen Menschen die Angst vor einem "Aussteigerleben" zu nehmen. Die richtige Einstellung, das richtige Mindset spielen dabei eine wichtige Rolle. Wir können uns gut eine Tätigkeit im Coaching vorstellen. Aber alles zu seiner Zeit. Wir sind ständig im Wandel, und so auch unsere Interessen und Tätigkeiten.

11. Wie habt ihr euch persönlich, wie hat sich eure Paarbeziehung/ euer Familienleben, wie hat sich euer Lebensgefühl verändert, seit ihr euch auf den Weg gemacht habt?

Das war ein langer Prozess. Jeder von uns ist individuell als Person, aber auch gemeinsam als Partner gewachsen. Und dieser Prozess ist noch nicht abgeschlossen. mit jedem neuen Tag lernen wir dazu. Unsere Paarbeziehung und unser Familienleben hat sich positiv entwickelt, da wir viel mehr Zeit miteinander haben. Wir sprechen Konflikte direkt an und lösen sie gleich, da wir uns hier nicht aus dem Weg gehen können.

Wir haben uns noch viel besser kennengelernt durch die intensive Zeit zusammen, die Stärken sowie die Schwächen des anderen. Wir akzeptieren den anderen so, wie er ist. Auch unsere Tochter zeigt uns schonungslos unsere Schwachstellen auf. Gemeinsam können wir daran wachsen. Wir haben ein komplett neues Lebensgefühl als vorher. Die Freiheit ist einfach unbeschreiblich. Das Gefühl, nicht zu wissen, wo du in einem Jahr stehst, in ständigem Wandel zu sein. Es ist aufregend und auch ein bisschen angsteinflößend. Aber wir haben gelernt zu vertrauen. Vertrauen ins Leben, Vertrauen in unseren Weg. Für Zweifel, Sorgen und Unsicherheit haben wir keinen Platz mehr. Wir wissen, dass das Universum auf unserer Seite ist. Wir erschaffen unsere Realität mit unseren Gedanken. Und das fühlt sich ziemlich gut an.

12. Wo kann man online mehr über euch erfahren/wo findet man euer online Business?

Unser Blog heißt www.weltenbummlerleben.de. Dort findet ihr auch unseren T-Shirt Shop. Ansonsten sind wir auf Instagram und Pinterest vertreten.

LOVE Family

1. Wer ist auf Reisen (Namen, Alter)?
Berit (39), Martin (47), Lorenz (6), Vitus (4), Oswin (2), Edda? ab ca.19.4.2018

2. Wie war eure familiäre und berufliche Situation zum Zeitpunkt der Entscheidung, länger auf Reisen zu gehen? Was war eure Motivation dafür und was war euer erstes Reise-Ziel?
Berit und Martin sind freischaffend selbständig tätig, Martin ortsgebunden an Norddeutschland, Berit reicht ein Pinsel und Farben, um überall die Welt farbenfroher zu gestalten. Unsere Entscheidung haben wir Anfang 2017 am Ende unserer 3-monatigen Reise getroffen. Wir sind mit unserer Feuerwehr, einem knallroten LT 35 und einem kleinen Wohnwagen nach Marokko bis an den Rand der Sahara gefahren und es hat uns so gut gefallen, dass wir unser Leben auf den Kopf stellen wollten. Außerdem haben wir es genossen, uns mit Gleichgesinnten an wunderschönen Orten zu treffen. Ebenso haben wir es aber auch geliebt, als Familie an einem einsamen Strand zu stehen.

Zu Hause (wir wohnen wunderschön ländlich direkt an einem See) angekommen, fingen wir an, unsere Pläne in die Tat umzusetzen, denn wir wollten uns einen größeren Bus anschaffen, der ausreichend Platz für alle, eine Waschmaschine und eine Dusche bietet. Martin hat den LKW-Führerschein gemacht, wir begannen, unseren Hausstand aufzulösen und hatten die Wohnung gekündigt. Dann haben wir gemerkt, dass es sich sehr komisch anfühlt, so viele Baustellen gleichzeitig zu haben. Durch wunderbare Fügung konnten wir die Kündigung wieder zurücknehmen.

Dann war auch klar, dass sich ein weiterer Erdenbürger anbahnt und es sinnvoll ist, das erste Mal einen Teil des Winters nicht im Süden zu verbringen. Nun lassen wir es uns hier gut gehen, die Jungs lernen tauchen und sind täglich am See, um Eislöcher in die gefrorene Wasserdecke zu picken. Aber aufgeschoben ist nicht aufgehoben, und wir genießen nun ganz bewusst den Winter, die Zeit der Einkehr und das Frühlingserwachen.

3. Wie hat euer soziales Umfeld auf euer Vorhaben reagiert? Wie wird euer Lifestyle heute gesehen? Falls es Ablehnung gab, wie seid ihr damit umgegangen/ geht ihr damit um?
Die Reaktionen sind ganz unterschiedlicher Natur. Sie reichen von »Ihr macht es

genau richtig!« bis zu »Und wovon wollt ihr dann leben?«

Martin sagt immer: »die Frage ist doch nicht, wie WIR es machen, sondern, was hindert DICH daran, Deinen Traum zu leben?«

4. Wieviel Zeit habt ihr euch für die Planung eures Aufbruchs genommen, und was gehörte zu diesem Prozess alles dazu (praktisch und evtl. innerlich)?

Unsere Entscheidungen treffen wir aus dem Bauch heraus sehr schnell und sie werden dann auch bald in die Tat umgesetzt. Bei unserem roten Bus hat es 2 Wochen gedauert, vom Plan, wie er ausgestattet sein soll, bis zum Zeitpunkt, als er vor der Tür stand. Dieses Mal gestaltete sich die Suche nach einem Reisebus von 12 Meter Länge als Odyssee, wir haben uns einige Busse angeschaut, aber es war noch nicht der richtige dabei. Oder anders ausgedrückt: Unsere Vision ist noch zu verschwommen, dass sie sich materialisieren kann.

Hinzu kommt, dass in diesem Jahr in unmittelbarer Nähe eine wunderbare Schule gegründet werden soll, bei der wir anfangen zu schwanken bezüglich unseres selbstbestimmten Alltags und unserem »frei sich bilden«. Der große Sohn freut sich auf die Schule, aber ebenso auch aufs Reisen. Wir warten noch ein wenig, um dann eine Entscheidung zu treffen, die für alle passt und sich gut anfühlt. Das Reisen, in welcher Form auch immer, wird sicher ein Teil davon sein.

5. Hat sich eure ursprüngliche Motivation auf Reisen zu sein im Laufe der Zeit verändert?

Unsere Motivation zu reisen ist immer der Wissensdurst und der Entdeckerdrang gewesen und den haben wir bis heute.

6. Wie lange seid ihr schon auf Reisen? Seid ihr (jetzt oder von Anfang an) komplett ortsungebunden? Oder wo steht ihr gerade?

Wir sind jedes Jahr für einige Wochen in den Süden geflogen, 2017 das erste Mal auf den eigenen vier Rädern für 3 Monate. Wir sind nicht komplett ortsungebunden. Wir haben einige Ideen, die wir ausprobiert haben und ausprobieren werden. Sicher wird es aber eine Mischvariante sein, da wir beide sehr vielseitig begabt sind und deswegen wird es bei uns kein reines Onlinebusiness-Modell werden.

7. Welche Länder habt ihr seitdem bereist und wo hat es euch als Familie am besten gefallen? Welche Art zu reisen gefällt euch am besten (Wohnmobil/ Flugzeug, alleine/ mit anderen Familien, immer wieder neue Länder oder bekannte Orte, wie lange an einem Ort)?

Wir haben bisher vor allem den Südwesten Europas bereist. Durch unsere guten Spanisch-Kenntnisse und einige gute Verbindungen fühlen wir uns dort sehr wohl. Am liebsten fahren wir auf eigenen Rädern, dem Flugtourismus haben wir aus

Umweltgründen entsagt. Wir können uns auch gut vorstellen, als Workawayer verschiedenste Orte zu bereisen, länger dort zu verweilen und mit einem neuen Ziel wieder los zu fahren. Uns gefällt es, bei liebenswerten Menschen zu sein und auch als Gastgeber fühlen wir uns sehr wohl. So hatten wir schon einige Male Menschen unterschiedlicher Nationalitäten bei uns zu Gast, die unseren kulturellen Erfahrungshorizont sehr erweitert haben. Teilweise sind sogar gute Freundschaften daraus entstanden.

8. Welche Länder wollt ihr als nächstes bereisen oder stehen auf eurer (Wunsch-) Liste? Mit welcher Perspektive reist ihr (open-end oder zeitlich begrenzt)?

Sehr viele Länder interessieren uns - genau genommen alle Länder in denen die Sonne scheint und Frieden herrscht. Im Winter zieht es uns in den Süden und im Sommer ist auch der Osten sehr reizvoll.

Momentan machen wir eine kleine Höhlenzeit im winterlichen Norddeutschland und freuen uns auf unser 6. Familienmitglied. Hier erkunden wir die Gegend auch immer wieder neu und entdecken die Vielfalt im scheinbar Vertrauten.

Für dieses Jahr haben wir noch keine Pläne gemacht, damit Platz für Spontanität bestehen darf. Nach dem Wochenbett kann uns somit das Reisefieber packen und schon sind wir unterwegs.

9. Wie finanziert ihr euer Leben/ Was ist euer Business? Spielt eure Berufung dabei eine Rolle? Wie und wann war euer Übergang vom sesshaften (Angestellten-)Berufsleben zum ortsunabhängigen Business?

Wir haben schon immer das gemacht, was uns Spaß macht. Insofern hat es ein Angestellten-Berufsleben nie so recht gegeben. Berit weiß schon seit ihrem vierten Lebensjahr, dass Sie eine Malerin ist. Martin hat gleich nach der Tischlerlehre genug vom 8,5 Stunden Arbeitstag gehabt und sich passende Alternativen gesucht.

Wir sind beide Vollblutkünstler und haben so viele Talente, die wir unter das Volk bringen, dass Ihr auf unseren Webseiten (www.beritida.de, www.mamabauch.de, www.francois-perdu.de, www.pierags-fotografie.de, www.sauerkraut-online.de) nur einen Bruchteil zu sehen bekommt, von dem wofür wir brennen.

10. Habt ihr eine Vision für eure Zukunft oder lebt ihr sie bereits voll und ganz (bezogen auf Familienleben, Herzens-Business oder z.B. ein Leben in Gemeinschaft)?

Unser Leben ist so angefüllt mit Schönem, dass wir schon alles leben und erleben, wovon wir träumen. Gerne darf es so weitergehen.

11. Wie habt ihr euch persönlich, wie hat sich eure Paarbeziehung/ euer Familienleben, wie hat sich euer Lebensgefühl verändert, seit ihr euch auf den Weg gemacht habt?

Unsere Verbindung innerhalb der Paarbeziehung als auch in der Familie untereinander ist und war schon immer besonders eng. Die Verbindung zueinander zu haben, ist an jedem Tag unser Bedürfnis, darin besteht auch unser Geheimrezept, wenn wir gefragt werden, wieso es in unserer Mitte so schön ist. Wir Großen sind feinfühlig genug, um rechtzeitig mitzubekommen, wenn die Verbindung etwas nachlässt und somit gibt es auf Reisen oder nicht keinen Unterschied.

Wir sind die Love Family. Der Name setzt sich aus den Vornamen unserer 4 Söhne zusammen: **L**orenz, **O**swin, **V**itus und **E**loy.

LOVE hat ja aber noch eine andere Bedeutung: Ich übersetze "Love" der Einfachheit mal mit "liebevoll". Es hilft uns im Alltag sehr, wenn wir uns fragen, "ist meine Handlung liebevoll oder nicht"?

Die allermeisten unserer Themen lassen sich ganz gut unter dem Thema "liebevoll" zusammenfassen: Freilernen, vegane Ernährung, unerzogen, etc.

So, wie wir reisen, also mit unserem Bus und Wohnwagen, ist unser Lebensgefühl auf Reisen voll von Freiheit und Unabhängigkeit verbunden mit Entdeckerfreude und einer Bewusstheit, die nur entschleunigt funktioniert.

12. Wo kann man online mehr über euch erfahren/wo findet man euer online Business?

Wir schreiben auf unserem Blog www.love-family.de über Themen, die uns bewegen. Berit schreibt an einem E-Book, in dem sie alle unsere Erfahrungen zusammenfasst, von der Empfängnis über eine selbstbestimmte Schwangerschaft, einer sanften Geburt und weiter. Nach 4 gemeinsamen Kindern kommt da einiges zusammen, (Martin hat noch 3 weitere, große Kinder).

Aero(h) Travel Kitchen

1. Wer ist auf Reisen (Namen, Alter)?
Ella (5), Bob (38), Diana (39)

2. Wie war eure familiäre und berufliche Situation zum Zeitpunkt der Entscheidung, länger auf Reisen zu gehen? Was war eure Motivation dafür und was war euer erstes Reise-Ziel?
Kinderlos- Angestellten Berufe in der Medizin und Industrie- Motivation: mit 30 mal was anderes zu machen-Englisch lernen- fühlten einen Ruf aus der Ferne. 1. Ziel: Neuseeland - daraus sind dann noch Cook Islands- Asien- Kalifornien und Russland geworden.

3. Wie hat euer soziales Umfeld auf euer Vorhaben reagiert? Wie wird euer Lifestyle heute gesehen? Falls es Ablehnung gab, wie seid ihr damit umgegangen/ geht ihr damit um?
1. Reise: erschrocken -aber gut- wollten ja nur 1 Jahr reisen
2. Reise 5 Jahre später - mit 3 jährigen Kind: erschrocken-ablehnend-Unverständnis - wir haben es trotzdem durchgezogen -aber hatten innerlich nach ca.6 Monaten stark mit den Vorwürfen zu kämpfen. Streits- Tränen- Aufarbeitung durch Meditation und Unterhaltung mit Gleichgesinnten.

4. Wieviel Zeit habt ihr euch für die Planung eures Aufbruchs genommen, und was gehörte zu diesem Prozess alles dazu (praktisch und evtl. innerlich)?
Jeweils immer ein Jahr.

5. Hat sich eure ursprüngliche Motivation auf Reisen zu sein im Laufe der Zeit verändert?
Ja. Jetzt ist es unser Alltag. Englisch haben wir gelernt. Jetzt kommt die Lust auf andere Sprachen und Kulturen aber nicht mehr als Tourist, sondern als Langzeitreisender.

6. Wie lange seid ihr schon auf Reisen? Seid ihr (jetzt oder von Anfang an) komplett ortsungebunden? Oder wo steht ihr gerade?
1. Reise ohne Kind: knapp zwei Jahre
2.Reise mit Kind: jetzt sind es 3 Jahre
Beide Reisen von Anfang an ortsungebunden.

7. Welche Länder habt ihr seitdem bereist und wo hat es euch als Familie am besten gefallen? Welche Art zu reisen gefällt euch am besten (Wohnmobil/ Flugzeug, alleine/ mit anderen Familien, immer wieder neue Länder oder bekannte Orte, wie lange an einem Ort)?

Als Familie waren wir bisher 1. mit dem Wohnwagen durch Deutschland - Schweden- Österreich- Frankreich- Italien - Osteuropa - Türkei- Griechenland vorrangig als Woofer (Arbeit gegen Kost und Logis) gereist. 2.mit dem Flugzeug: Thailand- Malaysia-Indonesien/Bali- Australien-mit einem entstehenden online Business gereist. Seit dem 3. Lebensjahr will Ella Kinder sehen- das haben wir ihr ab da ermöglicht. Vorher sind wir gern allein gereist- aber durch unsere Woofer oder Helpx Erfahrungen hatten wir zeitweise für längere Zeit Familien- oder Gemeinschaftskontakte.

Jetzt mit dem online Business geht vorerst kein Helpx mehr- deshalb verbinden wir uns unterwegs gern mit anderen gleichgesinnten Familien- da haben alle etwas davon - Kinder sowie Erwachsene. Nach dem langen Unterwegssein stellen wir fest, es hat etwas Gutes und Beruhigendes an bekannte Orte zurückzukehren. Es gefällt uns, uns mit Gleichgesinnten zu verbinden und den Alltag unterwegs zu meistern. Das Leben in größeren Gemeinschaften kennen wir noch aus Berlin- das ist manchmal zehrend- hier ist es wichtig seine Grenzen zu wissen bzw. zu erlernen- sonst löst man sich auf- als Paar und alleine.

Wir lieben es sehr, auch mal als Familie alleine zu sein und zu reisen. Es gibt Kraftorte für uns: an erste Stelle tut uns Bali unheimlich gut- das ist eine heimliche Liebe. Seit zehn Jahren fahren wir regelmäßig dahin, ob damals alleine oder jetzt mit Kind. Australien hat ebenfalls solche Tendenzen, aber das System vor Ort macht es uns nicht leicht dort einfach zu leben. Auch da gibt es viele Regeln, Verbote und Strafen. Thailand ist Winterheimat aufgrund der vielen Familien und somit auch ein Stück Heimat. Wundervoll fühlen wir uns auch in der Türkei, Rumänien, Österreich und Frankreich- deshalb geht's jetzt aktuell wieder nach Europa.

8. Welche Länder wollt ihr als nächstes bereisen oder stehen auf eurer (Wunsch-) Liste? Mit welcher Perspektive reist ihr (open-end oder zeitlich begrenzt)?

Jetzt mal wieder Deutschland-als nächstes Ziel. Sommer in Europa mit Wohnmobil. Vorerst nur in der Planung –nächsten Winter: Thailand und Bali.

Wünsche: Costa Rica- Kanada- Florida- Afrika- Argentinien-Mexiko.

9. Wie finanziert ihr euer Leben/ Was ist euer Business? Spielt eure Berufung dabei eine Rolle? Wie und wann war euer Übergang vom sesshaften (Angestellten-) Berufsleben zum ortsunabhängigen Business?

Wir leben zur Hälfte von unserem Ersparten und den ersten Einkünften aus dem ersten eigenen Business als ganzheitlicher Personal Trainer & vitalstoffreichen Ernährungs-Coach. Ja, wir leben unsere momentane Berufung aus. Nach der ersten Reise sind wir nicht mehr zurück in die angestellten Berufe gegangen- sondern haben uns Selbstständig gemacht. Da war der Übergang keine große Hürde mehr. Anfänglich war es sogar gut- nach den ersten Reisen konnten wir so kurzfristig wieder Jobs als Selbständige annehmen, um so ein Reisehalbjahr wieder zu finanzieren. Erst auf der zweiten Reise entwickelten sich unsere Leidenschaften zu Berufungen. Noch befinden wir uns im Aufbau- doch aufgrund unseres ganzheitlichen Ansatzes haben wir schon jetzt eine gute Resonanz.

10. Habt ihr eine Vision für eure Zukunft oder lebt ihr sie bereits voll und ganz (bezogen auf Familienleben, Herzens-Business oder z.B. ein Leben in Gemeinschaft)?

Sind noch dabei sie zu finden. Ortsunabhängigkeit ist nicht immer einfach. Unsere Familie soll noch wachsen- in dem letzten 3 Jahren war gefühlt kein ruhiger Tag-ich fühlte mich noch zu ruhelos. Ebenso befindet sich unser Business noch im Wachstum. Unsere Visionen entstehen noch...

11. Wie habt ihr euch persönlich, wie hat sich eure Paarbeziehung/ euer Familienleben, wie hat sich euer Lebensgefühl verändert, seit ihr euch auf den Weg gemacht habt?

Wir sind als Paar wieder zusammengewachsen- was vorher eher in einer Auflösung stand. Wir sind jeder gewachsen-und das Miteinander und jeder in seinem Bereich. Das Lebensgefühl ist größer geworden. Wir denken nicht mehr klein. Das Familienleben ist ein Prozess- da gibt's jeden Tag neue Learnings- dank an unsere Tochter, die uns den Spiegel des Lebens direkt vorhält. Ich habe das Gefühl auf Reisen kommt alles schneller zum Vorschein und unweigerlich musst du damit dealen. Wir haben mehr über uns gelernt, als damals am Abend nach Feierabend auf der Couch oder am Lagerfeuer in unsere Gemeinschaft.

12. Wo kann man online mehr über euch erfahren/wo findet man euer online Business?

Business: https://m.facebook.com/Aerohfit/?locale2=de_DE
https://www.instagram.com/aerohfit/ www.aerohfit.com/
Familie: www.aerohtravelkitchen.de

Lebenslust-Familie

1. Wer ist auf Reisen (Namen, Alter)?

Anna (26), Tobi (27) und Jakob (10 Monate)

2. Wie war eure familiäre und berufliche Situation zum Zeitpunkt der Entscheidung, länger auf Reisen zu gehen? Was war eure Motivation dafür und was war euer erstes Reise-Ziel?

Unsere Motivation war und ist es, die Schönheit der Welt zu entdecken und Jakob zu zeigen. Wir studieren beide im Master Ökonomie und Philosophie an der jüngsten Hochschule Deutschlands, der Cusanus Hochschule in Bernkastel-Kues, die freie Bildung im Bachelor- und Masterstudium ermöglichen möchte. Das Studium ist in Form von Blockseminaren organisiert, sodass wir zwischen den Seminaren und in den Semesterferien örtlich recht flexibel sind. Zum Zeitpunkt der Entscheidung, diese Flexibilität mehr zu nutzen und dauerhaft unterwegs zu sein, wohnten wir in einer Wohnung an unserem Hochschulort in Bernkastel-Kues an der Mosel. Vorher haben wir in Münster und an einigen Unis in verschiedenen Ländern studiert und waren da jeweils ziemlich glücklich. Inspiriert von Erlebnissen aus einem Forschungsprojekt in Skandinavien über Wohnprojekte waren wir zwischenzeitlich noch beim Aufbau eines Cohousing Wohnprojekts in Düsseldorf (www.wirvomgut.de) involviert. Studienbedingt sind wir dann doch nicht eingezogen - die Idee des gemeinschaftlichen Wohnens blieb bzw. ist immer noch da.

Dann kam Anfang 2017 das enge, auf uns bedrückend wirkende Moseltal, die Schwangerschaft und die generelle Frage hinzu, wo und wie wir möchten, dass Jakob aufwächst. Uns war schnell klar, dass wir etwas ändern möchten und uns als Familie nicht in Bernkastel-Kues sehen. Wohin es gehen sollte, war weniger klar. Während unseres letzten "zweisamen" Wanderurlaubs im Januar 2017, bei dem Anna bereits einen runden Bauch hatte, haben wir uns entschlossen, zu minimalisieren, die Wohnung abzugeben und in ein Wohnmobil zu ziehen. Ende Februar 2017 hatten wir die Schritte realisiert, seitdem sind wir unterwegs.

3. Wie hat euer soziales Umfeld auf euer Vorhaben reagiert? Wie wird euer Lifestyle heute gesehen? Falls es Ablehnung gab, wie seid ihr damit umgegangen/ geht ihr damit um?

Von der Idee bis zur Umsetzung ging es so schnell, dass es dazwischen kaum Möglichkeiten für unser soziales Umfeld gab, zu reagieren. Die Reaktionen nach unserem Umzug ins Wohnmobil waren sehr unterschiedlich. Von "Wow, großartig, das ist echt eine Inspiration für mich" bis "unverantwortlich" war alles dabei. Die positiven Reaktionen haben deutlich überwogen. Unser Umfeld war allerdings auch schon einiges an "verrückten Aktionen" von uns gewohnt (beispielsweise haben wir einmal vier Monate auf einem Schiff gelebt).

Die einzige Ablehnung, die uns ernsthaft getroffen hat, war die Reaktion von Freunden aus Schulzeiten. Die haben sich "Sorgen" um uns gemacht in einer Art und Weise, die uns entfremdet hat. Da ging es viel um Fragen nach "Sicherheit" und "dem Kind finanziell etwas bieten können". Abgelehnt wird unser Lebensstil - für uns verständlicherweise und zu Recht - von stark auf ökologisches Verhalten ausgerichteten KommilitonInnen unseres systemkritischen Studiengangs. Der ökologische Fußabdruck des Unterwegsseins (sei es mit dem Wohnmobil oder noch dramatischer mit dem Flugzeug) ist tatsächlich gruselig hoch. Das ist der einzige "Nebeneffekt" des Lebensstils, der uns wirklich stört. Ansonsten steckt unsere Begeisterung meistens eher an. ;-)

4. Wieviel Zeit habt ihr euch für die Planung eures Aufbruchs genommen, und was gehörte zu diesem Prozess alles dazu (praktisch und evtl. innerlich)?

Planung? Von der Idee bis zur Entscheidung für ein konkretes Wohnmobilmodell ungefähr drei Tage. In den folgenden 1 1/2 Monaten haben wir gespendet, verkauft, verschenkt, Nachmieter gefunden, ein Wohnmobil gekauft und sind umgezogen.

Alles noch vor der Geburt unseres ersten Kindes, sodass Anna ihren Nestbautrieb direkt im Wohnmobil ausleben konnte. ;-)

Innerlich war der Prozess des Minimalisierens sehr bewegend. Wir haben jedes Teil, das wir besaßen, in die Hand genommen und uns die folgenden drei Fragen gestellt: 1) Macht uns dieses Teil Freude? 2) Haben wir das im letzten Jahr gebraucht? 3) Ist es wirklich nützlich/notwendig?

Ein intensiver Prozess, bei dem wir uns noch einmal neu kennenlernen durften!

Insgesamt war es befreiend, anstrengend, faszinierend und hatte einen gewissen Suchtfaktor.

5. Hat sich eure ursprüngliche Motivation auf Reisen zu sein im Laufe der Zeit verändert?

Das Reisen war erst einmal "Mittel zum Zweck", um unseren Geist wieder zu weiten. Wir können so als Sozialforscher Kreativität, unseren Wunsch, Menschen und Kulturen kennenzulernen, und Studieninhalte optimal verknüpfen. Außerdem Reisen wir grundsätzlich gerne. Wir sind allerdings nicht als "Dauerreisefamilie" unterwegs, sondern studieren in Blockseminaren und führen Forschungsprojekte durch, die wir so konzipieren, dass wir als Familie unterwegs sind und "nebenbei" forschen. Je nachdem, wie wir die Auslandssemester auf Malta, in Frankreich, Italien und den USA werten, sind wir schon seit 2011 auf der Reise bzw. jeweils eine Zeit lang an vielen wechselnden Standorten. Mit der Geburt unseres Sohnes hat sich unsere Motivation dahingehend verändert, ihm die Schönheit der Welt zu zeigen und alternative, familientaugliche Lebensformen kennenzulernen.

6. Wie lange seid ihr schon auf Reisen? Seid ihr (jetzt oder von Anfang an) komplett ortsungebunden? Oder wo steht ihr gerade?

Direkt nach dem Abi ging es los mit 1 1/2 Jahren Auslandsstudium auf Malta und in Frankreich. Dann kamen immer mal wieder Auslandshalbjahre hinzu (siehe oben) und die Erhebungsphase für eine große Umfragenstudie im Jahr 2014, bei der wir in 15 Ländern auf vier Kontinenten Interviews geführt haben. Dabei waren wir vier Monate mit einem Schiff unterwegs. Insgesamt haben über 12.000 Menschen aus 43 Ländern auf sieben Sprachen unseren Fragebogen beantwortet. Nachdem die Ergebnisse in fast allen großen deutschen und teils internationalen Medien und in der Tagesschau veröffentlicht wurden, waren wir ziemlich überwältigt vom Erfolg der Studie. Die Durchführung der Studie war allerdings auch extrem anstrengend. Daraus haben wir gelernt, stärker auf uns - jeder für sich, als Paar, als Familie - zu achten.

Wir führen jetzt nur noch kleine, vergleichsweise unspektakuläre Projekte durch, die uns Freude bereiten. Die Balance zwischen Reisen, Studieren und Familienleben ist mittlerweile super. Ortsungebunden sind wir nur zum Teil. Wir haben zwar keinen festen Wohnort, sind gerade für ein halbes Jahr in Asien unterwegs - aber ab und zu sind wir immer mal wieder für Konferenzen, Uniblockseminare und Ferienakademien in Deutschland. Außerdem haben wir ein gutes Verhältnis zu Studienfreunden aus unser Münsteraner Zeit und zu unserer Familie. Diese besuchen wir sehr gerne. Einer unserer "Tricks" ist, dass man z.B. einer Hausarbeit nicht ansieht, wo sie geschrieben wurde... Die Gedanken sind frei. ;-)

7. Welche Länder habt ihr seitdem bereist und wo hat es euch als Familie am besten gefallen? Welche Art zu reisen gefällt euch am besten (Wohnmobil/ Flugzeug, alleine/ mit anderen Familien, immer wieder neue Länder oder bekannte Orte, wie lange an einem Ort)?

Neben den bereits erwähnten Auslandssemestern und der viermonatigen Schiffreise sind wir alleine oder als Paar insbesondere in Europa unterwegs gewesen. Aber auch z.B. ein Ostküsten-Roadtrip mit anderen Studierenden in den USA waren Highlights.

Als Familie waren wir seit der Geburt von Jakob im Mai 2017 mit dem Wohnmobil in Deutschland, Frankreich und Spanien unterwegs. Mit dem Flugzeug sind wir nach Thailand gereist und haben einen Monat im Buritara Resort mit anderen Familien zusammengelebt. Momentan sind wir für einen Monat im Earth Park Asia auf Borneo. Danach geht es bis August nach Bali und dann erst einmal zurück nach Deutschland, da die Uni ruft. Thailand hat uns als Reiseland mit Familie fasziniert - es war so einfach im Vergleich zu anderen Regionen. Und die meist kinderfreundliche Kultur in Kombination mit einem kontaktfreudigen Baby hat für viele witzige Situationen gesorgt.

Das Leben im Wohnmobil hat uns sehr gut gefallen. Freunde in ganz Deutschland zu besuchen und immer sein Zuhause dabei zu haben, war grandios. Auch eine zweimonatige Tour durch Frankreich und Spanien im November und Dezember 2017 war ein tolles Erlebnis. Insbesondere direkt am Meer in der Nähe von Murcia und bei heißen Quellen hat es uns gut gefallen. Da wir gerne mit anderen Menschen zusammen sind, haben wir z.B. abends häufig am Lagerfeuer mit anderen spannenden Menschen gesessen, es hat sich einfach so ergeben. Wirklich geplant hatten wir diese Begegnungen nicht.

Was wir nicht empfehlen können, ist, mit dem Wohnmobil einen strikten Zeitplan zu haben. Wir mussten z.B. einmal von einem Seminar zu einer Konferenz relativ schnell quer durch Deutschland fahren. Das war stressig, teuer und nicht empfehlenswert. Einfach dann anzuhalten, wenn uns die Umgebung gefallen hat und wir keine Lust mehr hatten, weiterzufahren, war großartig. Wir haben Slow travelling für uns entdeckt. Mit dem Wohnmobil "sans péage" durch Frankreich mit vielen Stopps in schnuckeligen Dörfchen kam dem schon sehr nahe. Häufig sind wir dann auch einige Tage an solchen Orten geblieben. Die Flexibilität ist der große Vorteil am Wohnmobilleben.

In Asien schätzen wir gerade die relativ langen Aufenthalte von einem Monat an einem Ort - das Reisen mit Kind ist sehr anders als Individualreisen. Wir haben kein Bedürfnis mehr, den Ort häufiger zu wechseln. Uns gefällt es jetzt stärker, Gewohnheiten vor Ort aufzubauen und immer wieder Neues in beständigeren Strukturen zu entdecken. Wir denken, dass das wichtigste ist, zu lernen, auf sein Gefühl zu hören und sich daran zu orientieren. Das fiel uns anfangs nicht leicht, mittlerweile klappt es gut.

8. Welche Länder wollt ihr als nächstes bereisen oder stehen auf eurer (Wunsch-) Liste? Mit welcher Perspektive reist ihr (open-end oder zeitlich begrenzt)?

Formal nutzen wir alle Möglichkeiten, um das Studium aufgrund von Kindererziehung etc. zu verlängern und damit insgesamt zu entspannen. Wir sind gerade in einer Mischung aus Elternzeit und finanziell mit Kindererziehungsverlängerungsmöglichkeiten der Stipendien unterwegs. Mal schauen, wie viele Jahre das noch funktioniert. Ab Oktober 2018 ruft die Uni in Deutschland erst einmal wieder. Bis dahin geht es von Borneo aus nach Bali. Und dann? Mal schauen - die nächsten seminarfreien Zeiten kommen bestimmt. ;-)

9. Wie finanziert ihr euer Leben/ Was ist euer Business? Spielt eure Berufung dabei eine Rolle? Wie und wann war euer Übergang vom sesshaften (Angestellten-)Berufsleben zum ortsunabhängigen Business?

Wir finanzieren unser Leben über Stipendien von Begabtenförderungswerken. Zwischendurch haben wir ein Social Start Up mit Startkapital aus einem US-amerikanischen Wettbewerb aufgebaut und hatten Jobs als studentische Hilfskräfte. Beides waren wichtige Erfahrungen. Aber ganz ehrlich - finanziell und in Relation zum Aufwand hat sich beides nicht gelohnt. Wir haben mit unserem Lebensstil so geringe Ausgaben, dass wir ein finanziell relativ komfortables Leben mit den Stipendien - die etwas über dem BAföG-Satz liegen - führen können. Wie es nach dem Studium weitergeht, wissen wir noch nicht, aber wir haben schon viele Ideen. Wir können uns auch gut vorstellen, zu promovieren. Falls die Finanzierung über Stipendien klappen sollte und wir uns passende Themen suchen, sind wir dann wieder für drei Jahre faktisch ortsunabhängig und können dort leben, wo wir möchten (auch wenn wir das natürlich nicht in die Anträge reinschreiben sollten ;-)).

10. Habt ihr eine Vision für eure Zukunft oder lebt ihr sie bereits voll und ganz (bezogen auf Familienleben, Herzens-Business oder z.B. ein Leben in Gemeinschaft)?

Gerade passt unser Lebensstil ganz gut. Die eine fixe Vision gibt es nicht - sie wandelt und entwickelt sich ständig. Langfristig können wir uns ein Leben in Gemeinschaft mit anderen Familien gut vorstellen. Wo das sein wird, ist für uns noch offen. Eigentlich fühlen wir uns in Deutschland wohl - das Meer und die Sonne zeigen sich dort leider nur so selten... Also wird es wahrscheinlich ein gemeinschaftliches Wohn- und Lebensprojekt mit netten Menschen irgendwo im Warmen sein.

11. Wie habt ihr euch persönlich, wie hat sich eure Paarbeziehung/ euer Familienleben, wie hat sich euer Lebensgefühl verändert, seit ihr euch auf den Weg gemacht habt?

Wir sind unabhängiger, freier im Geist und träumerischer geworden. Gleichermaßen sind durch den Kontakt mit anderen reisenden Familien Themen in den Blick gekommen, die wir überhaupt nicht auf dem Schirm hatten - die Implikationen der Schulpflicht zum Beispiel. Insgesamt war die erste Zeit mit Baby auch eine Art Orientierungskrise mit Höhen und Tiefen. Zu Anfang unseres Studiums im Jahr 2011 wollten wir als Diplomaten für die EU oder die UN arbeiten und waren Teil von "Elite"-Studiengängen, die darauf hinführen. Gerade sitzen wir in einer Bambushütte in Borneo am Strand, essen gefühlt den ganzen Tag leckere Früchte und Gemüse, verbringen viel Zeit als Familie miteinander und beschäftigen uns mit alternativen Lebensformen - ein ziemlich weiter Weg mit einigen Krisen zwischendurch. Die Höhen überwiegen mittlerweile deutlich und wir freuen uns auf das, was kommt.

12. Wo kann man online mehr über euch erfahren/wo findet man euer online Business?

Ähm ja. Wir denken seit ungefähr vier Jahren darüber nach, mal einen Instagram Account anzufangen. Vielleicht ist jetzt der Zeitpunkt gekommen. Also: ihr findet uns unter lebenslust_familie bei Instagram. Das erste Foto kommt bestimmt - irgendwann. ;-)

Boatnotes

1. Wer ist auf Reisen (Namen, Alter)?
Ric (50), Rike (35), Yannick (16), Jari (13)

2. Wie war eure familiäre und berufliche Situation zum Zeitpunkt der Entscheidung, länger auf Reisen zu gehen? Was war eure Motivation dafür und was war euer erstes Reise-Ziel?

Ric war festangestellt in der klinischen Forschung, Rike war damals schon freiberuflicher Coach. Wir sind seit 7 Jahren eine Patchworkfamilie, bei der jeder einen Sohn mit in die Beziehung gebracht hat. Das Segeln war eigentlich nur Rics Ding, Rike wird nämlich seekrank und war daher sehr skeptisch. Der Reisebericht einer segelnden Familie, die ein Jahr mit ihren Kindern auf dem Boot unterwegs war, hat sie dann allerdings schnell überzeugt. Schnell war beschlossen, dass wir das auch wollen, Langzeitsegeln mit Familie. Wir haben drei Jahre darauf hingearbeitet und gespart, schließlich ein passendes Boot gefunden, es restauriert und im Sommer 2015 erst einmal nur in Griechenland gesegelt. Im Sommer 2016 ging es dann richtig los mit Abmeldung von der Schule, aus Deutschland, von allen Versicherungen, Kündigung aller Verträge, Untervermietung der Wohnung und Verkauf von Auto, Möbeln, Instrumenten und vielem mehr. Wir wollten zunächst ein Jahr segeln um zu sehen, ob uns das Bootsleben überhaupt zusagt. Wir sind in Griechenland gestartet und über Italien, Spanien und Marokko bis zu den Kanaren gesegelt und da - im Hafen von Las Palmas - liegen wir noch immer. Aktuell müssen wir erst mal wieder die Bordkasse auffüllen und unsere Ortsunabhängigkeit weiter ausbauen, so dass wir im Winter den Atlantik überqueren können.

3. Wie hat euer soziales Umfeld auf euer Vorhaben reagiert? Wie wird euer Lifestyle heute gesehen? Falls es Ablehnung gab, wie seid ihr damit umgegangen/ geht ihr damit um?

Sehr gemischt. Die Familien waren in erster Linie besorgt, vor allem die Mütter. Was, auf ein Segelboot?? Ist das nicht gefährlich? Aber auch die Beschulung der beiden Jungs war und ist ein großes Thema - nicht nur bei Familie, sondern auch bei Freunden und Bekannten. Gerade im konservativen Bayern tut man sich schwer mit so exotischen Ideen. Inzwischen sind sie alle aber etwas beruhigt, nachdem sie gesehen haben, dass wir jeden Tag an Bord mit den Kindern Schule machen, und die beiden außerdem so viel zusätzlich lernen: Technik, Mechanik, Wetter, Klima, Kulturen, Sprachen, Biologie, Geschichte und vieles vieles mehr. Auf der anderen Seite gibt es aber auch viele

Menschen, die uns positives Feedback geben und sich sogar bei uns für die Inspiration bedanken, das ist immer total schön!

4. Wieviel Zeit habt ihr euch für die Planung eures Aufbruchs genommen, und was gehörte zu diesem Prozess alles dazu (praktisch und evtl. innerlich)?

Bei uns war Geld das Hauptthema, sonst wären wir schon viel früher los, vor allem, weil wir eigentlich nicht zwei pubertäre Kids aus ihrem Umfeld reißen wollten. Sonst war uns beiden total klar, dass wir das unbedingt machen wollen, das stand nach der Entscheidung überhaupt nicht mehr in Frage. Vom Zeitpunkt der Entscheidung bis zum tatsächlichen Losfahren sind dann immerhin drei Jahre vergangen. Es musste ein Boot gefunden und restauriert werden, Rike musste ihre Scheine machen, wir haben alles verkauft, was wir nicht mehr dringend gebraucht haben, Rike hat ihren Job so umstrukturiert, dass sie als Coach auch von unterwegs würde arbeiten können, Ric hat seinen Job gekündigt, wir haben Schulmaterialien gesammelt und tonnenweise Turnberichte und Revierführer verschlungen, studiert und gelesen.

5. Hat sich eure ursprüngliche Motivation auf Reisen zu sein im Laufe der Zeit verändert?

Nur insofern, dass es ursprünglich mal aus Auszeit gedacht war, sich aber schon im Laufe der Planung gezeigt hat, dass das für uns der nächste logische Schritt hin zu einem neuen Leben sein wird. Wir hatten auch nicht vor, auszusteigen, sondern unser Leben so umzukrempeln, dass wir fortan auf dem Boot würden leben können.

6. Wie lange seid ihr schon auf Reisen? Seid ihr (jetzt oder von Anfang an) komplett ortsungebunden? Oder wo steht ihr gerade?

Wir sind im Sommer 2016 losgesegelt und sind bisher nur semi-ortsungebunden. Rike arbeitet als Coach und Trainerin, wobei sie zwar via Skype coachen, aber nur vor Ort trainieren kann. Innerhalb Europas ist das kein Problem, weil man günstig fliegen kann. Aber schon ab den Kapverden (unserem nächsten Ziel) wird das mit der Fliegerei schwierig und außerdem auf Dauer zu unökologisch. Seit letztem Jahr organisiert sie außerdem Retreats, für die ihre Kunden zu ihr kommen. Ric beschäftigt sich derweil viel mit dem Minicomputer Rasperry Pi und entwickelt Bordsysteme, die damit laufen, und die er dann bei anderen Booten installiert. Daneben machen wir noch Affiliate Marketing (aber bisher nur minimal, keine Zeit!).

7. Welche Länder habt ihr seitdem bereist und wo hat es euch als Familie am besten gefallen? Welche Art zu reisen gefällt euch am besten (Wohnmobil/ Flugzeug, alleine/ mit anderen Familien, immer wieder neue Länder oder bekannte Orte, wie lange an einem Ort)?

Richtig gut gefallen hat es uns in Griechenland (Nördl. Sporaden, Galaxidhi, Lefkas und Korfu), Sizilien (Syrakus), Sardinien (Carloforte), Gibraltar, Marokko und die

Kanaren haben wir inzwischen auch ziemlich ins Herz geschlossen. Das Reisen mit dem Boot kann wahnsinnig schön, aber auch wahnsinnig schrecklich sein, je nach Verfassung der Crew und abhängig von den Wetterverhältnissen. Am meisten Spaß macht es natürlich mit anderen Familien, die Kinder im ähnlichen Alter haben. Deshalb haben wir zusammen mit einer anderen segelnden Familie "Cruising Families" gestartet, eine kartenbasierte Plattform, auf der sich reisende Familien finden und vernetzen können.

Wir reisen aber auch gern mit Camper, Wohnmobil, Zelt, mit öffentlichen Verkehrsmitteln, aber am liebsten ohne Flugzeug. Wobei, so eine Reise mit einer kleinen Propellermaschine oder einem Motorgleiter... da wären wir sofort dabei. Obwohl wir es lieben neue Orte zu erkunden, finden wir es immer noch am tollsten, länger an einem zu bleiben, um Land und Leute kennenlernen zu können. "Der Weg ist das Ziel" - davon sind wir überzeugt, immerhin haben wir uns das so ziemlich langsamste Transportmittel überhaupt ausgesucht! Zu erleben, wie sich die Menschen, die Natur und die Kultur langsam mit der Landschaft verändern, ist total spannend.

8. Welche Länder wollt ihr als nächstes bereisen oder stehen auf eurer (Wunsch-) Liste? Mit welcher Perspektive reist ihr (open-end oder zeitlich begrenzt)?
Als nächstes wollen wir die Kapverden und den Senegal ansteuern, bevor wir dann hoffentlich Ende des Jahres den Atlantik überqueren. Mit den Jungs wollen wir fürs Erste noch ein Jahr zusammen segeln, dann haben die vielleicht keine Lust mehr. Langfristig wollen wir mit dem Boot nach Hongkong, Taiwan und Japan. Von daher werden wir sicher immer wieder länger irgendwo Station machen, die Jungs bei ihren Schulabschlüssen begleiten, Geld verdienen und dann weiter segeln und wer weiß, vielleicht hat ja dann der eine oder andere der Kinder wieder Lust mitzukommen. Eine Weltumsegelung steht dagegen erst einmal nicht auf dem Plan. Das wird heute sowieso wegen Piraterie immer gefährlicher. Wir sind da außerdem völlig unehrgeizig.

9. Wie finanziert ihr euer Leben/ Was ist euer Business? Spielt eure Berufung dabei eine Rolle? Wie und wann war euer Übergang vom sesshaften (Angestellten-)Berufsleben zum ortsunabhängigen Business?
Multiple stream of incomes! Rike verdient momentan den größten Teil durch Coaching, Training und Vorträge. Dazu kommt derzeit noch Kindergeld, die Wohnungsmiete, Affiliate Marketing und das gelegentliche Honorar für Artikel in Magazinen und Bildbänden. Rics Business mit den Bordsystemen ist ebenfalls am Wachsen. Bei Rike ist es tatsächlich so, dass die Reise und der Lifestyle ihr Coaching-Business erst so richtig ins Rollen gebracht hat - das empfinden nämlich gerade Führungskräfte, die mit Change und Transformation zu tun haben, als überzeugendes Argument, mit ihr zu arbeiten.

10. Habt ihr eine Vision für eure Zukunft oder lebt ihr sie bereits voll und ganz (bezogen auf Familienleben, Herzens-Business oder z.B. ein Leben in Gemeinschaft)?

Die Vision ist, mit unserem Boot weiter die Welt zu entdecken und unser jeweiliges Business so zu strukturieren, dass es uns unterwegs trägt und wir dadurch viel zurückgeben können. Unsere Vision ist auch, dass unsere Jungs zu verantwortungsvollen, selbstbewussten und empathischen Kerlen heranwachsen, die in der Lage sind ihr Glück selbst in die Hand zu nehmen.

11. Wie habt ihr euch persönlich, wie hat sich eure Paarbeziehung/ euer Familienleben, wie hat sich euer Lebensgefühl verändert, seit ihr euch auf den Weg gemacht habt?

Unsere Patchworkfamilie ist definitiv sehr zusammen gewachsen, vor allem die beiden Jungs haben sich richtig zu schätzen gelernt - oft hatten sie ja nur einander! Ein Sprichwort sagt: "An Bord gibt es keine Gäste": Jeder ist Crew, jeder packt an, jeder unterstützt jeden, wo er kann. Mit einem Segelboot unterwegs zu sein, lehrt einen definitiv Ehrfurcht und Langmut. Man ist so wetterabhängig und kann nur arbeiten, mit dem was da ist. Erwischt einen ein Sturm, wettert man den ab. Kommt man in eine Flaute, wartet man auf den Wind (oder man dreht den Zündschlüssel, aber das versuchen wir zu vermeiden). Ständig müssen Pläne angepasst, Routen geändert und Abfahrtstermine verschoben werden. Die Kinder haben eine unglaubliche Geduld bei den Überfahrten entwickelt, und das, wo es früher im Auto schon nach zwei Stunden hieß: "Wann sind wir endlich da?!" Und dann die Ehrfurcht vor der Natur und seinen Bewohnern, das lernt man nicht im Klassenzimmer.

12. Wo kann man online mehr über euch erfahren/wo findet man euer online Business?

Unsere Reiseseite ist: www.boatnotes.de, da geht's ums Segeln mit Familie und da gibt es demnächst auch einen Shop für die wenigen Dinge, die wir inzwischen unverzichtbar finden einschließlich Rics Bordsystemen. Dann ist da noch Rikes Coaching-Seite: www.rikepaetzold.de

Ready for Family

1. Wer ist auf Reisen (Namen, Alter)?

Jonas (34), Doro (37), Benaja (8), Jolina (6)

2. Wie war eure familiäre und berufliche Situation zum Zeitpunkt der Entscheidung, länger auf Reisen zu gehen? Was war eure Motivation dafür und was war euer erstes Reise-Ziel?

Wir lebten als ganz „normale" Familie in der Schweiz. Jonas ging arbeiten und ich, Doro war Zuhause mit den Kindern. Da waren wir uns schon in der Schwangerschaft einig, dass ich mit der Ankunft unseres ersten Kindes daheimbleiben werde und nicht wieder arbeiten gehe. Auch wenn dies für uns bedeutete, dass es finanziell knapp sein würde. Es war uns wichtig und wir bereuen keinen einzigen Tag. Jonas ging um 5:30 Uhr aus dem Haus, kam kurz zum Mittagessen nach Hause und kam dann am Abend um 18 Uhr oder später wieder heim! Er hatte eine tolle Arbeitsstelle und fühlte sich dort auch wohl. Doch er spürte mehr und mehr mit zunehmender Verantwortung (er war Lehrmeister und stellvertretender Produktionsleiter), dass er keinen Kopf dafür hatte, was daheim und in der Familie Thema war.

Er konnte oft auch am Wochenende nicht mehr abschalten und brauchte viel Zeit um sich zu erholen bzw. sich zu regenerieren für die nächste Arbeitswoche. Als er dann eine Weiterbildung begonnen hatte und auch noch dazu kam, dass er am Wochenende lernen musste, stand klar seine Aussage im Raum „mit Familienthemen und Dingen, die dir wichtig sind, kannst du dann in einem Jahr wiederkommen, wenn ich all das hinter mir habe". Das saß tief bei mir und ich machte mich noch intensiver als vorher auf die Suche nach Austausch und Vernetzung.

Jonas merkte jedoch zunehmend, dass diese Weiterbildung nicht Seins ist, dass er die Kinder, das Familienleben vermisste und stellte sich die Frage: „Ist das alles!? Ich verpasse die Kindheit meiner Kinder, dafür dass ich beruflich weiterkomme, genug Geld verdiene zum Leben und daran aber eigentlich kaputtgehe?"

Ich, Doro, habe schon seit der ersten Schwangerschaft mich online orientiert, da ich mir Vernetzung und Austausch mit Menschen wünschte, die auch ihrem Herzen folgen und auf ihre Intuition hören und nicht einfach alles so machen, wie es die anderen machen und wie man es seit Jahren gewohnt ist. Und so lernte ich verschiedene Mamas und Familien kennen und stieß auch auf alternative Lebensformen und das regte zum

Nachdenken an.

Es brachte uns dann auch Anfang 2016 an den Punkt, dass wir uns für ein Coaching entschieden, auch einen Kurs machten und spürten, wir wollen etwas Anderes leben, als wir es derzeit tun. Wir wünschten uns mehr Zeit für unsere Beziehung als Paar, als Familie. Wir wollten nicht ständig Systemen und gesellschaftlichen Mustern gefallen müssen und Normen erfüllen. Jonas spürte mehr und mehr: Er muss die Handbremse ziehen, sonst landet er im Burnout.

So kam es, dass er dann im April 2016 sagte, er bricht die Ausbildung ab. Einige Zeit später war ihm klar, dass er nach unseren Sommerferien 2017 an der Nordsee, die schon gebucht waren, nicht mehr zurück in den Job möchte und er sich stattdessen für ein Leben mit der Familie im Wohnmobil entscheidet.

Dazwischen lagen viele Prozesse denen wir uns stellten, auch er sich stellte. Die Frage „wie sieht dein Traumtag aus, unabhängig von Geld und Zeit?" An dieser Frage hingen wir einige Wochen, denn diese haben wir uns bisher nicht gestellt. Es war vorgegeben, wie das Leben läuft. Schule, Ausbildung, Job um das Geld zu verdienen zum Leben - Familie ernähren usw. Da war weder Raum noch Zeit, um über Träume nachzudenken.

Doch wir stellten uns dieser Frage und arbeiteten daran es zu zulassen und hineinzukommen, in dieser wirklichen Freiheit zu träumen und zu vertrauen, dass Träume wahr werden dürfen und können. Ein sehr wichtiger und hilfreicher Prozess, der uns beide sehr viel weitergebracht hatte.

Wir lebten in einem Haus mit Garten, Jonas hatte einen guten Job in einer tollen Firma, wo er aber total viel Zeit und Kraft investierte, weil er auch ein sehr gewissenhafter Mensch ist. Es blieb kaum Zeit für Familie und Paarzeit. Ich, Doro, war Zuhause mit unseren Kindern und liebte es, sie aufwachsen zu sehen und zu begleiten, doch fehlte mir mein Mann und Papa der Kinder sehr und immer mehr.

Ich pflegte auch sehr intensiv Beziehungen und spürte aber mit dem Mamawerden und während die Kinder größer wurden, dass das was mich bewegt, ich nur mit wenigen Menschen teilen konnte, da ich schon hier immer mehr meinem Herzen folgte und das nicht zu den klassischen Wegen passte. Ich fing an immer mehr mich zurückzuziehen in Form von Gesprächen zu den Themen, die mich bewegen und die Kontakte wurden oberflächlich und nicht so wie ich mir authentisch echte Beziehungen unter Mamas und Freunden wünschte. So orientierte ich mich online.

Wir lebten in einem schönen Dorf im Berner Oberland und hatten tolle Kontakte und fühlten uns sehr wohl im Dorf. Und doch fehlten die authentischen tiefen Kontakte mit denen wir unser Mama- und Papa-Herz teilen konnten.

Jonas stand kurz vor dem Burnout und lebte für die Arbeit, hielt das Haus in Schuss und für das, was uns wichtig war, blieb kaum Zeit. Unsere Kinder gingen nicht in den Kiga und in die Schule, da wir noch kurz vor der Anmeldefrist das Homeschooling kennenlernen durften und uns für diesen in der Schweiz legalen Weg entschieden haben.

Unsere Motivation für diesen Schritt war unterschiedlich.

Wir suchten erst nach Lösungen in der Schweiz - doch die waren nicht zu finden aus finanzieller Sicht. Wir wollten nicht, dass wir beide arbeiten müssen, was die Folge gewesen wäre, wenn Jonas reduziert hätte, da wir sonst die Kosten in der Schweiz nicht decken konnten. Also verfolgten wir den Weg alles zu minimalisieren und in ein Womo zu ziehen. Auslöser war auf jeden Fall Jonas, er wollte mehr Zeit mit den Kindern und uns als Familie und ich wünschte mir schon länger eine Auszeit um die Familien-Themen zu vertiefen und gemeinsam als Eltern unseren Weg zu gehen und nicht ich nur als Mama.

Unsere Motivation war: Mehr Zeit als Familie, Zeit um uns unseren individuellen Prozessen und Themen stellen zu können und Raum zu haben Prägungen und Muster zu verlassen und neue Wege zu gehen und zu leben. Unserer Intuition zu folgen und das aufzunehmen, zu lösen was uns daran hindert. Da wir nie gemeinsam Zeit hatten für diese Prozesse, war dies eine der Motivationen durch diese Reise uns diesen Raum zu schaffen; Reise im Außen auch Reise im Innen! Dann gemeinsam lernen, arbeiten und leben, egal wo auf der Welt und tiefe echte und bleibende Beziehungen aufzubauen und zu leben.

Auch eine Motivation war, dass wir uns als Familie neu finden, in uns stabil werden und auch lernen zu dem, was uns wichtig ist, stehen zu können und es durch unsere Prozesse zu verwurzeln und so in uns gestärkt zu sein in der Bindung und Beziehung zu unseren Kindern und in unserer Partnerschaft. Losgelöst von gegebenen Strukturen, Systemen und gesellschaftlichen Mustern und Gegebenheiten, sondern wirklich in unserem Nest, dem Womo, unser Leben zu gestalten, zu finden und festigen!

Erstes Reiseziel war die Nordsee mit Oma und Opa, 3 Wochen lang. Es war super so, denn wir kannten Ort und Gegebenheiten und so starteten wir in einen neuen Lebensabschnitt an einem Ort, den wir kannten und konnten so uns neu orientieren und finden.
So hatten wir auch noch Zeit zum Runterfahren und Abschließen.

Dann waren wir noch in DE und CH unterwegs, erlebten tolle Zeiten spontan und frei wo es gerade passte. Den Herbst verbrachten wir in Schottland, traumhaft wunderschön!

3. Wie hat euer soziales Umfeld auf euer Vorhaben reagiert? Wie wird euer Lifestyle heute gesehen? Falls es Ablehnung gab, wie seid ihr damit umgegangen/ geht ihr damit um?

Unser Umfeld hat sehr unterschiedlich und doch sehr ähnlich reagiert. Im Großen und Ganzen hat unser Entschluss bei Vielen in das Bild, das sie von uns haben, gepasst. Viele haben gar nicht viel gesagt oder sie sagten: Für mich wäre es nichts, aber ich bewundere euren Mut. Andere Freunde sagten: „Es ist sehr schade und traurig, doch man sieht, dass es euer Weg ist und ihr strahlt eine Klarheit und Freude aus über den Entschluss, dann wird es das Richtige für euch sein!" Einige reagierten so: „Das müsst ihr machen, ihr seid noch jung und jetzt ist der richtige Zeitpunkt…"

Doch vieles geschah erst später. Da kam dann das Unverständnis und auch der Rückzug von Vielen und das tat dann auch weh und machte uns sehr Mühe. Wir zweifelten nie an unserem Entschluss und Weg, da waren wir sehr klar und sehr fest innerlich und das strahlten wir auch aus. Doch zu erleben, wie viele unseren Entschluss hinterher dann nicht stehen lassen konnten, aber vorher anders reagierten, war schwer. Wir erwarteten von Niemandem Verständnis und Freude oder dass das jeder gut finden muss. Doch wir hätten es sehr geschätzt, wenn man uns die Meinung direkt sagt und nicht vorne rum so und hinten rum so.

Wir können damit leben auch noch heute, wenn jemand Mühe hat und uns das sagt, schätzen wir es sogar, denn dieser Weg ist nicht für Jeden und deshalb haben auch Viele Mühe es zu verstehen. Für uns ist das ok. Doch wünschen wir Jedem, dass er lernen darf zu seiner Meinung und dem, was er dazu denkt, zu stehen und dies frei zu äußern.

Freundschaften veränderten sich mit unserem Entschluss und einige Beziehung lösten sich auf. Was auch mit Schmerz und Trauer zu tun hatte und doch innerlich der Frieden, es ist ok, es darf sein und es befreite zum Teil auch. Andere Beziehungen vertieften sich und neue entstehen egal wo wir leben und das freut uns und schätzen wir sehr. Denn wir treffen auf Menschen die ernsthaft an unserem Weg und unserem Leben teilnehmen und es spielt keine Rolle, wo wir sind, da ist die Herzensverbindung da und hält und lebt.

Wie unser Lifestyle heute gesehen wird, kann ich hier und heute nicht sagen. Die Menschen, die ihn kennen und auch leben, finden ihn super und teilen die Freude und Leidenschaft daran und mit diesen Menschen vernetzen wir uns auch und leben

Gemeinschaft. Die Menschen, die ihre Fragen, Zweifel und Unstimmigkeiten damit haben, haben dies vermutlich auch noch heute.

Bezüglich der Ablehnung, haben wir gemerkt, dass wir Schmerz und Enttäuschung von auflösenden Beziehung zuließen, aber auch akzeptieren und loslassen konnten. Denn wir versuchten, in diesen Prozessen auch bei uns zu bleiben und zu erkennen, was bringen uns Beziehungen, die uns nicht stehen lassen können und die nur oberflächlich und nicht ehrlich sind.

Wir wünschen uns tiefe authentische, echte Beziehung mit Gesprächen, die weiterbringen. Bei denen wir all das, was uns bewegt teilen können. Und wir erkannten, es ist ok und darf sein, dass sich Beziehungen verändern oder sogar auflösen. Wir nahmen Schmerz an und ließen zu und doch versetzten wir uns auch in die Lage der Anderen und verstehen ihren Schmerz, ihre Enttäuschung und ihr Unverständnis, was ok ist und dass sie ihren Weg finden dürfen - denn wir sind nicht verantwortlich für das, was es mit ihnen macht.

Durch die Prozesse in den Jahren zuvor seit wir Eltern sind und dadurch, dass wir uns auch schon für einige andere Wege und Lebensformen entschieden haben, waren diese Erlebnisse nicht so niederschmetternd für uns. Denn wir lernten in den letzten Jahren zu uns und unserem Weg zu stehen, auf unser Herz zu hören und auf uns und unsere Kinder zu schauen. Das half uns auch hier zu uns und unserem Entschluss zu stehen und uns nicht entmutigen und verunsichern zu lassen. Immer wieder kommen bei mir Themen hoch oder mich beschäftigen Beziehungen, die anders geworden sind. Das sind dann Prozesse, mit denen vor allem ich lernen muss umzugehen.

Was es auch gibt, sind Momente, in denen bei den Kindern der Wunsch nach Kontakt zu für sie wichtigen Menschen entsteht. Paten oder Freunde und dann schauen wir, was für Wege und Möglichkeiten es gibt, um ein Wiedersehen und eine Gemeinschaft zu ermöglichen oder auch zu skypen. Wir übergehen diese Momente nicht und tun sie nicht ab, bei keinem von uns. Wir schauen hin, nehmen wahr und gehen darauf ein, so wie es möglich ist.

4. Wieviel Zeit habt ihr euch für die Planung eures Aufbruchs genommen, und was gehörte zu diesem Prozess alles dazu (praktisch und evtl. innerlich)?

Der Prozess ging im Januar 2016 aktiv los, innerlich der Entschluss alles aufzugeben, zu künden und ins Womo zu ziehen, fiel im April 2016. Kommuniziert haben wir erst ab Spät-Sommer 2016. Jonas informierte Ende Oktober 2016 seinen Arbeitgeber, dass er zum 30.06.2017 kündigt. Wir fingen Stück für Stück an, die Menschen um uns herum zu informieren. Es war erleichternd auch endlich nach monatelangem Schweigen mitteilen zu können, was uns bewegt und was wir vorhaben. Die Zeit vom Entschluss bis zum Start betrug ein gutes Jahr, die Entscheidung fiel im April 2016 und wir zogen Ende April 2017 ins Womo und am 1. Juli ging die Reise los – wir verließen die Schweiz und waren abgemeldet!

Es gehörte dazu die Entscheidung zu treffen und Daten festzulegen, Kündigungszeitpunkt für Job, Wohnung, Telefon, Strom, die verschiedenen Verträge und Verpflichtungen sind bei jedem anders.

Was für uns ganz wichtig war, auch zu planen, wann wir wem sagen, was wir vorhaben. Denn es war uns wichtig, dass nichts frühzeitig zum Job durchsickerte oder zu Menschen, die es von uns direkt wissen sollen! Dieser Punkt gehörte bei uns praktisch mit zur Planung. Wir begannen schon im Herbst 2016 mit dem Verkauf von Gegenständen, Möbeln und hatten einerseits Freude, wenn Dinge ein neues Zuhause suchten und wir dafür Geld in die Reisekasse fließen lassen konnten.

So gab es Dinge, die wir leicht ziehen lassen konnten, bei anderen viel es schwerer. Doch nach kurzer Zeit erfüllte uns jeweils Erleichterung und immer mehr kam ein Gefühl von Freiheit und Befreiung auf. Denn all den Besitz brauchten wir nicht, um Frei in Beziehung zu leben und die Welt zu entdecken.

Den Kindern gaben wir bewusst Raum zu trauern, da brauchten sie unterschiedlich ihre Zeit und Begleitung - doch wir fanden auch da unser Ritual und erkannten, es ist sehr wichtig, sie dabei zu begleiten und ihnen diesen Abschied zu gewähren. Es durften Tränen fließen und Aggression gelebt werden, Abschiedsrituale gelebt werden, Fotos gemacht werden und so war es eine intensive Zeit und ein Lernprozess sich von Materiellem zu lösen und dann immer mehr zu spüren, wie es Niemandem fehlt. Die Kinder mussten ihre Sachen nicht weggeben - sie durften sich anstecken lassen von uns, was auch in einigen Dingen so war und das, was sie behalten wollten, darf nun bei Doros Eltern stehen und auch immer wieder mitreisen, da sie regelmäßig, wenn wir vorbei kommen ihre Womo Spielkiste ergänzen, erneuern und wechseln. Das hat sich als sehr wertvoll und gut erwiesen. Doch gibt es auch Sachen, die nicht mehr gefragt sind, so dass sie auch jetzt immer wieder mal was gehen lassen.

Praktisch gehörte dazu: sich abzumelden und sich damit zu befassen, was sollte auf der Abmeldung stehen - das kommt auf den Weg an, den der Einzelne geht. Wir sind aus der Schweiz gestartet und haben uns aus der Schweiz abgemeldet: Wir haben uns für das staatenlos sein entschieden, keine neue Meldeadresse, haben noch eine Briefkastenadresse bei einem Freund in der Schweiz und eine bei Doros Eltern in DE. Die DE-Adresse mussten wir angeben, als Postadresse bei der Gemeindeverwaltung, wo wir uns abgemeldet haben - auf dem Papier stand aber, dass wir ins unbekannte Ausland uns abmelden, da wir in keinem Land gemeldet werden.

Dann wurde mit der Versicherung für das Womo abgeklärt, dass wir abgemeldet sind und sie sagten, solange gezahlt wird und eine Postadresse angegeben ist, können wir es so laufen lassen. Das ist vermutlich von Versicherung zu Versicherung unterschiedlich und muss individuell geklärt werden. Als Alternative hatten wir überlegt das Womo über unseren Freund oder unsere Familie anzumelden. Bis jetzt gab es aber kein Problem.

Krankenversicherung war für uns noch ein Thema, wie, was und wo versichern wir. Wir sind bei der Cigna versichert, jedoch erst ab der ersten Krankenhausnacht, wenn es um Schlimmeres geht. Arztbesuche tragen wir selbst, haben wir aber in diesem ersten Jahr bis jetzt nur einmal gehabt und das war kein großer Betrag. Wir haben die Zahnversicherung der Kinder behalten, aber stillgelegt - wenn was Größeres wäre, könnten wir in die Schweiz, die Kinder anmelden und dann wäre die Versicherung da und zahlt wieder (Spange usw.)

Doch auch hier sind wir immer wieder im Gespräch, was behalten wir weiter, was brauchen wir, was nicht. Wir kündigten viele unnötige und doch bestehende Zeitschriften bzw. Werbungspost. Uns war wichtig alles so gut es ging zu reduzieren, damit nicht unser Freund unnötig damit behelligt wird.

Wir informierten den Schulinspektor, dass wir aus der Homeschooling-Bewilligung aussteigen, da wir uns abgemeldet haben und auf Open End-Reise sein werden. Ich (Doro) bin schon im Nov. 2016 aus dem Turnverein ausgetreten um frei zu sein und keine Verpflichtungen mehr zu haben unter der Woche, sondern Raum und Zeit zu haben für all unsere Vorbereitungen und den Online Kongress. Auch das war wieder ein Stück Befreiung.

Dann ging es auch praktisch darum, was können wir ins Womo wirklich mitnehmen, rein gewichtsmäßig. Es war eine Herausforderung und doch auch wichtig das konkret zu wiegen und zu beachten. Wir wiegen als Personen schon und was dann noch Platz hat, bezüglich Gewicht ist auch bei jedem individuell. Es ist sehr empfehlenswert dies beim Kauf des Wohnmobils bereits zu beachten. Der Womo-Kauf war dann im Herbst 2016. Jonas schaute aber bereits seit Frühling 2016 aktiv nach Womos.

Innere Prozesse gab es auch, wie oben schon erwähnt mit dem Loslassen von Materiellem. Durch die Aufgaben, die zu unseren Plänen gehörten, und parallel noch das Alltägliche, Jonas ging 100% arbeiten und alles, was ansteht vor Ort, kamen wir innerlich sehr häufig zu Überforderung bzw. Herausforderungen, alles unter einen Hut zu bringen. Das wirkte sich auf uns oft auch mit Spannungen und Gereiztheit aus. Es war herausfordernd all die laufenden Prozesse, Haushaltsaufgabe, Arbeitsleben, Online Business usw. unter einen Hut zu bringen und dabei immer ruhig zu bleiben. Dazwischen machten wir einen Kongress und bauten aktiv unser Business auf. Es ging alles, forderte uns aber auch heraus und brachte uns an Grenzen und innere Prozesse begannen…

Doch der Fokus, wohin wir wollen und was uns wichtig ist, gab immer wieder Kraft und half weiter zu gehen. Wir hatten auch ganz viele wertvolle Menschen an unserer Seite, die z.B. beim Putzen halfen - auch wenn sie traurig waren über unser Gehen, sie unterstützen uns. Was ich jedem empfehle, der so eine Haushaltsauflösung angeht: Enge Freunde können da echt hilfreich sein, um effektiv weiter zu kommen. Wir durften erleben, wie im letzten Monat bevor wir das Haus abgaben, noch eine eng befreundete Familie bei uns war und uns aktiv unterstützte. Das war soooo ein Geschenk und wenn ihr so Jemanden habt, fragt, nehmt Hilfe an und seht es als wertvolle Unterstützung und stärkende Zeit gemeinsam mit Freunden diesen Prozess zu durchleben.

Es war für uns berührend zu sehen, wie unsere Kinder wirklich mit uns, also wir als Familie, so klar waren in diesem Schritt und es dadurch zwischen uns weder Spannungen noch Schmerz gab, weil einer nicht wollte. Ja das Ganze war eine gemeinsame Entscheidung und wir alle hatten das Bedürfnis nach mehr Zeit zusammen, mit dem Papa bei der Familie.

Durch das Thematisieren über einige Monate und auch durch Filme, die wir mit den Kindern schauten, über Familien, die so leben, war das Ganze sehr geprägt von miteinander kommunizieren und Emotionen leben zu lassen und auch gemeinsam zu fokussieren: „Was wollen wir? Was wünschen wir uns? Und was ist unser Ziel?" - das half jedem von uns immer wieder, auch durch Tiefen zu gehen.

Wichtig war uns als Eltern nie den Kindern zu sagen: „Da musst du durch! Das ist doch nicht schlimm, dass wir das verkaufen! usw.". Sondern, dass sie gesehen, gehört und mit ihnen gefühlt wurde, dass, was sie emotional in dieser Zeit durchlebten. Und so fanden auch wir Eltern immer wieder durch unsere Kinder den Zugang auch zuzulassen und zu fühlen. Soweit zu unseren inneren Prozessen. Wer ins Gespräch darüber kommen möchte oder konkrete Fragen hat, darf das immer tun und uns anschreiben, gerne skypen wir auch und geben unsere Erlebnisse und unseren Weg preis, um dich/euch zu ermutigen und zu stärken.

5. Hat sich eure ursprüngliche Motivation auf Reisen zu sein im Laufe der Zeit verändert?

Unsere Motivation ist nach wie vor die gleiche und wir sind nach wie vor gleich motiviert und wünschen uns nach wie vor den Raum und die Zeit um uns unseren individuellen Prozessen zu stellen und da immer wieder auch einzutauchen und weiterzukommen. Wir leben, arbeiten und lernen zusammen, was unsere Motivation und Vision ist.

6. Wie lange seid ihr schon auf Reisen? Seid ihr (jetzt oder von Anfang an) komplett ortsungebunden? Oder wo steht ihr gerade?

Wir sind seit Juli 2017 auf Reisen und leben seit 01.05.2017 im Womo! Wir sind seit 01.07.2017 ortsungebunden und abgemeldet! Sozusagen staatenlos. Wir haben ein paar Sachen bei Doros Eltern untergestellt, wo wir auch jeder Zeit einen Platz zum Schlafen haben. Über Weihnachten / Neujahr wünschten sich die Kinder, bei den Großeltern zu sein. So nutzten wir diesen Schlafplatz und Spielraum dort und waren einige Wochen bei Doros Eltern. Bis wir dann nach Thailand flogen.

7. Welche Länder habt ihr seitdem bereist und wo hat es euch als Familie am besten gefallen? Welche Art zu reisen gefällt euch am besten (Wohnmobil/ Flugzeug, alleine/ mit anderen Familien, immer wieder neue Länder oder bekannte Orte, wie lange an einem Ort)?

Wir waren in Schottland und Thailand, sonst waren wir noch an uns unbekannten und schönen Plätzen in Deutschland und der Schweiz. Wir lieben es sehr mit unserem Wohnmobil zu reisen. Das ist unser Zuhause, unser Nest und wir fühlen uns sehr wohl dort. Wir vermissen es, wenn wir nicht in unserem Womo sind! Die Zeit in Thailand haben wir auch genossen, das Gemeinschaftsleben war sehr wertvoll und bereichernd, die Kinder liebten es. Ich, Doro, auch und für Jonas war es wertvoll zu erleben, doch braucht er es weniger als wir Anderen. Ich würde sagen, das Wohnmobil-Reisen ist unser Favorit.

Wir lieben es alleine, aber auch mit anderen zeitweise zusammen zu reisen. Was wir auch ganz klar wissen ist, wir lieben es an Orten, die uns gefallen, länger zu sein und auch wieder zu kommen. Wir sind keine schnell Reisenden, wir genießen es, Zeit zu haben, an schönen Orten auch mal 1 bis 2 Monate zu bleiben und zu leben, zu genießen und Zeit zu haben. Wir brauchen es nicht, möglichst viel zu sehen und zu fahren. Es ist spannend immer wieder ein neues Land oder neue Gegenden zu sehen, aber nicht täglich oder wöchentlich weiter zu ziehen! Es wurde uns sehr bewusst, dass wir langsam Reisende sind und einfach das Leben im Womo genießen.

8. Welche Länder wollt ihr als nächstes bereisen oder stehen auf eurer (Wunsch-) Liste? Mit welcher Perspektive reist ihr (open-end oder zeitlich begrenzt)?

Wir sind auf Open-End Europa/Weltreise

Unsere nächsten Pläne sind:

Ostdeutschland, Besuch in der Schweiz, Frankreich, Spanien, Portugal

Unsere Wunschliste:
Irland, Island, Mallorca, La Palma, Polen, Rumänien, Schweden, Norwegen, Australien...

9. Wie finanziert ihr euer Leben/ Was ist euer Business? Spielt eure Berufung dabei eine Rolle? Wie und wann war euer Übergang vom sesshaften (Angestellten-)Berufsleben zum ortsunabhängigen Business?

Wir haben verschieden Puzzleteile, die uns dieses Leben ermöglichen. Zu Beginn waren wir im Glauben und Vertrauen, dass es mit Blog, den Coaching-Angeboten, dem Online-Kurs und dem Podcast reichen wird, damit wir unseren Lebensunterhalt erhalten können. Das wird einem online (z.B. durch Coaches) auch sehr häufig so vermittelt. Doch auch nach einem Onlinekongress und einigen wichtigen und wertvollen Aktionen haben wir festgestellt, dass dies bei uns nicht so funktioniert hat, wie wir uns das vorgestellt hatten. Für uns war dies aber nicht der Moment aufzugeben und alles zu beenden, sondern ein Punkt, dankbar über alle diese Dinge zu sein, welche wir durch diesen Weg kennenlernen und entdecken durften, insbesondere über die vielen neuen Kontakte mit Menschen und Projekten.

Nachdem wir noch einige andere Wege geprüft haben, um uns finanziell langfristig etwas aufzubauen, wurden wir mit einem weiteren Puzzleteil beschenkt, welches sogar super zu unserem bisherigen Onlinebusiness passt und unserem Weg passt und unser Arbeiten genial ergänzt. Dieses Puzzleteil basiert auf dem „Lifetuning- Coaching-Konzept". Wir helfen dabei Menschen zu mehr Gesundheit, finanzieller Freiheit und Persönlichkeitsentwicklung in einem wunderbaren Team, das wir unterstützen. Für uns selbst ist es sehr wertvoll, da wir uns selbst dadurch ständig weiterentwickeln und uns unseren Prozessen stellen können. Durch dieses persönliche Erleben und Durchleben können wir all diese Learnings an unser Team und die Menschen, die wir begleiten weitergeben.

In diesem Konzept gestalten und beleben wir gemeinsam eine Plattform, bei der sich Coaches zu den Themen Persönlichkeitsentwicklung und ganzheitliche Gesundheit vernetzen, ergänzen und durch das würdevolle Miteinander sich gegenseitig unterstützten. Das Tolle ist, man braucht keine eigene Webseite oder schon ausgereiftes Business, jeder kann sich hier einbringen wie es ihm und seinen Projekten entspricht und durch das gegenseitige Unterstützen sein eigenes Business aufbauen.

Wir lieben dieses Lifetuningkonzept mit dem wir im Team ein stabiles, langfristiges und geniales Fundament für unseren weiteren Weg bauen können und dadurch auch Andere ihren Weg finden und gehen können. Somit haben wir ein vielseitiges Online-

Business, dass unsere Leidenschaften, Berufung und Fähigkeiten total vereint und wir beide sogar als Paar darin aufgehen können. Es ist für uns nicht Arbeit und Anstrengung, sondern Freude, Erfüllung und gemeinsames Ziele erreichen. Wir können Menschen in den verschiedensten Lebensphasen helfen und unterstützen. Es erfüllt uns mit Freude, Menschen helfen zu dürfen, in ein selbstbestimmtes, gesundes und freies Leben zu finden!

Dies geschieht durch unsere Coachings, in denen wir Menschen helfen zurück zu sich und ihrem Herzen zu finden, einem Podcast, der ermutigt und stärkt dem Herzen zu folgen, unserem Blog, auf dem wir immer wieder von uns und unserer Reise im Innen und Außen berichten und auch durch unser gemeinsames Arbeiten im Lifetuningclub in dem wir ein wundervolles Team führen und begleiten dürfen. Auch hier fließt alles ein, was uns wichtig ist: Menschen persönlich zu begleiten und finanziell wie gesundheitlich (im Innen und Außen) frei zu werden!

Wir sind glücklich, dankbar und freuen uns jeden Tag unseren Tätigkeiten nachzugehen und dadurch anderen Menschen helfen zu dürfen!

10. Habt ihr eine Vision für eure Zukunft oder lebt ihr sie bereits voll und ganz (bezogen auf Familienleben, Herzens-Business oder z.B. ein Leben in Gemeinschaft)?

Unsere Vision ist es finanziell so frei zu sein, dass wir dorthin reisen können, wo wir wollen und wann wir wollen. Dass wir irgendwo ein kleines Domizil haben, wo wir sein können, wenn wir das Bedürfnis haben, eine Basis. Wobei wir sagen müssen, derzeit ist das Bedürfnis nicht da, dass wir das brauchen, sondern mehr der Gedanke, wenn wir die finanzielle Freiheit hätten (wieso sollen wir es dann nicht machen). Die Kinder äußern schon ab und zu auch den Wunsch, was sie mal als Haus haben möchten und wo. Wir lieben und leben unsere Vision im Womo zu leben. Es passt sehr zu uns, wir vermissen nichts und fühlen uns sehr wohl. Sind gern eng beieinander und lieben die kurzen Wege!

Im Business haben wir voll unsere Vision gefunden und leben sie bzw. bauen sie mehr und mehr aus und erleben, wie es sich als guter Weg und passend miteinander anfühlt. Wir sind sehr glücklich damit und dankbar. Klar brauchen wir derzeit noch mehr „Arbeitszeit" bis es eine gewisse Stabilität erreicht hat - wie das bei jedem Geschäft so ist, wenn man neu startet und sich selbständig macht, man muss anfänglich dranbleiben, und Geduld haben- doch es lohnt sich, das wissen und erleben wir. Businessmäßig leben wir unsere Vision und es fühlt sich komplett passend an.

Bezüglich Familienleben genießen wir jeden Tag, gemeinsam aufzuwachen und gemeinsam einzuschlafen - wir lieben es beieinander zu sein und die Freiheit zu haben, wann immer wir wollen, gemeinsam Dinge zu unternehmen, zu erleben und zu tun.

Ohne Zeitdruck, dass einer gleich wegmuss oder zur Arbeit muss. Wir lieben es gemeinsam als Eltern die Kinder begleiten zu dürfen und genießen es sehr, wie wir nun leben. Aber es braucht auch Zeit und Geduld sich hier neu zu finden und da gibt es auch immer wieder neue Phasen und Herausforderungen. Die Vision ist für uns klar, dass, wenn das Business etwas stabiler läuft, dann auch noch mehr intensive Zeit als Familie Raum bekommt und die „Arbeitszeit", was sich für uns aber nicht als lästige Arbeit anfühlt - noch weniger Zeit einnimmt. Es kann sich noch mehr an den Randzeiten abspielen, um dann noch mehr Raum zu haben für Familien-Zeit. Das darf wachsen und werden und sich immer wieder auch neu entfalten. Wenn man in Gemeinschaft reist und lebt wie in Schottland und Thailand ist es eh anders und da flexibel und offen zu sein, für das was dran ist, das ist echt genial und wertvoll.

Auch eine Vision ist es, diese Freiheit nutzen zu können, zu wollen, um auch dafür offen zu sein, wo jemand Hilfe benötigt und was hindert uns da aktiv Hilfe zu leben, wie Doros Eltern bei Renovationen zu unterstützen, oder einem Freund beim Gewächshaus neu beziehen, zu unterstützen …. einfach die Möglichkeit zu haben, ja das machen wir. Wir fahren mit unserem „Zuhause" dort hin und leben, arbeiten und unterstützen so auch Menschen. Einfach sehr wertvoll! Ich würde sagen wir leben unsere Vision und werden sie immer mehr und auch immer wieder neu, auch leben, mit dem was dazu kommt und möglich wird und ist.

11. Wie habt ihr euch persönlich, wie hat sich eure Paarbeziehung/ euer Familienleben, wie hat sich euer Lebensgefühl verändert, seit ihr euch auf den Weg gemacht habt?

Da hat sich zum Teil viel verändert, manches eher weniger und doch wissen wir, dass es immer mehr Raum gibt und immer weiter geht mit den Prozessen und Veränderungen. Denn wir haben uns bewusst auf den Weg gemacht und für diese Reise entschieden, dass wir auch bewusst Raum schaffen wollten, um uns zu verändern um Prozesse zu zulassen und die Veränderung, das An-uns-arbeiten, einzuladen und zu zulassen. Doch wird das auch nie zu Ende sein, es wird immer Neues geben und je nach Phase und Situation gibt es für den einzelnen mehr oder weniger Raum.

Was sicher auch noch herausfordernd war, um wirklich in den inneren Prozess persönlich zu gehen, bei uns als Eltern, war die intensive Zeit um das Business aufzubauen - da erst mal uns klarwerden musste, wie geht es weiter, was ist unser Weg, der zu uns passt - das waren auch Prozesse und die waren wichtig, aber da war dann für Individuelles, Vergangenes noch weniger Raum und Zeit. Doch auch diese Prozesse, die waren und sind, haben uns verändert und weitergebracht. Jonas durfte lernen, anzunehmen, dass er nicht mehr wie die letzten 12 Jahre der Allein-Verdiener ist, der die Familie versorgen muss – sondern, dass auch das jetzt gemeinsam gelebt werden darf. Doch das war für ihn ein herausfordernder und tiefer Prozess, aus dem

„ich muss was tun, das Geld kommt"- Modus, in den Vertrauens- und gemeinsamen Modus zu kommen. Dann auch herauszufinden was ist Doros und Jonas Bereich, wo hat jeder seine Freude und Erfüllung und wie passt das alles zusammen…. wertvolle Prozesse, die uns auch nach 7 Monaten noch begleiteten.

Seit Dez. 2017 wissen wir nun, wie unser Weg aussieht und wie wir zusammen miteinander und einander unterstützend weitergehen, was das Business angeht. Es hat uns verändert, auch als Paar zu einander gebracht, in Themen, die vorher nicht ein miteinander waren, sondern Jonas seine Aufgaben hatte, ich meine und nun immer mehr zum Miteinander wird und man sich gegenseitig Einblick schenkt und so miteinander wächst. VERTRAUEN war ein großer Bereich in dem wir gemeinsam jeder für sich und als Familie sehr wachsen und weiterkommen durften. Unser Familienleben ist sich täglich am Verändern und neu werden, denn da braucht es viel Zeit, gewohnte Muster und Rollen frei zu geben und sich ändern lassen. Dies darf sein und wir sind offen, wie da mehr und mehr Neues und Anderes miteinander entstehen darf. Das hat auch mit Prozessen zu tun, die auch mehr und mehr beginnen dürfen, was das Leben mit Respekt und auf Augenhöhe bedeutet und was wir da als Eltern mitbringen, dass wir nicht mehr wollen. Wir festigen und finden uns mehr und mehr in dem was uns wichtig ist.

Lebensgefühl: Wir sind soooo dankbar, dass wir diesen Raum geschaffen haben, unsere Verantwortung für unser Leben ganz bewusst übernommen haben und unseren Weg gehen. Ein Lebensgefühl von Freiheit und Erleichterung - ein Gefühl von tiefer Dankbarkeit, das uns täglich trägt, weil es für uns immer noch nicht selbstverständlich ist, dieser Weg, und wir einfach nur dankbar sind, dass es so ist und wir es leben. In uns fühlt es sich mehr und mehr RICHTIG an, aber eigentlich schon beim Entscheid. Aber auch wenn es Tiefs gibt und Herausforderungen, es zweifelt keiner von uns daran, sondern es ist tief in uns dieser Frieden und diese Klarheit, dass es gut ist und genau richtig. So sicher und klar waren wir selten in unsere Leben - auch keine Angst oder Verunsicherung. Vertrauen und Frieden, dass wir genau das tun, wo für uns als Familie stimmt und wir uns sehr wohl und frei dabei fühlen!

12. Wo kann man online mehr über euch erfahren/wo findet man euer online Business?
www.readyforfamily.net
www.folgedeinemherzen.net (Der Befreiung-Podcast)
https://www.facebook.com/readyforfamily
https://www.instagram.com/readyforfamily

Familie auf Kurs

1. Wer ist auf Reisen (Namen, Alter)?

Familie von 6 - Papa Benjamin - Mama Mareen, 4 Kids (Junge 10, Mädchen 8, Mädchen 6, Mädchen 3) (Zur Zeit unserer 13-monatigen Wohnmobilreise waren die Kinder zwischen 2 Wochen und gerade 7)

2. Wie war eure familiäre und berufliche Situation zum Zeitpunkt der Entscheidung, länger auf Reisen zu gehen? Was war eure Motivation dafür und was war euer erstes Reise-Ziel?

Wir hatten drei Kinder unter 5, sind gerade umgezogen, und ich plane mein Diplom zu schreiben ;-) (Selbstverständlich nachts...) - Das war die Situation in der wir begonnen hatten, darüber nachzudenken. 1 Jahr später war alles schon viel konkreter, wir hatten ein altes 3.5 t Mobil gekauft, monatelang repariert, Wasserschäden gerichtet, viele Erfahrungen gesammelt, das Diplom stand kurz vor der mündlichen Verteidigung und das Kind Nummer 4 kurz vor der Geburt. Motivation war und ist das Leben selbst. Das Leben ist kurz und wunderbar, es ist dazu da gelebt zu werden. Wir wollen das mit unseren Kindern teilen. Wir gehen gemeinsam mit offenen Augen durchs Leben. In großer Dankbarkeit. Unsere erste Tour führte uns für einen schnellen Besuch nach Warschau, 2 Wochen später hatten wir die Wohnung (damals in Bayern) leergeräumt und starteten ins Reisejahr Richtung Süden (grobe Richtung Sizilien). Wir haben uns bewusst viel Zeit für ein Land genommen. Es ist schön, richtig in Kultur und Sprache eintauchen zu können. Außerdem haben Nord- und Süditalien eigentlich recht wenig miteinander gemein. Ein eigenes Flair.

3. Wie hat euer soziales Umfeld auf euer Vorhaben reagiert? Wie wird euer Lifestyle heute gesehen? Falls es Ablehnung gab, wie seid ihr damit umgegangen/ geht ihr damit um?

Unser Umfeld kennt uns ja mittlerweile ;-) Es gab keine Diskussionen oder ähnliches. Wir haben schon immer klar kommuniziert, was wir machen oder warum uns das wichtig ist. Reaktionen der anderen sagen mehr über sie als über uns. Aber es gab keine negativen Reaktionen.

4. Wieviel Zeit habt ihr euch für die Planung eures Aufbruchs genommen, und was gehörte zu diesem Prozess alles dazu (praktisch und evtl. innerlich)?

Wie oben schon beschrieben - der Wunsch gehört zu unserem Leben dazu. Die konkreteren Planungen würde ich sagen ca. 1 Jahr. Dazu gehörte eine finanzielle Planung. Szenario Worst Case durchspielen. Reiseziele und Wünsche aller

Familienmitglieder durchsprechen. Große Karten und Wünsche malen. Nach Interessen Ziele suchen. Formalitäten wie Pässe und Versicherungen klären. Für uns noch speziell: Womo finden und ausbauen, Diplom beenden und verteidigen bevor das Baby geboren wird ;-)

5. Hat sich eure ursprüngliche Motivation auf Reisen zu sein im Laufe der Zeit verändert?

Nein. Auf Reisen zu sein ist ein Weg, kein Ziel. So wie die Lebensreise oder ein Tanz ;-) Auch wenn wir hier jetzt mittelfristig eine Heimat auf Zeit haben in Frankreich, sind wir immer noch "unterwegs". Ich bin hier weder unfrei noch festgehalten. Freiheit beginnt im Kopf und Herzen. Wir reisen und entdecken, weil wir unglaublich dankbar sind auf diesem blauen Planeten leben zu dürfen, zu dieser Zeit mit unseren Kindern. Mit allen Chancen, die wir erhalten haben. Es ist uns selbstverständlich, dies mit unseren Kindern teilen zu wollen. Sie haben ein intrinsisches Verständnis dafür, dass alles miteinander verbunden ist, dass wir unsere Erde und Natur schützen müssen, dass keiner besser ist als jemand anders, nur weil er woanders lebt, anders aussieht oder eine andere Sprache spricht.

6. Wie lange seid ihr schon auf Reisen? Seid ihr (jetzt oder von Anfang an) komplett ortsungebunden? Oder wo steht ihr gerade?

Die Wohnmobil-Tour lief über 13 Monate quer durch Europa. Heute sind wir mittelfristig in Frankreich und planen die nächste längere Reise-Phase. Für uns fühlt sich diese Balance gut an.

7. Welche Länder habt ihr seitdem bereist und wo hat es euch als Familie am besten gefallen? Welche Art zu reisen gefällt euch am besten (Wohnmobil/ Flugzeug, alleine/ mit anderen Familien, immer wieder neue Länder oder bekannte Orte, wie lange an einem Ort)?

Das ist die Frage, die unmöglich zu beantworten ist ;-) Jeder aus der Familie hat andere Highlights in der Erinnerung. Wir sind mit Womo durch ganz Italien, Frankreich, die Schweiz, Spanien, Portugal, Österreich, Polen, Schweden und Dänemark gefahren. Wir lieben das Reisen mit dem Wohnmobil, es ist eine unglaublich tolle Art immer mitten im Geschehen (oder meist mitten in der Natur) sein zu können, und trotzdem immer sein eigenes Zuhause dabei haben zu können. Ein unglaublicher Vorteil besonders mit kleinen Kindern.

Wir treffen einheimische Familien vor Ort in den Ländern, in die wir reisen, manchmal auch andere Worldschooler oder reisende Familien. Aber wir sind nicht abhängig von diesen Treffen. Eher im Gegenteil, immer mit anderen unterwegs zu sein, würde mich zu viel Energie kosten. Vielleicht mal auf Zeit, das könnte ich mir schon vorstellen. Für jede Art zu reisen, gibt es eine Zeit. Jeder muss das für sich selbst herausfinden, was gerade gut passt.

8. Welche Länder wollt ihr als nächstes bereisen oder stehen auf eurer (Wunsch-) Liste? Mit welcher Perspektive reist ihr (open-end oder zeitlich begrenzt)?

Oh es gibt eine lange Wunschliste, die dreht sich um die ganze Welt, von Tibet über Rio de Janeiro bis zum Great Barrier Reef. Die Redwoods in Kalifornien, Wildpferdeherden auf der ganzen Welt, es geht nie nur darum, ein Land abzuhaken, die Kinder und wir haben oft einen ganz speziellen Grund einen Ort aufsuchen zu wollen. Wir haben seit Jahren Patenkinder in Tansania und Kambodscha. Es gibt immer einen direkten Bezug, es sind nie nur "irgendwelche anderen Menschen". Wenn wir es möglich machen können, wollen wir auch unsere Patenkinder irgendwann einmal besuchen. Etwas erfahren, etwas mit allen Sinnen erleben, etwas verstehen. Das Abenteuer beginnt vor der Haustür. Momentan liegen unsere Ziele eher näher, Paris ist von hier in ca. 2h mit dem Zug zu erreichen, der Eiffel-Turm winkt also schon ;-)

9. Wie finanziert ihr euer Leben/ Was ist euer Business? Spielt eure Berufung dabei eine Rolle? Wie und wann war euer Übergang vom sesshaften (Angestellten-)Berufsleben zum ortsunabhängigen Business?

Wie gesagt, momentan leben wir nicht von unseren Online-Tätigkeiten. Mein Hauptaugenmerk liegt auf unserem Podcast "Auf Kurs", mein Mann arbeitet als Entwicklungs-Ingenieur.

10. Habt ihr eine Vision für eure Zukunft oder lebt ihr sie bereits voll und ganz (bezogen auf Familienleben, Herzens-Business oder z.B. ein Leben in Gemeinschaft)?

Natürlich gibt es Ideen und Ziele, aber ich lebe auch jetzt schon meinen Traum.

11. Wie habt ihr euch persönlich, wie hat sich eure Paarbeziehung/ euer Familienleben, wie hat sich euer Lebensgefühl verändert, seit ihr euch auf den Weg gemacht habt?

Wir sind glücklich unterwegs, mit allen Herausforderungen, weil wir das auch vorher schon waren. Auch mit allen Herausforderungen. Paar- und Familienbeziehungen ändern sich definitiv mit jedem neuen Kind, das ganze Familiengefüge muss sich wieder neu finden. Eine neue Balance entsteht. Von daher: klar verändert sich etwas, aber das tut es immer. Reisen ist kein Allheilmittel.

12. Wo kann man online mehr über euch erfahren/wo findet man euer online Business?

Unsere Seite ist www.familieaufkurs.de, dort findet ihr Artikel zu allem was Familien auf Kurs bringt, unserer Reise, Mind-Set Themen, und vor allem auch die Shownotes zum Podcast. Der ist auf allen bekannten Plattformen abrufbar ("Auf Kurs").

Außerdem haben wir den FamilienReise-Kongress organisiert, und ein Ebook übers Womo-Reisen mit Familie geschrieben (beides auf der Homepage unter Produkte).

Unser Tipp: Eine Sache, die sich Wohnmobil-Fahrer ansehen sollten, ist die ACSI-Card, welche Festpreise bietet zu Nebensaison-Zeiten. Wenn man immer wieder mal einen Campingplatz ansteuert, lässt sich hier viel Geld sparen.

Gemeinsam Frei Leben

1. Wer ist auf Reisen (Namen, Alter)?

Enrico (36) und Mandy (33) mit unseren fünf Kindern Emilia (14), Colin (8), Henri (7), Juri (3), Tamo (1)

2. Wie war eure familiäre und berufliche Situation zum Zeitpunkt der Entscheidung, länger auf Reisen zu gehen? Was war eure Motivation dafür und was war euer erstes Reise-Ziel?

Enrico befand sich in Elternzeit (ist angestellt bei der Deutschen Post als Postbote) und Mandy war Lehrerin an einer Grundschule. Für Enrico war seine Arbeit schon immer schwer zu ertragen und von Mobbing und abgestumpften Abläufen geprägt. Eigene Ideen und eine effizientere Umsetzung war von Seiten der Deutschen Post unerwünscht. Zwei Jahre konnte er bei der Dänischen Post arbeiten und fühlte sich viel wohler. Das Arbeitsklima war geprägt von Anerkennung vom Chef und positivem Austausch. Aus familiären Gründen kam er danach zur Deutschen Post zurück, wo er nach gewisser Zeit auf Grund von Depressionen ausfiel und eine Reha absolvierte. Danach arbeitete er nur noch um des Geldes Willen. Ihm war schon immer klar, dass er einen anderen Weg gehen möchte und sich selbst beruflich verwirklichen will. Durch den Reisebeginn gab es endlich Zeit, an der eigenen Persönlichkeitsentwicklung zu arbeiten und sich Gedanken um den weiteren beruflichen Weg zu machen.

Ich (Mandy) war Klassenlehrerin einer ersten Klasse und kam dabei schnell an die Grenzen des Systems. Die Anforderungen, wie Unterricht und Schule funktionieren sollen, konnte ich mit meinem Gewissen nicht vereinbaren. Ziemlich schnell war mir dadurch klar, dass ich auch unseren großen Sohn, der das Jahr darauf in die Schule gekommen wäre, nicht in das klassische Schulsystem geben möchte.

Unsere Tochter besuchte die 6. Klasse eines Gymnasiums und war mit der Schule nicht unglücklich. Es gab keinerlei Probleme, die mich bei ihr aufhorchen ließen. Mein Sohn ist hochsensibel und ich konnte mir den Weg Schule für ihn nicht vorstellen, vor allem nachdem ich selbst solche Einblicke von der anderen Seite in das Schulsystem erlangt habe.

Seit mein Mann in Elternzeit mit unserem 4. Kind war, waren die kleineren nicht mehr im Kindergarten gewesen und sie genossen die Zeit zusammen. So viel natürlicher kam uns das Leben vor, die Sozialisation fand automatisch in der Familie und mit Freunden statt. Es fühlte sich richtig an. Schnell war für uns klar, dass wir uns noch vor Schuljahresbeginn auf Reisen begeben wollen, um das schulfreie Leben für uns auszuprobieren. Wir nahmen beide Elternzeit für unser 5. Kind und so begann dieser neue Lebensabschnitt. Wir freuten uns, auf unsere gemeinsame Zeit, kam sie doch im normalen Alltag zu kurz.

3. Wie hat euer soziales Umfeld auf euer Vorhaben reagiert? Wie wird euer Lifestyle heute gesehen? Falls es Ablehnung gab, wie seid ihr damit umgegangen/ geht ihr damit um?

Unsere Freunde freuten sich für uns und waren teilweise neidisch im positivem Sinne. Einige Freundschaften zerbrachen aber daran, da es Unverständnis gab und sie mit ihren eigenen Themen konfrontiert wurden. Ich denke, es ist für manche nicht leicht zu sehen, wie einfach dieser Schritt in die Freiheit ist. Dann hinterfragt man sein eigenes Leben und den Sinn des Lebens. Vielleicht stellen die eigenen Kinder Fragen, warum unsere Kinder nicht in die Schule müssen. So war es für einige Freunde der einzige Ausweg, den Kontakt abzubrechen.

Für unsere Familien war am Anfang sehr viel Angst da. Angst vor den fremden Kulturen, Angst vor Krankheiten, Angst vor dem Lernen ohne Schule. Die Ängste halten teilweise bis heute an und erschweren den Kontakt manchmal sehr. Auch Glaubenssätze und das Sicherheitsdenken stehen unseren Familien oft im Weg und so können sie wenig Verständnis für unsere Entscheidungen aufbringen. Dennoch lieben sie uns und möchten an unserem Leben teilhaben, die Enkel sehen und sie versuchen uns zu unterstützen, wo es nur geht. Dafür sind wir ihnen sehr dankbar. Wir versuchen transparent zu bleiben und sind offen, ihnen ihre Ängste zu nehmen, indem wir unsere Sichtweisen erklären und ihnen Beispiele zeigen. Am Ende müssen sie aber selbst durch die Ängste hindurch, das können wir ihnen nicht nehmen.

Generell haben wir gemerkt: Je klarer wir zu einem bestimmten Thema sind, umso besser wird es von der Umgebung aufgenommen und desto weniger Diskussionen gibt es. Wir haben uns ganz bewusst entschieden, unsere Kinder nicht in die Schule zu schicken und mit ihnen die Welt zu entdecken. Wir versuchen uns als Paar zu stärken, uns in unseren Themen zu begleiten, um dann damit nach außen zu gehen und zu unserem Lebensweg zu stehen.

4. Wieviel Zeit habt ihr euch für die Planung eures Aufbruchs genommen, und was gehörte zu diesem Prozess alles dazu (praktisch und evtl. innerlich)?

Der innerliche Prozess begann ein Jahr vor Reisebeginn. Eigentlich wollten wir bereits in der Elternzeit des 4. Kindes reisen, ließen uns damals aber noch von der Schule abschrecken. Die Schulleiterin wollte sie nicht länger als zwei Wochen befreien. So unternahmen wir nur eine kleine Reise während der Sommerferien. Dort trafen wir

Mareen und Benjamin von der Familie auf Kurs. Sie sagten einen entscheidenden Satz: „Wenn ihr wirklich reisen wollt, lasst ihr euch von nichts und niemanden abbringen!"

Schnell war klar, dass unsere Reise vor dem Schulstart unseres ältesten Sohnes losgehen soll. Wir lasen unendlich viele Blogs, nahmen Kontakt zu anderen Reisefamilien auf und begannen mit der Planung. Dieses nahm ungefähr ein halbes Jahr in Anspruch. Das Haus musste geräumt werden, Zwischenmieter gefunden, Auto verkauft, Flüge gebucht werden, eine Unterstellmöglichkeit für unsere restlichen Habseligkeiten gefunden werden. Die Schule wurde wegen einer Freistellung kontaktiert, die wir leider nach langem Kampf nicht bekamen. So wurden die Kinder aus Deutschland abgemeldet und wir waren endlich frei. Sieben Wochen vor Reisestart kam unser jüngster Sohn zur Welt und so erledigten wir die letzten Aufgaben während des Wochenbettes. Dann ging es endlich los.

5. Hat sich eure ursprüngliche Motivation auf Reisen zu sein im Laufe der Zeit verändert?

Ja, sehr oft sogar. Am Anfang wollten wir einfach viel Zeit mit der Familie verbringen und das Freilernen ausprobieren. Die Reise war begrenzt auf ein Jahr. Ziemlich schnell war uns aber klar, dass wir in unser altes Leben nicht mehr zurückwollen. Je länger wir aus dem System in Deutschland raus waren, umso unnatürlicher fühlte sich unser altes Leben an. Umso mehr zweifelten wir an dem Sinn des Lebens, wie ihn viele Menschen in Deutschland leben.

Wir erkannten, wie kostbar und begrenzt die Zeit mit unseren Kindern ist und wie wertvoll es für uns alle ist, die Tage gemeinsam zu verbringen und nicht getrennt voneinander. Wir lernten jeden Tag von- und miteinander und sahen, wie die Kinder sich ohne die Grenzen der Schule entwickeln. Ebenso haben wir endlich die Zeit für uns, unsere wirkliche Berufung zu finden und möchten nicht mehr um des Geldes willen arbeiten. Zumindest keine Arbeit, die uns keinen Spaß bereitet.

6. Wie lange seid ihr schon auf Reisen? Seid ihr (jetzt oder von Anfang an) komplett ortsungebunden? Oder wo steht ihr gerade?

Wir sind seit anderthalb Jahren unterwegs. Kurz vor Reisebeginn haben wir doch noch komplett unseren Mietvertrag für unser Reihenendhaus gekündigt und sind daher komplett ortsungebunden.

7. Welche Länder habt ihr seitdem bereist und wo hat es euch als Familie am besten gefallen? Welche Art zu reisen gefällt euch am besten (Wohnmobil/ Flugzeug, alleine/ mit anderen Familien, immer wieder neue Länder oder bekannte Orte, wie lange an einem Ort)?

Wir waren die ersten sieben Monate in Südostasien (zwei Monate Bali, fünf Monate

Thailand) und dann sieben Monate mit dem Wohnmobil in Europa unterwegs (Deutschland, Frankreich, Spanien, Portugal, Italien, Österreich). Nun sind wir für vier Monate wieder in Südostasien unterwegs (Thailand, Borneo). Der nächste Abschnitt ist noch nicht geplant.

Bali war ein gelungener Auftakt der Reise. Die Menschen sind unheimlich freundlich und kinderlieb. Die saftigen Reisfelder und das viele Grün waren herrlich. In Thailand haben wir einige Zeit mit anderen Familien verbracht, dieses Gemeinschaftsleben war sehr lehrreich und hat uns in unserer Entwicklung viel gebracht. Die Kinder genossen die Freiheit, den ganzen Tag mit anderen Kindern herumzustreunen und zu spielen.

Wir verbrachten immer ein bis zwei Monate an einem Ort, dies erwies sich als sinnvoll. Die Kinder hatten genügend Zeit zum Ankommen und Einleben. Dennoch konnte man viel entdecken und es wurde nicht langweilig. Gute Restaurants, schöne Stände und sonstige Dinge des alltäglichen Lebens konnten herausgefunden werden und eine Weile genutzt werden. So musste man sich nicht immer wieder neu auf die Suche begeben. Das genossen wir und die Kinder sehr.

Die Zeit im Wohnmobil hat uns ebenfalls gut gefallen. Oft standen wir mitten in der Natur, die Kinder hatten jeden Tag eine andere Umgebung zu erkunden. Zwei Dinge würden wir beim Wohnmobilreisen in Zukunft anders machen: uns mehr mit anderen Familien verknüpfen und Zeit gemeinsam verbringen und langsamer reisen (d.h. immer mal zwei bis drei Wochen an einem Platz verbringen). Wir waren fast täglich unterwegs und so mussten wir jeden Tag aufs Neue einen Stellplatz für die Nacht, einen Supermarkt, eine Waschgelegenheit usw. suchen. Diese Alltäglichkeiten nahmen viel Raum ein. Deshalb würden wir es das nächste Mal anders machen.

8. Welche Länder wollt ihr als nächstes bereisen oder stehen auf eurer (Wunsch-) Liste? Mit welcher Perspektive reist ihr (open-end oder zeitlich begrenzt)?

Bald fliegen wir nach Borneo in den Earth Park und freuen uns auf die Zeit mit unseren Freunden. Perspektivisch möchten wir danach gern ein größeres Wohnmobil kaufen und uns in Portugal nach einem Grundstück umsehen. Wir möchten alle gern eine Base haben. Einen Ort, wo unsere sieben Sachen sind und wir jederzeit hinkönnen. Von da aus möchten wir weiterreisen.

9. Wie finanziert ihr euer Leben/ Was ist euer Business? Spielt eure Berufung dabei eine Rolle? Wie und wann war euer Übergang vom sesshaften (Angestellten-)Berufsleben zum ortsunabhängigen Business?

Im Moment finanzieren wir uns noch mit dem Ersparten und sind gerade dabei, unsere Berufung in ein Business umzusetzen. Dies erfordert viel Disziplin und

Eigenverantwortung. Musste man als Angestellter nur seinen Job ausführen, wie der Chef es verlangte, heißt es nun, es selbst in die Hand zu nehmen. Aber es macht unheimlich Freude, von überall arbeiten zu können und endlich das zu tun, was einem Spaß macht.

10. Habt ihr eine Vision für eure Zukunft oder lebt ihr sie bereits voll und ganz (bezogen auf Familienleben, Herzens-Business oder z.B. ein Leben in Gemeinschaft)?

Wir haben eine Vision: Wir möchten gern einen Platz zum SEIN finden. Wo wir so leben können, wie wir wollen. Ohne Zwänge. Einen Ort der ehrlichen Begegnung und des Lernens zu schaffen, wäre meine Vision. Wenn wir es dann noch schaffen, finanziell so zu leben, dass wir nur noch für das arbeiten müssen, was uns Freude bereitet, wäre er perfekt.

11. Wie habt ihr euch persönlich, wie hat sich eure Paarbeziehung/ euer Familienleben, wie hat sich euer Lebensgefühl verändert, seit ihr euch auf den Weg gemacht habt?

In unserer Paarbeziehung gab es viele Auf und Abs auf der Reise. Wir kamen oft an unsere Grenzen. Da wir mit fünf Kindern reisen, ist es nicht so einfach, sich Zeit für uns einzeln und als Paar zu nehmen. Diese Zeit ist aber enorm wichtig, um ein ausgeglichenes Familienleben hinzubekommen. Manchmal war einfach etwas Struktur und Terminplanung erforderlich, um diese Auszeiten gewährleisten zu können.

Außerdem haben wir durch die Zeit auf Reisen eine enorme Persönlichkeitsentwicklung vollzogen und sind gegenseitig unsere besten Therapeuten geworden. Mittlerweile haben wir erkannt, wie wertvoll es ist, Themen vom Partner präsentiert zu bekommen und welche Chance es bedeutet, daran zu arbeiten. Wir haben uns gemeinsam auf dem Weg begeben, unser wahres Sein zu finden, Themen zu heilen und sind dadurch noch enger zusammengerückt. Wir reden über unsere Ängste, Visionen und Ideen. Wir haben eine wundervolle Basis unserer Beziehung geschaffen und merken jeden Tag, was wir gemeinsam erreichen können.

Das Familienleben hat sich ebenfalls extrem verändert, seit wir auf Reisen sind. Die Geschwister sind enger zusammengerückt und wachsen miteinander auf, statt getrennt in verschiedenen Einrichtungen. Sie sind viel achtsamer miteinander und achten aufeinander. Ebenso merken sie aber auch, wenn sie Zeit für sich brauchen und erkennen ihre eigenen Bedürfnisse viel besser.

Die Beziehung zu jedem einzelnen Kind von uns Eltern hat sich verbessert, da wir viel mehr im Kontakt miteinander sind. Oft haben wir nur einen gemeinsamen Raum, da fallen Stimmungen schneller auf und wir können uns die Zeit nehmen, darüber zu sprechen und Lösungen zu finden.

Das Familienleben ist nicht immer rosig, es ist oft sehr laut und turbulent bei uns. Und dennoch ist da so viel Liebe, Zeit und Fürsorge. Genauso wie ich es mir gewünscht habe.

12. Wo kann man online mehr über euch erfahren/wo findet man euer online Business?

www.gemeinsamfreileben.de
https://www.youtube.com/channel/UCmVQZp_j2VjFgCkPFcuw_6A
https://www.instagram.com/gemeinsamfreileben/
https://www.instagram.com/gemeinsam_frei_leben/
https://www.instagram.com/gemeinsam_frei_leben/
https://www.facebook.com/GemeinsamFreiLeben/

Weltenbummler Kids

1. Wer ist auf Reisen (Namen, Alter)?

Ben (39), Stephi (36), Maya (5), Ella (2), Baby (im Bauch)

2. Wie war eure familiäre und berufliche Situation zum Zeitpunkt der Entscheidung, länger auf Reisen zu gehen? Was war eure Motivation dafür und was war euer erstes Reise-Ziel?

Im Grunde hat es bei meinem Mann und mir so angefangen, dass wir schon als Kinder je in unseren Herkunftsfamilien das lange Reisen als Familienauszeit mitbekommen haben. Meine Eltern waren Lehrer und wir haben irgendwie von "Urlaub" zu "Urlaub" gelebt. Bens Eltern hatten ein Sprachreiseunternehmen mit einem wahnsinnigen stressigen Sommer und somit haben sie die Kinder immer im Winter für 6 Wochen aus der Schule genommen, um Familienzeit zu haben. Erst alleine, dann als Paar, jetzt mit Kindern, haben wir diesen Rhythmus immer weitergelebt. Ein wenig Zeit im "Hamsterrad" und dann wieder eine lange Auszeit von mindestens 3 Monaten, gerne aber auch mal 6 Monate oder auch ein Jahr. Alles war schon dabei.

3. Wie hat euer soziales Umfeld auf euer Vorhaben reagiert? Wie wird euer Lifestyle heute gesehen? Falls es Ablehnung gab, wie seid ihr damit umgegangen/ geht ihr damit um?

Unsere guten Freunde haben uns mit diesem Modell kennengelernt und auch unsere Familien sind diesen Lebensstil gewohnt. Es sind eher Arbeitskollegen, die ungläubig fragen, "Ihr kündigt jetzt wirklich beide allen Ernstes eure Jobs, um ein paar Monate zu reisen?!" Oder auch Eltern, die wir durch die Kinder kennengelernt haben, sehen das Reisen mit den Kindern ab und zu kritisch. Aber im Großen und Ganzen bekommen wir viel mehr Zuspruch und Aussagen wie "Ach, ich würde auch so gerne, aber ...", als Ablehnung.

4. Wieviel Zeit habt ihr euch für die Planung eures Aufbruchs genommen, und was gehörte zu diesem Prozess alles dazu (praktisch und evtl. innerlich)?

Bei uns ist der Prozess mittlerweile fast automatisiert, nimmt aber trotzdem ca. 3 Monate in Anspruch. Die Reihenfolge variiert. :-)

- Jobs kündigen oder Elternzeit einreichen
- Wohnung untervermieten oder kündigen und Wohnnebenkosten minimieren
- Haushalt minimieren und dann Sachen einlagern
- Auto abmelden und bei Freunden parken

- Handyvertrag kündigen oder stilllegen
- Nachsendeantrag zu einem guten Freund einrichten
- Auslandskrankenversicherung abschließen
- alle anderen Versicherungen stilllegen
- Erspartes auf DKB Konto überweisen und da auf die Kreditkarten
- wichtige Dokumente kopieren und online selber zuschicken
- Ablaufdatum des Passes checken und ggf. erneuern + Visum checken
- ersten Flug und erste Unterkunft buchen
- Kinder auf die Reise und die Länder vorbereiten (Gespräche, Bücher)
- große Abschiedsparty :-)

5. Hat sich eure ursprüngliche Motivation auf Reisen zu sein im Laufe der Zeit verändert?

Bisher waren die Reisen immer eine zeitlich begrenzte Auszeit vom Alltag. Bewusstes Leben und Erleben und besonders die Zeit als Paar/Familie standen im Mittelpunkt. Es wurde Kraft getankt, um dann wieder einen zufriedenen Alltag für längere Zeit zu meistern. Nun, bin besonders ich in einem Prozess, wo ich unser deutsches System, besonders das Schulsystem, immer mehr in Frage stelle und die nächste große Reise auch die Frage beantworte könnte "Wo wollen wir als Familie wohnen und wie? Deutschland vs. Ausland vs. Dauerreise / feste Jobs vs. Selbstständigkeit / Schule vs. Freilernen / ...)

6. Wie lange seid ihr schon auf Reisen? Seid ihr (jetzt oder von Anfang an) komplett ortsungebunden? Oder wo steht ihr gerade?

Wir gönnen uns immer wieder längere Auszeiten von 3-12 Monaten. Auf den Reisen waren wir bisher ohne jegliche Verpflichtung (Jobs, Lernen, ...). Die nächste große Reise steht an und dieses Mal stellt sich die Frage, ob wir 6 Monate reisen und dann passend zur Schulpflicht der Großen wiederkommen, oder ob wir uns in Deutschland abmelden und open End reisen.

7. Welche Länder habt ihr seitdem bereist und wo hat es euch als Familie am besten gefallen? Welche Art zu reisen gefällt euch am besten (Wohnmobil/ Flugzeug, alleine/ mit anderen Familien, immer wieder neue Länder oder bekannte Orte, wie lange an einem Ort)?

Stephi und Ben: über 70 Länder // als Familie: Thailand, Abu Dhabi, Argentinien, Bolivien, Chile, Uruguay, Jamaika, USA, Sri Lanka, Griechenland, Italien, Irland, Frankreich, Spanien, Schweiz, Schweden, Am besten hat es uns als Familie in Uruguay gefallen.

Wir reisen am liebsten mit Rucksäcken und vollkommen ungebunden. Wir buchen nichts vor und versuchen so flexibel wie möglich zu bleiben, damit wir uns einfach dahintreiben lassen können. Meistens bleiben wir mindestens 1 Woche, maximal 3 Wochen an einem Ort und wollen immer wieder Neues erkunden. Wir freuen uns, wenn wir ab und zu auf andere Familien treffen, genießen aber auch die Ruhe alleine.

8. Welche Länder wollt ihr als nächstes bereisen oder stehen auf eurer (Wunsch-) Liste? Mit welcher Perspektive reist ihr (open-end oder zeitlich begrenzt)?

Auf der nächsten Elternzeitreise (mindestens 6 Monate) steht folgendes auf der Bucket List: - Transsibirische Eisenbahn mit Stopps am Baikalsees, Mongolei - Vietnam - Japan - Kolumbien - Westküste von Baja California bis Vancouver

9. Wie finanziert ihr euer Leben/ Was ist euer Business? Spielt eure Berufung dabei eine Rolle? Wie und wann war euer Übergang vom sesshaften (Angestellten-) Berufsleben zum ortsunabhängigen Business?

Bisher hatten wir immer feste Jobs, die wir dann gekündigt haben oder wo wir mit Hilfe von Elternzeit eine Auszeit bekommen haben. Wir verdienen beide gut und konnten jeden Monat ca. 1.000 Euro sparen und das Geld ist immer in die Reisekasse geflossen. All unser Erspartes wird immer fürs Reisen genutzt. Durch die baldige Schulpflicht der Großen entstand zum ersten Mal der Gedanke, dass wir im angestellten Verhältnis nicht so viel Urlaub haben, wie sie in der Schule und dass wir durch die Schulpflicht nicht mehr so leicht größere Auszeiten einfach so, ohne große Absprachen, nehmen können.

Da entstand die Idee, dass wir uns selbstständig machen, um zeit- und ortsunabhängig zu arbeiten. Stand jetzt ist, dass ich schwanger zu Hause bin und die Zeit nutze, ein Online Business zu starten. Nach der Elternzeit kündigt Ben auch seinen Job und steigt mit ein. Ich habe die Seite www.weltenbummler-kids.de ins Leben gerufen. Eine Plattform, die alle Infos rund ums Reisen mit Kindern überschaubar darstellt. Von den besten Familienreiseblogs mit Länderauflistungen, über die schönsten Reisefilme mit Kindern bis hin zu einem Shop mit super praktischem Reisezubehör, ist alles einfach und leicht zu finden. Absolut gratis.

Da ich zurzeit noch finanziell abgesichert bin, ist mein momentanes Ziel, Reichweite aufzubauen und Marktforschung zu betreiben. Wenn Ben mit einsteigt, dann starten wir mit unserem gemeinsamen Herzensprojekt und veröffentlichen Kinderbücher rund ums Reisen. Dann startet auch die Monetarisierungsphase. Durch die bereits bestehende Webseite + Facebook + Instagram + YouTube versprechen wir uns, direkt unsere Zielgruppe zu erreichen und durch den Online Shop, sehe ich welche Länder & Themen die größte Relevanz haben. Parallel biete ich als ausgebildeter Coach und Mediator Coaching an.

10. Habt ihr eine Vision für eure Zukunft oder lebt ihr sie bereits voll und ganz (bezogen auf Familienleben, Herzens-Business oder z.B. ein Leben in Gemeinschaft)?

Da unsere bisherigen Jobs zwar Spaß gemacht haben, aber nicht wirklich einen tieferen Sinn hatten, geht es uns mit unserem Herzensbusiness darum, Kindern Lust aufs Reisen und Eltern Mut zu machen. Die Vision ist, dass immer mehr Familien reisen, Kinder dadurch weltoffen heranwachsen und zu einem friedlichen Miteinander beitragen. Im Familienleben wollen wir uns die Arbeit so gestalten, dass wir immer Zeit für unsere Kinder haben, wenn diese uns brauchen. Kein Abgleichen der vermeintlich wichtigen Geschäftstermine im Kalender mehr, wenn ein Kind krank ist und nicht in die Kita kann. Kein Rumgeschiebe der Kinder in der Schließzeit/in den Ferien zu den Großeltern, da die eigenen Urlaubstage nicht reichen. Keine tägliche Hortbetreuung, da die Nachmittage durchgearbeitet werden müssen...

11. Wie habt ihr euch persönlich, wie hat sich eure Paarbeziehung/ euer Familienleben, wie hat sich euer Lebensgefühl verändert, seit ihr euch auf den Weg gemacht habt?

Im Alltag sind wir alle oft gestresst, haben einen festen Zeitplan und alles muss funktionieren. Gerade deshalb genießen wir es, auf Reisen keine Verpflichtungen zu haben. Wir sind einfach frei, leben in den Tag hinein und sind ganz bewusst im Umgang miteinander. Wir Eltern sind viel geduldiger und die Kinder ausgeglichen und gemeinsam erkunden wir die Welt. Gerade deshalb sehen wir das "Arbeiten auf Reisen" gerade noch etwas kritisch. Dann haben wir auf einmal eine Verpflichtung. Dann müssen Dinge erledigt werden, damit Geld fließt. Dann sind die Kinder immer da, wir haben aber eigentlich soooo viel zu tun. Was dieses Thema angeht, haben wir (noch) limitierende Glaubenssätze und ich bin gespannt, ob wir den Schritt des Open End Reisens mit Online Business gehen, oder ob wir das Online Business in unserer Basis machen und wieder dazu übergehen, in regelmäßigen Abständen Auszeiten zu nehmen. Die Entscheidung treffen wir auf der nächsten Elternzeitreise, die mindestens 6 Monate und eventuell Open End geht. :-)

12. Wo kann man online mehr über euch erfahren/wo findet man euer online Business?

Man findet uns auf www.weltenbummler-kids.de und auf Instagram, Facebook und You Tube unter weltenbummlerkids. Schreibt uns auch gerne direkt an über weltenbummlerkids@gmail.com.

MamaPapaYa

1. Wer ist auf Reisen (Namen, Alter)?

Wir sind Franziska (38) und Jonas (36), mit unseren beiden Töchtern Marla (8) und Lea (3).

2. Wie war eure familiäre und berufliche Situation zum Zeitpunkt der Entscheidung, länger auf Reisen zu gehen? Was war eure Motivation dafür und was war euer erstes Reise-Ziel?

Wir lebten in meinem, also Jonas, Elternhaus zur Miete. Franzi hatte einen online Shop, bei dem sie selbstbedruckte Kindersachen verkaufte. Ich arbeitete in der Behindertenhilfe. Wir beide waren nicht glücklich in unseren Berufen. Franzi interessierte sich fürs bloggen und wir fanden so über Umwege die Sundancefamily und die Familie Horlacher. Eine neue Welt tat sich für uns auf. Ortsunabhängig leben als Familie und das Thema Unschooling kam in unser Leben. Fast täglich nahmen wir unsere Aufwachmedizin von Stefan Hiene ein. All das inspirierte uns und bestätigte uns im Glauben, dass es eine Alternative gibt, zu dem, was man gerne Hamsterrad nennt.

Da wir viel Gutes von Kho Phangan gehört hatten und Thailand als einfaches Reiseland gilt, war das unser erstes Ziel. Wir buchten einfach im Mai 2016 Flüge für November. Erst später ergab sich das Wintercamp der Familie Horlacher, wo wir schlussendlich 5 Monate verbrachten.

3. Wie hat euer soziales Umfeld auf euer Vorhaben reagiert? Wie wird euer Lifestyle heute gesehen? Falls es Ablehnung gab, wie seid ihr damit umgegangen/ geht ihr damit um?

Wir informierten unser Umfeld erst als wir vollkommen sicher waren, dass wir es wirklich machen würden und auch schon einiges dafür in die Wege geleitet hatten. Die Reaktionen darauf waren sehr gemischt. Von schockiert bis Zustimmung war alles dabei. Die meisten verstanden es aber glaube ich nicht.

Ich denke der Großteil hat sich mittlerweile damit abgefunden, dass wir nun ein eher ungewöhnlicheres Leben führen. Mit der Ablehnung umzugehen, war und ist nach wie vor nicht einfach. Am besten hilft es sich mit gleichgesinnten Familien zu umgeben.

4. Wieviel Zeit habt ihr euch für die Planung eures Aufbruchs genommen, und was gehörte zu diesem Prozess alles dazu (praktisch und evtl. innerlich)?

Der Aufbruch dauerte ca. 1 Jahr. In dieser Zeit waren unter anderem die unter 2. erwähnten Personen sehr wichtig für uns, weil sie uns als Vorbilder dienten und uns das Gefühl gaben, nicht alleine zu sein. Durch die Business Schule von Ka Sundance lernten wir auf verschiedenen Treffen relativ schnell Leute kennen, die schon ihr Zuhause aufgelöst hatten und auf Reisen waren. Hier konnten wir uns immer wieder Tipps und wenn es Schwierigkeiten gab, oder die Motivation nachließ, wieder Kraft holen. Man wühlt sich ja quasi einmal durch seine ganze Vergangenheit, wenn man seinen Hausstand auflöst. Und immer wieder gibt es offene Fragen. Man kann ja am Anfang noch nicht wissen, wie man alles bewältigen soll. Wichtig ist es, ein Ziel zu haben, und dann ergeben sich nach und nach die Antworten. Würde man sich gleich den Berg an Aufgaben bewusst machen, die sich mit so einem Schritt ergeben, würde man vielleicht gar nicht erst anfangen.

Und da ist das alte Umfeld eher hinderlich als förderlich, denn da wird immer sofort erwartet, dass man schon genau weiß, wie alles zu sein hat und wie man alles organisiert. Aber es geht immer nur Schritt für Schritt, und genau das ist für mich das wahre Leben. Ich denke das ist ein wichtiger innerer Prozess, den man bestreitet, wenn man auf Reisen geht. Sich lösen vom Genau-Wissen-Wie und sich führen lassen. Und da war Thailand ein lehrreiches Land, was das angeht.

Praktisch haben wir in dieser Zeit also unseren Haushalt aufgelöst, viel weggeworfen oder verschenkt, ein paar Sachen verkauft. Was übrig blieb waren eher emotionale Dinge. Die wir bei unseren Familien lagern durften.

Wir kümmerten uns um Visa, Flüge und Unterkünfte und freuten uns riesig auf die Reise. Da wir vorher noch nie in Asien gewesen waren, wartete ein echtes Abenteuer auf uns. Unsere Große wurde noch im Sommer eingeschult, was sich als absolute Katastrophe herausstellte.

Damit hatten wir nicht gerechnet. Wir gingen davon aus, dass ein paar Wochen Grundschule schon nicht so schrecklich sein würden. War es aber. Aber das führt jetzt zu weit.

5. Hat sich eure ursprüngliche Motivation auf Reisen zu sein im Laufe der Zeit verändert?

Also ursprünglich war uns vor allem der Kontakt zu anderen Familien wichtig, gerne irgendwo, wo es warm ist und nicht unbedingt möglichst viele verschiedene Orte in der Welt abzuklappern. Das erschien uns mit den Kindern viel zu anstrengend. Da kam uns das Wintercamp der Horlachers auf Koh Phangan gerade recht. Aber wir dachten ursprünglich daran nach Thailand erst mal wieder länger in Deutschland zu sein und freuten uns auch nach 5 Monaten wieder darauf unsere Familie und unsere

Freunde zu sehen.

Als wir dann wieder im kalten Deutschland waren, wurde uns aber schnell klar, dass wir bald wieder weiterziehen würden. Dann haben wir uns Geld geliehen, ein Wohnmobil gekauft und sind mit den letzten warmen Sonnenstrahlen Richtung Spanien gefahren.

6. Wie lange seid ihr schon auf Reisen? Seid ihr (jetzt oder von Anfang an) komplett ortsungebunden? Oder wo steht ihr gerade?

Wir leben jetzt seit bald 1,5 Jahren ortsunabhängig. Wohnung behalten und Reisen wäre finanziell nicht möglich gewesen.

7. Welche Länder habt ihr seitdem bereist und wo hat es euch als Familie am besten gefallen? Welche Art zu reisen gefällt euch am besten (Wohnmobil/ Flugzeug, alleine/ mit anderen Familien, immer wieder neue Länder oder bekannte Orte, wie lange an einem Ort)?

Bis jetzt Thailand (5 Monate), Malaysia (1 Woche Visa-Run in Kuala Lumpur), Frankreich (1 Woche durchgefahren), Spanien (6 Monate hauptsächlich in Andalusien wegen Wetter, was aber leider doch nicht so warm war, wie erwartet und Anschluss an andere reisende Familien).

Schwer zu sagen ob Wohnmobil oder Flugzeug, hat beides vor und Nachteile.

Mit dem Womo bist du halt flexibel und kannst überall wo es dir gefällt anhalten. Außerdem ist es vor allem für die Kinder praktisch, ihr Zuhause immer dabei zu haben. Ansonsten reist man mit Womo natürlich langsamer, was Fluch und Segen zugleich sein kann, wobei unsere kleine Tochter extrem ungern Auto fährt.

Für unsere Kinder ist es extrem wichtig regelmäßig Kontakt zu anderen Kindern zu haben. Das haben wir vor allem gemerkt, als wir eine Zeit lang auf einem Campingplatz in Deutschland lebten wo weit und breit keine anderen Kinder waren.

Immer wieder neue Länder und Orte ist uns zu anstrengend. Wir sind eher slow Traveller.

8. Welche Länder wollt ihr als nächstes bereisen oder stehen auf eurer (Wunsch-) Liste? Mit welcher Perspektive reist ihr (open-end oder zeitlich begrenzt)?

Für uns wird es im Sommer erst mal wieder nach Deutschland gehen, um dort unsere Familie und Freunde zu besuchen. Weihnachten würden wir gerne im Schnee verbringen und im Januar nächsten Jahres wieder in die Tropen fliegen. Vielleicht werden es aber auch die Kanaren. Das sind so die groben Pläne. Kann sich aber alles noch ändern. Das hat die Erfahrung gezeigt. Wir reisen open-end auf der Suche nach einer Base, wo man regelmäßig zurückkehren kann und wo auch andere Familien anzutreffen sind.

9. Wie finanziert ihr euer Leben/ Was ist euer Business? Spielt eure Berufung dabei eine Rolle? Wie und wann war euer Übergang vom sesshaften (Angestellten-) Berufsleben zum ortsunabhängigen Business?

Also Franzi ist eigentlich schon immer selbständig. Von daher war es für sie keine große Umstellung, mit der Unsicherheit, die eine Selbstständigkeit mit sich bringt, umzugehen. Ich habe schon alles Mögliche gemacht, war aber meist angestellt. Wie oben schon erwähnt, hat Franzi sich irgendwann für s Bloggen interessiert, weil sie eigentlich ihr Wissen über Ernährung und Selbstheilung unter die Leute bringen wollte.

Deshalb meldete sie sich in der Businessschule von Ka Sundance an. Zum Bloggen ist sie aber bisher nicht gekommen, weil sie relativ schnell für die anderen Businessschüler die Webseiten, Logos und Onlinekongresse designte und dabei wieder bei dem landete, was sie studiert hatte. Aber nun arbeitet sie endlich für Kunden mit Themen, die sie wirklich interessieren und für Leute, die sie mag. So kann sie ihre kreative Ader mit ihrem Interesse für Themen wie Ernährung, Reisen, Spiritualität und Persönlichkeitsentwicklung verbinden.

10. Habt ihr eine Vision für eure Zukunft oder lebt ihr sie bereits voll und ganz (bezogen auf Familienleben, Herzens-Business oder z.B. ein Leben in Gemeinschaft)?

Wir und, wie wir gemerkt haben, viele andere Familien, sind noch in der Findungsphase.

Wir stellen uns Orte vor, verteilt auf der Welt, wo man für eine begrenzte Zeit, sagen wir 2-3 Monate, sein kann, und andere reisende Familien treffen kann, in etwa so wie es auf Koh Pangan letzten Winter bereits zum dritten Mal in Folge stattfand oder wie das Worldschool Village in Benimeli, bei Valencia, welches im Oktober letzten Jahres zum ersten Mal stattfand. Mit vielen Möglichkeiten für die Kinder, um sich auszuprobieren und zu lernen, wie z.B. einer Holzwerkstatt, einem Malort oder einem Garten. Und gleichzeitig mit Arbeits- und Seminarräumen für die Erwachsenen.

Was das Business angeht, hat Franzi schon das gefunden, was ihr wirklich Spaß macht. Das Grafikbusiness auf stabile Füße zu stellen, hatte jetzt erstmal Priorität. Jetzt wollen wir uns an Neues wagen und anderen Familien helfen, selbst ein ortsunabhängiges Leben zu wagen und auch mehr zum Thema Freilernen und Reisen informieren.

11. Wie habt ihr euch persönlich, wie hat sich eure Paarbeziehung/ euer Familienleben, wie hat sich euer Lebensgefühl verändert, seit ihr euch auf den Weg gemacht habt?

Wir haben festgestellt, dass man extrem viel über sich selbst und die anderen

Familienmitglieder lernt auf Reisen. Wir sind auch gelassener geworden, durch die ständig neuen Aufgaben, die man gestellt bekommt. Man lernt einfach immer mehr loszulassen.

Alleine durch die vielen tollen Menschen, die wir kennen lernen durften, haben wir total viel gelernt. Man wächst immer mehr zusammen und kann Konflikten nicht aus dem Weg gehen. Und man bekommt viel mehr voneinander mit, weil man so viel Zeit miteinander verbringt. Vor allem die Väter die einem 9-5 Job nachgehen, kriegen ja nicht viel mit, was Tag täglich zu Hause los ist. Zeit für sich als Paar zu finden ist natürlich nicht so einfach. Da muss man sehr flexibel sein. Da ist es vorteilhaft, wenn man mit anderen Familien zusammen ist und die Kinder beschäftigt sind, damit man mal was unter 4 Augen besprechen kann.

12. Wo kann man online mehr über euch erfahren/wo findet man euer online Business?

Das Business von dem wir im Moment leben, findet man unter www.onlinegrafikdesign.de. Unsere andere Seite, auf der wir über unser Leben als ortsunabhängige Familie berichten, befindet sich noch im Aufbau. Aber man findet sie schon unter www.mamapapaya.de oder auf facebook.

Tipp: Whatsapp Gruppen zum Treffen unterwegs: Reisende mit Kids, Portugal mit Kids, Überwintern auf den Kanaren (bei Interesse zum Beitritt bei mir melden)

Ein Bisschen Anders

1. Wer ist auf Reisen (Namen, Alter)?

Oliver, 35 Jahre (Papa); Nicole 37 Jahre (Mama); Leo, 6 Jahre; Aurora, 1 Jahr

2. Wie war eure familiäre und berufliche Situation zum Zeitpunkt der Entscheidung, länger auf Reisen zu gehen? Was war eure Motivation dafür und was war euer erstes Reise-Ziel?

Wir haben beide im Angestellten Verhältnis in größeren Bauunternehmen gearbeitet. Für unseren Sohn blieb da leider nicht so viel Zeit, wie wir es eigentlich gerne hätten. Wir hatten 30 Tage Urlaub, aber länger als 2 Wochen Urlaub am Stück durften wir nicht nehmen. Als Paar und auch zusammen mit unserem Sohn sind wir gerne verreist, aber als unser Sohn ca. 3 Jahre alt war haben wir gedacht, dass er bald in die Schule muss und wir wollten die Zeit (bevor die Schule losgeht) noch intensiv miteinander erleben.

Bei den ersten kleinen Vorbereitungsschritten hat sich noch eine weitere Person angekündigt und wollte auch gerne mitreisen. Deshalb hat sich unser Starttermin etwas nach hinten verschoben. Im Sommer kam unsere Tochter zur Welt und im April 2017 ging es dann endlich, zu viert auf Weltreise. Unser erstes Reiseziel war Thailand.

3. Wie hat euer soziales Umfeld auf euer Vorhaben reagiert? Wie wird euer Lifestyle heute gesehen? Falls es Ablehnung gab, wie seid ihr damit umgegangen/ geht ihr damit um?

Viele fanden es mutig, eine tolle Idee, aber für die jeweiligen Personen überhaupt nicht vorstellbar. Weitere Fragen waren: Was ist mit euren Jobs (Olli hatte gekündigt und ich war/bin in Elternzeit). Was macht ihr mit eurer Wohnung? Wie wollt ihr das finanziell machen, habt ihr im Lotto gewonnen? Was macht ihr mit den Kindern - kommen die mit? (die Frage kam wirklich ein-/ oder zweimal). Was ist mit den Krankheiten im Ausland? Hast du dir gut überlegt, dass du die Kinder 24/7 um dich hast? Es haben sich alle mit den Umständen arrangiert und es läuft gut. Zu Vielen haben wir über die gesamt Zeit Kontakt gehalten.

4. Wieviel Zeit habt ihr euch für die Planung eures Aufbruchs genommen, und was gehörte zu diesem Prozess alles dazu (praktisch und evtl. innerlich)?

Mit kleineren Dingen haben wir ca. ein Jahr vorher angefangen. Wohnung und Kleiderschrank ausmisten, Langzeitverträge kündigen. Reiseroute planen, anhand von

Wunschländern inkl. Reisetemperaturen, Anbieter für Auslandskrankenversicherung suchen und zum Schluss die Wohnung sowie den Kindergarten kündigen. Als die Wohnung und der Kindergarten gekündigt waren, war das für uns ein komisches unbekanntes Gefühlt und gleichzeitig der wichtigste Schritt, um frei für die Weltreise zu sein.

Um so ein Projekt zu starten, musst du für dich wissen, warum du das machst, weil es von außen immer Gegenwind kommen wird und dir einige Leute es ausreden wollen. Aber wenn man selber gestärkt ist, kann ein nichts aufhalten. Unsere Eltern wussten zeitig bescheid, was wir vorhaben. Aber der restlichen Familie haben wir erst 4 Monate vor dem Start gesagt, dass wir auf Weltreise gehen. Der schwierigste Part war erst einmal im Kopf, aus dem behüteten Hamsterrad auszubrechen (ich hoffe ihr versteht was ich meine).

5. Hat sich eure ursprüngliche Motivation auf Reisen zu sein im Laufe der Zeit verändert?

Wir lieben es immer noch zu reisen, aber jetzt zum Ende hin sind wir hin und wieder reisemüde geworden. Es ist auch nicht immer einfach Arbeit, Kinder und reisen miteinander zu kombinieren. Dennoch bereuen wir unseren Schritt nicht und sind über jede Erfahrung dankbar, die wir erleben durften.

6. Wie lange seid ihr schon auf Reisen? Seid ihr (jetzt oder von Anfang an) komplett ortsungebunden? Oder wo steht ihr gerade?

Wir reisen seit April 2017. Wir sind nur während der Weltreise ortsunabhängig.

7. Welche Länder habt ihr seitdem bereist und wo hat es euch als Familie am besten gefallen? Welche Art zu reisen gefällt euch am besten (Wohnmobil/ Flugzeug, alleine/ mit anderen Familien, immer wieder neue Länder oder bekannte Orte, wie lange an einem Ort)?

Wir haben folgende Länder bereist: - Thailand -> Phuket, Ao Nang, Bangkok - Malaysia -> Penang, Kuala Lumpur, Johor Bahru - Singapore (für einen Tag) - Bali -> Ubud, Canggu - Ägypten -> Cairo, Dahab - Portugal -> Lissabon, Lagos - Spanien -> Kanarische Inseln, Teneriffa, Bajamar (aktuell), danach Playa San Juan Am besten hat uns Bali gefallen: Sehr nette Menschen, gutes vegetarisches Essen (vor allem in Ubud) und sehr traditionell, was uns beeindruckt hat. Thailand hat uns aber auch sehr gut gefallen und von Dahab waren wir ebenfalls positiv überrascht.

Wir sind die oft mit dem Flugzeug geflogen. Aber auch mal mit dem Zug oder dem Bus gereist. In fast jedem Land waren wir ca. 2 Monate, nur auf Teneriffa wurde es doppelt so lange. Wir lieben es unterwegs neue Leute/Familien kennenzulernen oder bekannte Leute/Familien an einem anderen Ort wieder zu treffen. Wir haben bisher in jedem Land mind. eine Familie kennengelernt und dabei sind auch einige Freundschaften entstanden.

8. Welche Länder wollt ihr als nächstes bereisen oder stehen auf eurer (Wunsch-) Liste? Mit welcher Perspektive reist ihr (open-end oder zeitlich begrenzt)?

Neue Länder stehen bei uns erst einmal nicht mehr an. Nach Teneriffa geht es nur noch mal kurz nach Portugal (Porto) und danach geht unser Flieger wieder Richtung Heimat. Zurzeit können wir uns keine Open End Weltreise vorstellen, aber wir haben schon wieder eine Langzeitreise im Auge (das muss dann mit der Schule abgestimmt werden). Unser Sohn hat den Wunsch geäußert, dass er gerne in die Schule möchte und das wollen wir ihm nicht verwehren.

9. Wie finanziert ihr euer Leben/ Was ist euer Business? Spielt eure Berufung dabei eine Rolle? Wie und wann war euer Übergang vom sesshaften (Angestellten-) Berufsleben zum ortsunabhängigen Business?

Oliver arbeitet von unterwegs im Online Marketing und betreut Unternehmer dabei über das Internet mehr Kunden zu gewinnen. Damit hat er schon begonnen, bevor wir auf Reisen gegangen sind. Nicole ist seit diesem Jahr dabei, ein Podcast Projekt zum Thema Cashflow-Aufbau umzusetzen.

10. Habt ihr eine Vision für eure Zukunft oder lebt ihr sie bereits voll und ganz (bezogen auf Familienleben, Herzens-Business oder z.B. ein Leben in Gemeinschaft)?

Unser großer Traum ist es finanziell frei zu sein, um alles das machen zu können, was uns die meiste Freude bereitet. Als Familie möchten wir wieder eine Homebase einrichten (ab Sommer 2018 wieder in Deutschland) und von da aus weiter reisen, nur dann in den Ferien und für längere Touren evtl. mit Sonder-Genehmigung durch die Schule.

11. Wie habt ihr euch persönlich, wie hat sich eure Paarbeziehung/ euer Familienleben, wie hat sich euer Lebensgefühl verändert, seit ihr euch auf den Weg gemacht habt?

Persönlich hat sich jeder von uns weiterentwickelt, wir sind noch offener geworden, haben weniger Vorurteile gegenüber vermeintlich "gefährlichen Ländern" (wir waren in Ägypten ;-)). Wir vertrauen, dass sich immer alles zum positiven ändert. Wir sind Dankbar an so vielen schönen Orten gewesen zu sein. Als Paar bzw. als Familie sind wir noch enger zusammengewachsen, aber wir haben auch gemerkt, dass jeder mal seinen Freiraum braucht.

12. Wo kann man online mehr über euch erfahren/wo findet man euer online Business?

Instagram: 1bisschenanders Facebook: einbisschenanders Podcast: Happy Cashflow Podcast

Die Powerfamily

1. Wer ist auf Reisen (Namen, Alter)?

Christina 29 mit Baby im Bauch kurz vor der Geburt, Julius 34, Sebastian 3 zeitweise mit Hund

2. Wie war eure familiäre und berufliche Situation zum Zeitpunkt der Entscheidung, länger auf Reisen zu gehen? Was war eure Motivation dafür und was war euer erstes Reise-Ziel?

Christina war Hausfrau und Mutter, ich (Julius) war selbstständig mit einem Unternehmen mit meinem Bruder im Biomassebereich und viele viele Stunden weg. Ich, Christina und Sebastian waren unglücklich mit dieser Situation. Nach 2 Fehlgeburten und immer wieder sehr starken depressiven Phasen bei mir kam ich zum Entschluss etwas ändern zu müssen und so entschied ich mich aus dem Unternehmen auszusteigen. Da hatte Christina die Idee, die freie Situation zu nutzen und auf Reisen zu gehen, um uns als Familie, als Paar und persönlich neu zu finden. Unser erstes Reise-Ziel war Bali.

3. Wie hat euer soziales Umfeld auf euer Vorhaben reagiert? Wie wird euer Lifestyle heute gesehen? Falls es Ablehnung gab, wie seid ihr damit umgegangen/ geht ihr damit um?

Von unserem sozialen Umfeld bekamen wir gemischtes Feedback zu unserer Entscheidung. Heute bekommen wir sehr viel positives Feedback und einige finden es auch immer noch nicht in Ordnung. Aber das müssen Sie ja auch nicht. Bei Ablehnung haben wir uns immer versucht auf uns zu konzentrieren, mit dem Fokus niemanden überzeugen zu müssen und unseren Herzen treu zu bleiben. Das ist auch heute noch so. Und auch haben wir verstanden, dass es auch gar nicht wichtig ist das es jeder gut findet. Das einzige was zählt ist, dass es uns als Familie mit unseren Entscheidungen gut geht.

4. Wieviel Zeit habt ihr euch für die Planung eures Aufbruchs genommen, und was gehörte zu diesem Prozess alles dazu (praktisch und evtl. innerlich)?

Wir haben ein halbes Jahr vor unserem Aufbruch unsere Mietwohnung gekündigt, die Flüge nach Bali gebucht und begonnen uns Schritt für Schritt von den meisten materiellen Gütern zu trennen. Innerlich sind wir beide durch sehr intensive Prozesse gegangen. Wir haben auch sehr viel gestritten und immer wieder angezweifelt, ob das alles richtig ist und doch haben wir ganz klar gespürt, dass es das ist.

5. Hat sich eure ursprüngliche Motivation auf Reisen zu sein im Laufe der Zeit verändert?

Nein. In erster Linie ist es uns immer darum gegangen als Familie auch auf Reisen zu "leben" mit dem Fokus uns ein freies unabhängiges Leben zu erschaffen.

6. Wie lange seid ihr schon auf Reisen? Seid ihr (jetzt oder von Anfang an) komplett ortsungebunden? Oder wo steht ihr gerade?

Wir sind seit Juni 2017 auf Reisen. Und seit da ortsungebunden. Im Moment sind wir auf der kanarischen Insel La Palma und bereiten uns hier auf die Geburt unseres zweiten Kindes vor. Und wir nehmen uns hier auch etwas länger Zeit um zu viert neu zusammenzufinden.

7. Welche Länder habt ihr seitdem bereist und wo hat es euch als Familie am besten gefallen? Welche Art zu reisen gefällt euch am besten (Wohnmobil/ Flugzeug, alleine/ mit anderen Familien, immer wieder neue Länder oder bekannte Orte, wie lange an einem Ort)?

Bis jetzt waren wir auf Bali, Kuala Lumpur, Australien(Ostküste), Thailand und La Palma. Uns gefällt es, immer eine Mischung zu haben. Mit dem Flugzeug, in Australien waren wir mit einem Camper unterwegs, mal alleine mal mit Anderen und hier auf La Palma leben wir sehr häuslich. Anfangs waren wir jeden Monat wo anders. Das hat sich aber sehr schnell verändert und für uns fühlt es sich angenehmer an langsam zu reisen und sich wirklich Zeit zu geben anzukommen.

8. Welche Länder wollt ihr als nächstes bereisen oder stehen auf eurer (Wunsch-) Liste? Mit welcher Perspektive reist ihr (open-end oder zeitlich begrenzt)?

Unsere Wunschliste wird immer größer, je länger wir unterwegs sind, und vor allem werden wir auch sicher wieder Orte besuchen, an denen wir schon waren. Man kann sagen uns reizt die ganze Welt. Wir sind und bleiben open end unterwegs. Das ist jetzt einfach unser Leben.

9. Wie finanziert ihr euer Leben/ Was ist euer Business? Spielt eure Berufung dabei eine Rolle? Wie und wann war euer Übergang vom sesshaften (Angestellten-) Berufsleben zum ortsunabhängigen Business?

Im Moment vom Erspartem. Unser Business sind wir gerade am Aufbauen. Julius schreibt gerade an einem Buch und wir machen zum Thema Coaching im Bereich andere Menschen unterstützen diverse Ausbildungen. Bei uns war durch Julius Ausstieg ein klarer Meilenstein gesetzt und der Aufbau unseres ortsunabhängigen Business läuft gerade.

10. Habt ihr eine Vision für eure Zukunft oder lebt ihr sie bereits voll und ganz (bezogen auf Familienleben, Herzens-Business oder z.B. ein Leben in Gemeinschaft)?

Wir würden sagen, wir leben diese zum größten Teil, sind aber auch offen und gespannt, was das Leben noch alles für uns bereithält.

11. Wie habt ihr euch persönlich, wie hat sich eure Paarbeziehung/ euer Familienleben, wie hat sich euer Lebensgefühl verändert, seit ihr euch auf den Weg gemacht habt?

Ganz kurz gesagt: „um Welten". Es läuft bei uns in der Paarbeziehung sowie auch in der Familie viel harmonischer. Wir haben alle wieder viel mehr zueinander gefunden. Und unser Leben fühlt sich einfach lebendig an. Was nicht heißen soll, dass immer alles gut ist. Auch wir haben unsere Konflikte und mal nicht so gute Tage darunter. Aber die positiven Momente überwiegen eindeutig.

12. Wo kann man online mehr über euch erfahren/wo findet man euer online Business?

Im Moment kann man uns auf den social Media Kanälen verfolgen unter unserem Namen "Die Powerfamily". (Youtube, Facebook und Instagram) Bald werden wir auch mit unserer Website und unserem Business online gehen.

Familie Puls

1.   Wer ist auf Reisen (Namen, Alter)?

Wir sind die Familie Puls. Die Eltern Tanja (Baujahr 1970) und Björn (1973) und die Zwillingsmädchen Zoe und Eve (2016)

2.   Wie war eure familiäre und berufliche Situation zum Zeitpunkt der Entscheidung, länger auf Reisen zu gehen? Was war eure Motivation dafür und was war euer erstes Reise-Ziel?

Zum Start unserer eigentlichen Reise 2016 waren wir noch gar keine Familie. Wir sind als Paar gestartet. Unsere Kinder haben sich kurze Zeit später unserer Reisegruppe angeschlossen. Die Geschichte dazu erzählen wir gerne:

Wir waren im Jahr 2015 für zwei Monate im Juli und August auf Bali, dort haben wir im Rahmen einer Workation von Wirelesslife (http://bit.ly/wirelesslife) das digitale Nomadenleben zusammen mit 10 anderen digitalen Nomaden in einer Villa nördlich von Ubud getestet und für sehr gut befunden. Da wir etwa zeitgleich unsere Kündigung aus unserer Mietwohnung in Berlin bekamen, haben wir beschlossen zukünftig komplett ortsunabhängig zu leben und für den Rest unseres Lebens auf Reisen zu sein. So haben wir innerhalb von drei Monaten in Berlin all unseren Besitz verkauft und verschenkt und uns aus Deutschland abgemeldet und sind dann im Januar 2016 komplett befreit und glücklich nach Thailand geflogen.

Nach 10 Tagen im Paradies auf Koh Lanta wurden wir schwanger. Dazu muss man wissen, dass wir schon immer Eltern werden wollten und es bereits über 10 Jahre in Deutschland versucht haben, jedoch 2 Fehlgeburten hatten und uns auf Bali in einer Vollmond-Zeremonie von dem Kinderwunsch für immer verabschiedet haben. Das Schicksal hatte aber wohl andere Pläne mit uns. Im März 2016 sind wir dann nach Bangkok geflogen und wollten eigentlich 2 Tage später wieder weiter auf unsere Lieblingsinsel Bali fliegen. Wir waren dann in Bangkok im Krankenhaus um mal den Status der Schwangerschaft checken zu lassen und haben einen Ultraschall machen lassen…und siehe da: Schwanger mit Zwillingen!

Die thailändische Frauenärztin, die übrigens hervorragend deutsch sprach, da Sie Ihre Ausbildung in Köln gemacht hat, hat uns davon abgeraten weiterzureisen, da das Risiko erneut die Kinder zu verlieren extrem hoch sei, da es sich um eine Dreifach-Risiko-Schwangerschaft handelte, zum einen wegen der vorherigen Fehlgeburten, das schon etwas fortgeschrittene Alter von Tanja und die Zwillingsschwangerschaft. So haben wir beschlossen in Bangkok zu bleiben und die Kinder dort zur Welt zu bringen. Wir haben uns eine wunderschöne Wohnung gesucht mit einem Rooftop-Pool im 35. Stock, in dem Tanja täglich ihre Bahnen ziehen konnte, mit dem Fortschreiten der Schwangerschaft waren es aber nur noch schwimmähnliche Bewegungen. ;-)

Am 6. Oktober 2016 sind dann unsere Kinder glücklich und gesund im Bumrungrad International Hospital zu Welt gekommen. Im November haben Sie dann ihre deutschen Reisepässe aus der deutschen Botschaft in Bangkok bekommen. Ende Dezember mussten wir dann Thailand verlassen. Wir waren auf der Suche nach einem Land, dass eine gute medizinische Versorgung hat und nicht allzu weit entfernt von Thailand sein sollte. Unsere Wahl fiel auf Malaysia. In Kuala Lumpur haben wir dann unser nächstes Zuhause gefunden. Wir haben uns dort sehr wohl gefühlt, da alle sehr gutes Englisch sprechen. Nach über 8 Monaten in Bangkok war das ein echter Segen. In Malaysia kann man als Deutscher 90 Tage am Stück ohne Visum leben. Wir waren dann im März 2017 mit unseren Zwergen auf Shopping-Tour in Singapur, dort waren die Mädels auch zum ersten Mal am Strand. Leider haben Sie es aber verschlafen. ;-)

3. Wie hat euer soziales Umfeld auf euer Vorhaben reagiert? Wie wird euer Lifestyle heute gesehen? Falls es Ablehnung gab, wie seid ihr damit umgegangen/ geht ihr damit um?

Die meisten Menschen in unserem Umfeld haben durchweg positiv reagiert. Viele Menschen bewundern uns für unseren Mut. Wir finden uns aber gar nicht mutig. Wir machen es einfach. Wobei wir uns aber auch vorstellen können, dass einige sehr neidisch sind, das merkt man dann an Fragen wie: „Wie könnt ihr euch eigentlich so einen langen Urlaub leisten?"

Dass wir von den schönsten Plätzen der Welt aus arbeiten können und nur Internet für unseren Job brauchen, ist für viele undenkbar. Für uns ist es ein großer Segen. Natürlich posten wir keine Bilder von dem dunklen Kämmerlein, in dem man tagsüber auch arbeitet und von dem Ärger mit schlechtem Internet und Stromausfällen berichten wir auch nicht. Wir bedienen dann doch lieber das digitale Nomaden-Klischee mit schönen Strand- und Poolbildern. ;-)

4. Wieviel Zeit habt ihr euch für die Planung eures Aufbruchs genommen, und was gehörte zu diesem Prozess alles dazu (praktisch und evtl. innerlich)?

Wir sind bereits seit 2002 selbstständig mit unserer Internet-Agentur onlinepuls. Wir haben in Berlin im Home-Office gearbeitet und von Coworking-Spaces aus. Schon seit Ewigkeiten haben teilweise unsere Kunden gesagt: „Wieso arbeitet ihr eigentlich nicht von Bali aus?" Das war für uns immer irgendwie undenkbar und war eher so ein Running-Gag bei uns. Die Einstellung hat sich erst auf der ersten DNX geändert. Auf der digitalen Nomaden Konferenz sind wir in Kontakt gekommen mit vielen anderen Gleichgesinnten, die schon lange ortsunabhängig arbeiten. Viele waren jedoch auf der Suche nach einem Geschäftsmodell und versuchen ihr Glück mit einem weiteren Reiseblog.

Da wir praktisch schon seit Jahren ein funktionierendes Business haben und dazu auch noch ortsunabhängig arbeiten können, haben wir das schon bei diversen Heimatbesuchen bei unseren Eltern praktiziert. Es fehlte eigentlich nur der Schritt, es auch von fernen Orten aus zu machen. Also haben wir im Jahr 2015 unsere digitale-Nomaden-Test-Reise nach Bali gemacht. Und für gut gefunden. ;-)

5. Hat sich eure ursprüngliche Motivation auf Reisen zu sein im Laufe der Zeit verändert?

Nein, wir reisen schon immer sehr langsam und benötigen auch immer fast 2 Wochen um an einem Ort auch „richtig anzukommen". Unsere Motivation war es noch nie, möglichst viel zu sehen in kurzer Zeit. Wir fühlen uns auch nicht als Touristen. Die meisten touristischen Highlights an einem Ort schauen wir uns meistens auch gar nicht an, da wir ja immer wieder an diesen Ort zurückkehren könnten. In Berlin haben wir es in 15 Jahren nicht einmal auf den Fernsehturm am Alex geschafft. ;-)

6. Wie lange seid ihr schon auf Reisen? Seid ihr (jetzt oder von Anfang an) komplett ortsungebunden? Oder wo steht ihr gerade?

Komplett ortsungebunden reisen wir seit 2016. Davor hatten wir unsere Homebase 15 Jahre in Berlin, jedoch haben wir auch schon früher manchmal mehrere Monate von unseren Eltern in Schleswig-Holstein aus arbeiten können. Vor kurzem waren wir nach 850 Tagen Auslandsaufenthalt mal wieder zurück zu Besuch in Deutschland. Es war sehr schön die Eltern zu besuchen, die Kinder kannten Oma und Opa ja nur aus dem Internet. ;-) Jedoch können wir uns nicht vorstellen, dauerhaft zurückzukehren. Im Moment können wir uns gut vorstellen längere Zeit in Malaysia zu bleiben. Hier bewerben wir uns gerade für ein 5 Jahres-Visum für Tech-Entrepreneure und werden hier eine neue Firma gründen.

7. Welche Länder habt ihr seitdem bereist und wo hat es euch als Familie am besten gefallen? Welche Art zu reisen gefällt euch am besten (Wohnmobil/ Flugzeug, alleine/ mit anderen Familien, immer wieder neue Länder oder bekannte Orte, wie lange an einem Ort)?

Thailand und Malaysia sind unsere Favoriten. Indonesien mit Bali und den Gilis sind auch super. In Thailand waren wir 2 Monate auf Koh Lanta. 8 Monate in Bangkok und 5 Monate in Chiang Mai. In Kuala Lumpur haben wir fast 9 Monate gewohnt. Wir reisen sehr, sehr langsam. Und das finden wir auch gut so. Wir finden es wichtig mehrere Monate an einem Ort zu sein. Nur so kann man sich richtig connecten und

Land und Leute kennenlernen. Von A nach B kommen wir meistens mit dem Flugzeug. Unsere Mädels sind jetzt 21 Monate alt und haben schon 17 Flüge mitgemacht.

8. Welche Länder wollt ihr als nächstes bereisen oder stehen auf eurer (Wunsch-) Liste? Mit welcher Perspektive reist ihr (open-end oder zeitlich begrenzt)?

Auf Penang in Malaysia haben wir uns vorübergehend eine Homebase eingerichtet und von dort werden die nächsten Ziele angesteuert. Geplant sind Trips nach Langkawi und nach Koh Lipe. Fest gebucht ist für den September eine längere Reise nach Koh Samui und Koh Phangan. Dann weiter nach Vietnam, Kambodscha und Myanmar. Weitere Ziele auf der To-Do-Liste sind die Philippinen und Australien / Neuseeland. Ach ja, nach Bali wollen wir eigentlich auch mal wieder.

9. Wie finanziert ihr euer Leben/ Was ist euer Business? Spielt eure Berufung dabei eine Rolle? Wie und wann war euer Übergang vom sesshaften (Angestellten-) Berufsleben zum ortsunabhängigen Business?

Wir machen eigentlich schon immer was uns am meisten Spaß macht. Björn entwickelt schon seit Mitte der 90er Jahre Websites. Mittlerweile ziehen wir auch nur noch Kunden an, die unseren Lifestyle cool finden und kein Problem damit haben, dass wir weit weg sind und etliche Stunden in der Zukunft leben. ;-) Unsere ersten Erfahrungen haben wir als Angestellte in Internet-Agenturen in der Hochzeit der New Economy Anfang des neuen Jahrtausends gesammelt. Wir haben gemerkt, dass wir uns aber freier entwickeln können, wenn wir uns selbständig machen. So betreiben wir nun gemeinsam unsere GbR und arbeiten mit einem weltweit vernetzten Team zusammen.

10. Habt ihr eine Vision für eure Zukunft oder lebt ihr sie bereits voll und ganz (bezogen auf Familienleben, Herzens-Business oder z.B. ein Leben in Gemeinschaft)?

Wir leben bereits in unserer Traumwelt. Wir können an den schönsten Orten der Welt arbeiten, wir haben glückliche gesunde Kinder, die frei und unbeschwert aufwachsen und internationale Freundschaften entwickeln können. Wir haben Wunschkunden, wir folgen unserer Leidenschaft und haben regelmäßig Kontakt zu Gleichgesinnten.

11. Wie habt ihr euch persönlich, wie hat sich eure Paarbeziehung/ euer Familienleben, wie hat sich euer Lebensgefühl verändert, seit ihr euch auf den Weg gemacht habt?

Unser Leben hat sich komplett verändert. Erst nachdem wir uns aus Deutschland verabschiedet haben und alles hinter uns gelassen haben und wir frei in die Welt gestartet sind, hat sich unser großer Kinderwunsch erfüllt. Jetzt mit unseren kleinen Mädels an unserer Seite ist einfach nichts mehr wie früher. Jeder Tag ist ein neues Abenteuer, auf dem es immer wieder neues zu entdecken gibt und die Entwicklung der

Kinder einem die ein oder andere Freudenträne in die Augen treibt.

Mit Zwillingen auf Reisen zu sein, ohne auf ein soziales Umfeld zurückgreifen zu können, war und ist eine große Herausforderung. Es gab öfters die Situationen wo wir dachten „das schaffen wir nie". Gerade in der Anfangszeit. Das Leben musste komplett umorganisiert werden. Aber jede einzelne Herausforderung hat uns als Individuen wachsen lassen. Einen großen Anteil hat dazu sicherlich beigetragen, dass wir total entspannt an die Dinge herangegangen sind. Wenn etwas nicht optimal lief, haben wir es eben so angenommen und uns nicht über die Gegebenheiten geärgert. Grundsätzlich gibt es seit Beginn der Reise keine negativen Gedanken mehr bei uns. Das hatte dann auch positiven Einfluss auf die Kinder. Denn je entspannter wir waren, desto entspannter sind auch die Kinder.

12. Wo kann man online mehr über euch erfahren/wo findet man euer online Business?

Am meisten kann man über uns erfahren, wenn man sich mit Björn bei Facebook befreundet, also hier: https://www.facebook.com/bjoernpuls. Ansonsten haben wir angefangen unsere private Homepage unter https://www.tapu.de zu erstellen. Unser eigentliches Business ist unter https://www.onlinepuls.de zu finden. Instagram: https://www.instagram.com/cypuls/ oder auch https://www.instagram.com/tapu.de/

Ein besonderer Dank geht an Socialmediafotograf Ronny Barthel (https://www.facebook.com/Socialmediafotograf.Ronny.Barthel/) für das geniale Familienfoto, das er auf der DNX in Berlin von uns gemacht hat.

Worldsafari – Family

1.   Wer ist auf Reisen (Namen, Alter)?
Wir sind Sabrina (35) Holger (38) und unsere Leni (4)

2.   Wie war eure familiäre und berufliche Situation zum Zeitpunkt der Entscheidung, länger auf Reisen zu gehen? Was war eure Motivation dafür und was war euer erstes Reise-Ziel?

Wir waren im klassischen System. Ich (Sabrina) war bereits das 2. Jahr mit Leni zuhause (Elternzeit) und Holger war von 9-19 Uhr im Familienbetrieb angestellt. Es gab zwei Punkte, die zu unserer Entscheidung, auf Reisen zu gehen, geführt haben. Zum einen schlich sich eine latente Unzufriedenheit meinerseits in unseren Familienalltag ein. Die wenige Familienzeit, die wir hatten, konnte und wollte ich nicht so annehmen. Die Wochenenden waren so vollgepackt, dass mir bei dem Gedanken daran schon schwindelig wird. Ich wusste, dass ich etwas ändern möchte, aber nur wie?

Dann flogen wir das zweite Mal mit Leni nach Bali um die Elternzeit von Holger zu genießen. Da wir Bali bereits mehrmals bereist hatten und wir uns hier so unglaublich wohl fühlten, wuchs in diesem Urlaub ein großer Wunsch, einmal länger auf Bali zu leben. Mein Gedankenkarussell wuchs stündlich und die Antworten auf all die bisher unklaren Fragen schienen auf einmal geklärt zu sein. Jetzt hieß es nur noch, Holger von meiner Idee zu überzeugen. Das war im ersten Moment nicht so leicht, denn anders als ich, war Holger noch im Berufsleben und fester in Strukturen gebunden. Es dauerte einige Monate und Diskussionen, bis die Entscheidung auch von ihm kam.

Da wir im März aufgebrochen sind, haben wir uns wettertechnisch für Thailand - Bangkok und Krabi entschieden. Danach ging es direkt weiter nach Bali. Mein Traum ging in Erfüllung! ☺

3. Wie hat euer soziales Umfeld auf euer Vorhaben reagiert? Wie wird euer Tun heute gesehen? Falls es Ablehnung gab, wie seid ihr damit umgegangen/ geht ihr damit um?
Wir waren sehr positiv von unserer Familie und Freunden und deren Reaktion auf unsere Reise überrascht. Es gab sehr wenig Gegenwind, viele können es sich selbst nicht vorstellen, alles zu verkaufen und für ungeplante Zeit Familie und Freunde zurück zu lassen, fanden unseren Mut dafür sehr bewundernswert. Es gab auch

Stimmen, wie z.B. „wie könnt ihr Leni das antun." Einfache Reaktion von uns: „Was denn antun? Was gibt es besseres als Mama und Papa um sich zu haben, ihr neue Kulturen zu zeigen und die meiste Zeit im Warmen zu verbringen!"

4. Wieviel Zeit habt ihr euch für die Planung eures Aufbruchs genommen, und was gehörte alles dazu?

Ich wollte so schnell wie möglich weg, deshalb haben wir uns eine Zeit von 6 Monaten gesetzt. Es war echt knackig, da wir ALLES aufgelöst, gekündigt, verkauft und zuletzt auch verschenkt hatten. Ich denke ich würde es aber wieder so machen. Grins. Wir verkauften viel über verschiede Online Verkaufsportale wie ebay Kleinanzeigen, Schwarzes Brett, Mami Kreisel und Momox. Organisierten einen Hausflohmarkt- der nicht allzu viel brachte, so unsere Erfahrung- und brachten das meiste zu einem Flohmarkt Laden, der gerade neu eröffnete und für uns den meisten Ertrag brachte. Bei manchen Versicherungen haben wir aufgrund der Kürze die Kündigungsfrist versäumt und zahlten im ersten Jahr noch (unnötig) einige Beiträge. Unser Tipp an dieser Stelle: Wenn ihr auf Reisen gehen wollt, schaut Euch zuerst die Versicherungen, Handyverträge und sonstige Abo's an.

5. Hat sich eure ursprüngliche Motivation auf Reisen zu sein im Laufe der Zeit verändert?

Ja und nein. Anfangs war für mich klar, wir starten unsere Reise, die ca 1,5 Jahre dauern wird. Auf der Reise habe ich allerdings sehr früh schon gemerkt, dass mir diese Zeit nicht genügt und ich offen für alles bin. Mittlerweile kann ich mir im Ausland leben auch sehr gut vorstellen.

Wir haben außerdem unseren Reisestil unseren Bedürfnissen angepasst. So dachten wir anfangs, wir bereisen die Welt und stellen schnell fest, dass das schnelle Reisen nichts für uns ist. Wir bleiben gerne länger an schönen Orten und kehren auch gerne wieder zurück. So touren wir derzeit immer noch in Asien rum, da es uns hier einfach gut gefällt.

6. Wie lange seid ihr schon auf Reisen? Seid ihr (jetzt oder von Anfang an) komplett ortsungebunden?

Wir sind im März 2017 gestartet und sind somit 16 Monate auf Reisen. In Deutschland haben wir alles gekündigt und aufgelöst und haben außer ein paar Kartons, die wir untergestellt haben, nichts mehr was uns an Deutschland bindet. Somit sind wir seit Reisebeginn ortsungebunden.

7. Welche Länder habt ihr seitdem bereist und wo hat es euch als Familie am besten gefallen? Welche Art zu reisen gefällt euch am besten (Wohnmobil, Flugzeug

/ alleine, mit anderen Familien, immer wieder neue Länder oder bekannte Orte, wie lange an einem Ort)?

Wir bevorzugen definitiv das langsame Reisen, was wir zu Beginn der Reise nicht dachten. Anfangs waren wir noch wie Touristen unterwegs und wollten jede Sehenswürdigkeit besichtigen. Unser Motto seither: Be a traveller, not a tourist! Nach ca. 9 Monaten auf Reisen, stellten wir fest, dass es uns wichtiger wurde, eher an Orte zu reisen, wo auch andere Familien sind. Zudem ist es nach Monaten aus dem Koffer leben auch mal wieder schön den Koffer komplett auszupacken, eine Alltag zu schaffen und intensiver in das Leben der Einheimischen einzutauchen. So lebten wir im ersten Jahr unserer Reise 5 Monate in Thailand, 6 Monate in Bali und 1 Monat in Malaysia. Uns hat es in allen Ländern sehr, sehr gut gefallen und wollen diese auf jeden Fall noch einmal bereisen. Am besten gefällt es uns aber nach wie vor noch auf Bali. Vietnam kam dieses Jahr noch dazu. Es hat uns 50/50 gefallen.

8. Welche Länder wollt ihr als nächstes bereisen oder stehen auf eurer (Wunsch-) Liste? Mit welcher Perspektive reist ihr (open-end oder zeitlich begrenzt)?

Wir reisen open- end, deshalb haben wir auch alles verkauft. Wir wollen so frei wie nur möglich sein. Der Gedanke, auf Reisen zu sein und sich nebenbei noch um die Untervermietung etc. zu kümmern, kam für uns nicht in Frage, da wir dies als verschwendete Zeit und Kraft ansehen. Unsere Liste von Ländern, die wir gerne noch bereisen wollen, ist lang. In naher Zukunft ist evtl. Kambodscha, Laos, Australien und vielleicht auch Südamerika geplant.

9. Wie finanziert ihr euer Leben/ Was ist euer Business? Spielt das Thema eurer Berufung dabei eine Rolle? Wie und wann war euer Übergang vom sesshaften (Angestellten-)Berufsleben zum ortsunabhängigen Business?

Zu Beginn unserer Reise sind wir mit einem Startkapital los gereist. Diese Summe entstand aus Erspartem, Steuerklärungen und Verkäufen. Unser Ziel ist es, eine Einnahmequelle zu finden um möglichst lange frei und selbstbestimmt zu leben. Ein ganzes Jahr hat es gedauert bis uns eine zünden Idee aus unseren persönlichen Stärken eingefallen ist.

Holger kommt aus dem Onlineshop Bereich (eCommerce) und ich habe mich von Beginn an der Reise gerne mit anderen Reisenden via Instagram und Facebook vernetzt. So haben wir im Laufe der Zeit wundervolle Menschen kennen gelernt und stellten fest, dass jeder von uns ein Einzelkämpfer ist.
Es gibt so viele tolle Projekte und Produkte (eBook, Dienstleistungen etc.) die jeder für sich entwickelt hat, aber jeder verkauft es auf seiner Internetseite.
Unsere Idee: Einen Onlineshop für all diese tollen Produkte (Ernährung, Fitness, Reisen, Finanzen, Mindset) gebündelt auf unserer Internetseite zu sammeln. So kann der Leser auf einen Blick sehen, welche Produkte ihm gefallen könnten, ohne

stundenlang sämtliche Internetseiten zu durchforsten. Synergieeffekte schaffen- sich gegenseitig unterstützen.

So entstanden zwei Rubriken auf unserer Internetseite:
1. World Safari Marktplatz: Hier findet man alle eBooks, Dienstleistungen, Reisegadgets, Veranstaltungen und Podcast im Überblick.
2. World Safari Freunde: Dort stellen wir unser Reise Freunde vor, die wir auf der Reise kennen gelernt haben. Jeder von ihnen hat andere Länder bereist und steht für Fragen zu jeweiligen Ländern den Lesern hilfsbereit zur Verfügung. Sie geben Tipps zu Location und vieles mehr.

Schaut vorbei auf www.worldsafari.de

10. Habt ihr eine Vision für eure Zukunft oder lebt ihr sie bereits voll und ganz (bezogen auf Familienleben, Herzensbusiness oder z.B. ein Leben in Gemeinschaft)?

Unsere Visionen über den Aufenthalt geht noch in zwei unterschiedliche Richtungen. Während Holger sich eine Base in Deutschland bei der Familie wünscht, würde ich gerne im Ausland sesshaft werden. Hier würde mir Bali oder Kuala Lumpur gut gefallen. Beide Wünsche sind mit viel Reisen verbunden.

In meiner Vorstellung und wenn ich unsere Tochter beobachte, bin ich offen für das Thema „Homeschooling, Freilerner". Wir haben noch ein paar Jahre, um uns hier ausreichend zu informieren.

Unser Marktplatz soll möglichst viele Menschen erreichen und helfen ihre Vorhaben, Wünsche und Ziele in Themen wie Reisen, Fitness, Mindset und Finanzen umsetzen zu können.

Ein Leben in Gemeinschaft ist für uns nur bedingt möglich. Wir konnten auf der Reise unsere persönlichen Erfahrungen zum Thema in „Gemeinschaft leben" sammeln und stellen fest, dass dies für uns nur bedingt in Frage kommen würde.

11. Wie habt ihr euch persönlich, wie hat sich eure Paarbeziehung/ euer Familienleben, wie hat sich euer Lebensgefühl verändert, seit ihr euch auf den Weg gemacht habt?
Jeder von uns hat sich persönlich verändert, hat viele Glaubenssätze über Bord geworfen, sieht vieles gelassener und geht seinen eigenen spirituellen Weg. Auch wenn wir 24/7 zusammen sind, quasi aufeinandersitzen, so versuchen wir doch sehr oft die eigenen Interessen des Anderen zu unterstützen wie z.B. Fußball oder Mediation, sodass jeder für sich seine Auszeit genießen kann.

Als Paar gibt es sehr wenig Reibungspunkte, wir sind einfach entspannter und gelassener. Müssen uns nicht mit unnötigen Dingen, die täglich in Deutschland aufgelaufen sind, befassen. Das merken wir sehr stark.

Als Familie mussten wir anfangs erstmal zusammenwachsen. Wir waren es nicht gewohnt so viel Zeit zusammen zu haben. Das ging aber relativ schnell. Leni kann sich nun nicht mehr vorstellen von Mama und Papa getrennt zu sein und äußert dies auch regelmäßig ☺. Wir spüren auf Reisen einfach keinen Druck. Wir können entspannt unseren Weg gehen, ohne dass wir permanent das Gefühl haben, uns werden Steine in den Weg gelegt. Ein tolles Gefühl von Freiheit, welches wir zum ersten Mal in unseren Leben verspüren. Selbstbestimmt durchs Leben zu gehen.

12. Wo kann man online mehr über euch erfahren/wo findet man euer online Business?

Ihr findet uns:

Blog: World Safari Marktplatz unter: http://worldsafari.de/world-safari-marktplatz/
Blog: World Safari Freunde unter: http://worldsafari.de/world-safari-freunde/
Instagram: Tägliche Stories und Post: https://www.instagram.com/worldsafarifamily/
Facebook: Unsere Bilder und Berichte: https://www.facebook.com/worldsafarifamily/
You Tube:
https://www.youtube.com/channel/UCjYsmLySskzP5ncspaqRARw?view_as=subscriber

Die Maubachs – unbekannt verzogen

1. Wer ist auf Reisen (Namen, Alter)?
Martin (36), Susanne (31), Marlene (4) uns Rosalie (1)

2. Wie war eure familiäre und berufliche Situation zum Zeitpunkt der Entscheidung, länger auf Reisen zu gehen? Was war eure Motivation dafür und was war euer erstes Reise-Ziel?

Das war im August / September 2017. Susanne war in Elternzeit und hat beide Kinder zu Hause betreut. Ich hatte einen 40 Stunden Bürojob, musste pendeln und war dazu nebenberuflich selbstständig. Ich sah die Kinder sehr wenig. Abends waren wir beide so geschafft, dass wir kaum noch etwas als Paar unternommen haben und auch das Wochenende war meist mit Terminen und Verpflichtungen vollgepackt, so dass auch dann wenig Zeit für uns als Familie oder zum Durchatmen blieb. Uns war klar, dass sich etwas ändern muss, bevor wir an unserem Leben zerbrechen.

Ich hatte zu der Zeit viele Podcasts gehört. Unter anderem ein Interview mit Stefan Leichsenring kurz bevor er mit seiner Familie selbst aufgebrochen ist. Das hat mich sehr inspiriert. Dazu noch Videos und den Film „Zwei Familien auf Weltreise" gesehen und dann war klar: Das machen wir auch! Unser Ziel war es, wieder als Familie zusammen zu wachsen und nicht weiterhin getrennte Leben zu führen. Ich wollte mehr Vater und weniger Schreibtischtäter sein.

Wir hatten uns zunächst 2019 als Jahr des Aufbruchs vorgestellt. Doch je mehr wir über unser Vorhaben sprachen und Pläne geschmiedet haben, desto mehr wollten wir los. Wir haben dann August 2018 ins Auge gefasst, denn wir mussten noch viele Dinge regeln. Die komplette Wohnungsauflösung stand uns zum Beispiel bevor.

Im Februar haben wir dann kurzerhand unsere Wohnung zu Ende Mai gekündigt und uns somit unter Druck gesetzt, möglichst schnell aufzubrechen. Irgendwie haben wir es dann geschafft, auch wenn die letzten Wochen äußerst schwierig für uns alle waren. Wir sind zuerst mit dem Wohnmobil nach Bayern gefahren, um Freunde zu besuchen, die wir in Thailand kennengelernt haben. Danach ging es nach Österreich und weiter nach Italien.

3. Wie hat euer soziales Umfeld auf euer Vorhaben reagiert? Wie wird euer Lifestyle heute gesehen? Falls es Ablehnung gab, wie seid ihr damit umgegangen/ geht ihr damit um?

Wir haben fast ausnahmslos sehr positives Feedback und Zuspruch erfahren. Am häufigsten haben wir gehört, dass es eine super Idee sei, dass es mutig von uns ist und dass es aber für einen selbst nichts wäre. In der Reihenfolge sind es sicherlich auch die Gedanken, die der Großteil der Gesellschaft hat. Zuerst klingt eine Weltreise bzw. eine Langzeitreise nach Freiheit, Abenteuer und Spaß. Dann schleichen sich die Zweifel und Ängste ein: Was da alles passieren kann. Es ist also sehr mutig so etwas zu wagen. Und dann stellt man sich selbst die Frage und blockt direkt ab: Ich kann das nicht, wie soll das gehen. Und schon ist die Chance auf Freiheit und ein selbstbestimmtes Leben zur Seite gefegt. Viele begleiten uns aber auf unserer Reise über Social Media und lassen sich so inspirieren. Das Leben stellt man eben nicht einfach so auf den Kopf und daher muss der Gedanken auch erst einmal reifen. Wir können das sehr gut nachvollziehen und hoffen, dass sich andere Familien inspiriert fühlen, auch los zu fahren.

4. Wieviel Zeit habt ihr euch für die Planung eures Aufbruchs genommen, und was gehörte zu diesem Prozess alles dazu (praktisch und evtl. innerlich)?

Wir haben uns wie erwähnt unsere Zeit immer weiter eingeschränkt. Letztlich waren es ca. 9 Monate vom Entschluss bis zum Aufbruch, wobei wir 2 Monate davon noch im Wintercamp auf Koh Phangan waren mit anderen Reisefamilien. Tatsächlich hatten wir also ca. 7 Monate Vorbereitungszeit. Wir mussten unseren Hausstand auflösen. Über die Jahre hat sich sehr viel angesammelt, was für uns am Schluss nur noch Ballast war. Eine 160 qm Wohnung wollte aufgelöst werden. Ich musste den Sprung von der Festanstellung in die Selbstständigkeit wagen. Zum Glück war ich vorher schon nebenberuflich selbstständig, was mir den Übergang erleichtert hat. Ich musste noch einen Führerschein für ein Wohnmobil über 3,5 t machen, diverse Verträge und Versicherungen kündigen, ein geeignetes Wohnmobil finden und kaufen und einige Dinge für die Reise besorgen. Wir mussten minimalistisch werden. Unsere Einstellung zu Besitz ändern und vieles aufgeben. Aber wir wussten, dass uns das freier machen wird und uns helfen wird, unbeschwerter zu leben.

5. Hat sich eure ursprüngliche Motivation auf Reisen zu gehen im Laufe der Zeit verändert?

Unsere Motivation war es, als Familie zusammen zu sein. Das ist nach wie vor der Ansporn. Wir wollen aber auch den Kindern die Welt zeigen, ihnen einen offenen Geist schenken, eine positive Einstellung zum Leben und ihnen vor allem zeigen, dass man sein Leben selbst in der Hand hat und jeden Tag neu entscheiden kann, was man mit seiner Zeit anfangen will. Nichts ist vorgegeben. Alles sollte hinterfragt werden. Nur weil es alle so machen, heißt es nicht, dass es auch (für uns) das Richtige ist.

6. Wie lange seid ihr schon auf Reisen? Seid ihr (jetzt oder von Anfang an) komplett ortsungebunden? Oder wo steht ihr gerade?

Wir sind seit Ende Mai 2018 auf Reisen. Also noch nicht so lange und wir müssen uns auch noch einspielen, unseren neuen Rhythmus finden und Strukturen schaffen. Auch auf Reisen ist eine gewisse Routine wichtig. Für die Kinder aber auch für uns. Es muss zum Beispiel Arbeitszeiten geben oder Alleinzeiten geben, um sich selbst etwas Gutes zu tun. Denn nur wenn es einem selbst gut geht, kann man auch für andere da sein. Aktuell stehen wir an der Côte d'Azur in Frankreich und werden in den nächsten 2 Wochen weiter nach Spanien fahren.

7. Welche Länder habt ihr seitdem bereist und wo hat es euch als Familie am besten gefallen? Welche Art zu reisen gefällt euch am besten (Wohnmobil/ Flugzeug, alleine/ mit anderen Familien, immer wieder neue Länder oder bekannte Orte, wie lange an einem Ort)?

Wir haben erst Deutschland, Österreich, Italien und Frankreich bereist. Wenn ich unsere zwei Monate mit anderen Reisefamilien Anfang 2018 mitrechne, zählt Thailand auch dazu. Landschaftlich waren wir von Südtirol begeistert. Deshalb sind wir auch etwas länger geblieben als ursprünglich gedacht. Italien war leider nicht unser Fall. Wir kennen und lieben Frankreich und Spanien und werden deshalb mehr Zeit in diesen Ländern verbringen.

Grundsätzlich haben wir gemerkt, je langsamer man reist, desto schöner ist es für uns. Tägliche Ortswechsel sind stressig und das macht sich dann auch schnell im Familiengefüge bemerkbar. Da wir auf Reise gingen, um als Familie zusammen zu sein, genießen wir aktuell die Zeit allein für uns. In Gemeinschaft mit anderen Familien wollen wir aktuell nicht sein. Ab Oktober werden wir aber 1,5 Monate in Portugal mit anderen Familien verbringen. Auch darauf freuen wir uns schon. Weder das ein noch das andere Extrem ist etwas für uns. Wir können gut einige Zeit für uns sein, sehnen uns dann aber auch wieder nach Austausch und Gemeinschaft.

Wir wollen die meiste Zeit des Jahres in Europa mit dem Wohnmobil unterwegs sein und in den Wintermonaten mit dem Flugzeug auf andere Kontinente fliegen. Thailand steht auch Anfang 2019 auf dem Plan. Vielleicht hängen wir noch Bali oder Malaysia dran. Mal sehen.

8. Welche Länder wollt ihr als nächstes bereisen oder stehen auf eurer (Wunsch-) Liste? Mit welcher Perspektive reist ihr (open-end oder zeitlich begrenzt)?

Wir reisen definitiv open end. Wir setzen uns keine zeitliche Begrenzung, weil wir noch gar nicht wissen, wie lange uns das Reiseleben gefällt und wann wir uns nach einem festen Zuhause sehnen. Wir sind auch flexibel, wo wir uns vielleicht irgendwann niederlassen. Es muss für uns und unser Lebensmodell passen. Wir hören bei allen unseren Entscheidungen auf das Bauchgefühl. Damit liegen wir immer richtig. Wir lassen uns überraschen, wohin uns die Reise führt. Es gibt einige Länder, die wir noch gern sehen würden. Schottland zum Beispiel. Island und Bali würde ich unheimlich gerne sehen. Costa Rica reizt uns auch. Vielleicht werden wir auch mal unser Wohnmobil verschiffen und ein Jahr lang Südamerika oder Asien bereisen. Wir genießen es sehr, einfach mal keinen Plan zu haben und gleichzeitig so spontan sein zu können, Impulsen zu folgen.

9. Wie finanziert ihr euer Leben/ Was ist euer Business? Spielt eure Berufung dabei eine Rolle? Wie und wann war euer Übergang vom sesshaften (Angestellten-) Berufsleben zum ortsunabhängigen Business?
Unser Erspartes bzw. das Geld aus unserer Wohnungsauflösung steckt im Wohnmobil. Wir finanzieren uns komplett über eine Selbstständigkeit. Ich arbeite als Facebook Ads Manager. Für meine Kunden erstelle ich Facebook Anzeigenkampagnen, übernehme die strategische Planung und optimiere die Kampagnen. Ich gebe auch Workshops und Schulungen und arbeite an digitalen Produkten. Da wird in nächster Zeit noch mehr kommen. Meinen jetzigen Job habe ich bereits vorher als Angestellter ausgeübt. Ich war jahrelang Social Media Manager und habe für meine Arbeitgeber Kampagnen geplant und optimiert. Bevor wir auf Reise gegangen sind war ich bereits rund 1,5 Jahre nebenberuflich selbstständig. Der Sprung vom Angestellten zum Selbstständigen war daher nicht mehr so groß und deshalb war es uns sicherlich auch möglich, so „spontan" unseren Traum zu verwirklichen.

10. Habt ihr eine Vision für eure Zukunft oder lebt ihr sie bereits voll und ganz (bezogen auf Familienleben, Herzens-Business oder z.B. ein Leben in Gemeinschaft)?
Da wir noch am Anfang unserer Reise stehen, leben wir voll und ganz im Jetzt und sind noch dabei, uns an unser neues Leben zu gewöhnen. Konkrete Vorstellungen, wie wir in ein paar Jahren leben wollen oder was wir dann tun wollen, haben wir noch nicht. Das finden wir aber auch gar nicht schlimm. ☺

11. Wie habt ihr euch persönlich, wie hat sich eure Paarbeziehung/ euer Familienleben, wie hat sich euer Lebensgefühl verändert, seit ihr euch auf den Weg gemacht habt?
Vor allem meine Rolle hat sich stark verändert. Ich war vorher die meiste Zeit der Woche nicht zu Hause. Jetzt bin ich es permanent und muss schauen, wie sich Arbeits- und Familienzeit strukturieren lassen. Ich übernehme auch neue Aufgaben und habe eine andere Rolle als bisher. Das bedeutet aber auch, dass ich in Susannes bisheriges Revier eindringe und da sind alle gefordert, sich umzustellen. Wir genießen die Zeit miteinander und die Kinder freuen sich auch sehr darüber. Wir stehen aber auch noch vor der Herausforderung, uns als Paar Freiräume zu schaffen. Auf Reisen gibt es

keinen Babysitter oder Freunde und Verwandte, die mal die Kinder nehmen können. Und unsere sind noch recht klein, so dass sie auch noch nicht allein sein können. Aber das werden wir noch hinkriegen.

12. Wo kann man online mehr über euch erfahren/wo findet man euer online Business?

www.instagram.com/die.maubachs
www.facebook.com/diemaubachs
www.unbekannt-verzogen.com

Familie Wild und wundervoll

1. Wer ist auf Reisen (Namen, Alter)?

Wir sind Nadine (31), Konstantin (32) und Noa (2). Seit Anfang 2018 sind wir für unbestimmte Zeit auf Weltreise.

2. Wie war eure familiäre und berufliche Situation zum Zeitpunkt der Entscheidung, länger auf Reisen zu gehen? Was war eure Motivation dafür und was war euer erstes Reise-Ziel?

Als zum ersten Mal die Idee der Reise aufkam, habe ich (Nadine) als Texterin in einer Werbeagentur gearbeitet und Konstantin als Kameramann in einem Fernsehstudio. Zu diesem Zeitpunkt war ich schwanger. Als die finale Entscheidung fiel, war unsere Tochter Noa wenige Monate alt. Ich (Nadine) war in Elternzeit, und Konstantin hat gearbeitet. Für Konstantin war die Motivation hauptsächlich Zeit als Familie zu verbringen und nicht mehr so viel von Noas Entwicklung zu verpassen. Für mich ging es zusätzlich viel um ein freieres, selbstbestimmteres Leben, da ich mich in Deutschland oft eingeschränkt gefühlt habe.

3. Wie hat euer soziales Umfeld auf euer Vorhaben reagiert? Wie wird euer Lifestyle heute gesehen? Falls es Ablehnung gab, wie seid ihr damit umgegangen/geht ihr damit um?

An und für sich hat unser Umfeld positiv reagiert. Wobei unsere Mamas, also Noas Omis, doch auch etwas daran zu knabbern hatten. Zum einen werden sie uns lange nicht sehen. Zum anderen kamen viele Sorgen und Ängste auf. Wo reist ihr hin? Impft ihr? Was wird Noa essen? Etc. Auf Dauer hat uns das manchmal ganz schön genervt, aber wir wussten, dass es nur gut gemeint war. Im Großen und Ganzen haben wir uns aber sehr unterstützt gefühlt.

4. Wieviel Zeit habt ihr euch für die Planung eures Aufbruchs genommen, und was gehörte zu diesem Prozess alles dazu (praktisch und evtl. innerlich)?

Mental haben wir uns über ein Jahr darauf vorbereitet. Wollen wir das wirklich? Was macht uns Angst und warum? Was geben wir auf? Was erhoffen wir uns? Was könnte schiefgehen? Was könnte Tolles passieren? Als die finale Entscheidung fiel, haben wir gespart wie die Weltmeister und es hat richtig Spaß gemacht, weil wir schließlich wussten, warum wir sparen und es schon in greifbarer Nähe war (ca. 14 Monate).

In den letzten Monaten und Wochen haben wir viele Sachen verkauft, Mieter für unsere Wohnung gesucht, Versicherungen und andere Verträge gekündigt,

Krankenversicherung abgeschlossen, Flug gebucht und für unsere Hasen Jerry und Lilly ein neues Zuhause gesucht. Die neuen Haseneltern haben wir erst vier Wochen vor Abflug gefunden. Herzschmerz, aber auch Erleichterung pur.

5. Hat sich eure ursprüngliche Motivation auf Reisen zu sein im Laufe der Zeit verändert?

Ja und Nein. Es kamen einfach neue hinzu. Momentan planen wir eine Dokumentation über Freiheit. Die Dreharbeiten dazu sind ebenfalls Motivation für Reisen und Ausflüge.

6. Wie lange seid ihr schon auf Reisen? Seid ihr (jetzt oder von Anfang an) komplett ortsungebunden? Oder wo steht ihr gerade?

Wir sind seit knapp fünf Monaten unterwegs und das komplett ortsunabhängig. Wir hoffen sehr, dass ich als Texterin mit meiner bisherigen Berufserfahrung auch online ortsunabhängig gut arbeiten kann. Das haben wir aber noch nicht in Angriff genommen, weil wir uns erstmal an das Leben auf Reisen gewöhnen mussten, die gemeinsame Zeit genießen wollten und mittlerweile an unserer Doku arbeiten.

7. Welche Länder habt ihr seitdem bereist und wo hat es euch als Familie am besten gefallen? Welche Art zu reisen gefällt euch am besten (Wohnmobil/ Flugzeug, alleine/ mit anderen Familien, immer wieder neue Länder oder bekannte Orte, wie lange an einem Ort)?

Unsere bisherigen Stationen: Teneriffa, La Palma, Indonesien (Bali, Gili Inseln, Lombok), Malaysia und Singapur. Wir entdecken gerne neue Orte, können uns aber auch für längere Zeit (wie jetzt auf Bali) niederlassen. Wir möchten unserer Tochter auch ein Gefühl von Beständigkeit geben, damit sie sich an die Orte gewöhnt, Freunde finden kann, etc. Außerdem ist es auch für uns als Eltern schön, nicht jede Woche das Hotel wechseln zu müssen. Wir haben keine bevorzugte Reiseart, das kommt wirklich auf das Land an. Kanada z.B. können wir uns mit Wohnmobil sehr viel schöner vorstellen, als mit Flugzeug :-)

8. Welche Länder wollt ihr als nächstes bereisen oder stehen auf eurer (Wunsch-) Liste? Mit welcher Perspektive reist ihr (open-end oder zeitlich begrenzt)?

Neuseeland, Australien, Thailand, Hawaii, Costa Rica, Paraquay, USA, Teneriffa, Deutschland, Grönland und viele mehr. Definitiv open end.

9. Wie finanziert ihr euer Leben/ Was ist euer Business? Spielt eure Berufung dabei eine Rolle? Wie und wann war euer Übergang vom sesshaften (Angestellten-)Berufsleben zum ortsunabhängigen Business?

Wir finanzieren unsere Reise zum einen durch Rücklagen, die wir uns über Monate hinweg angespart haben. Dazu gehören auch Flohmarktverkäufe, weniger

Freizeitaktivitäten wie Kino oder Essensbestellungen. Zum anderen vermieten wir unsere Wohnung möbliert. Wir haben dadurch ein kleines, monatliches Einkommen.

10. Habt ihr eine Vision für eure Zukunft oder lebt ihr sie bereits voll und ganz (bezogen auf Familienleben, Herzens-Business oder z.B. ein Leben in Gemeinschaft)?

Unsere Reise soll auch ein Weg zu uns selbst sein. Wir haben noch keine direkte Vision, wie wir wo und wann leben möchten. Momentan möchten wir die Welt bereisen, können uns aber in Zukunft auch ein Leben in einer Gemeinschaft vorstellen. Ortsunabhängig Filme zu produzieren ist aber definitiv ein Herzens-Business von uns. Wir lieben es mit Bildern Geschichten zu erzählen, Emotionen zu transportieren und Menschen zu inspirieren.

11. Wie habt ihr euch persönlich, wie hat sich eure Paarbeziehung/ euer Familienleben, wie hat sich euer Lebensgefühl verändert, seit ihr euch auf den Weg gemacht habt?

Wir erleben alles intensiver. Die Hochs und die Tiefs. Als Paar haben wir nun viel öfter die Chance uns zu streiten, aber auch zu versöhnen. Wir sitzen oft sehr aufeinander und das ist wunderschön, kann aber auch zu Spannungen führen. Dadurch haben wir ein viel besseres Verständnis für uns selbst, aber auch für den anderen entwickelt. Wir fühlen uns deutlich freier und positiver.

12. Wo kann man online mehr über euch erfahren/wo findet man euer online Business?

Wir haben einen YouTube-Kanal namens Wild und Wundervoll. Unter diesem Namen gibt es uns auch auf Instagram und Facebook. Und auf unserer Homepage www.wildundwundervoll.de gibt es auch noch ganz viele Infos über unsere Doku BORN FREE (Arbeitstitel Stand Juli 2018). Wir bieten aber auch die Produktion von Trailern, Imagefilmen, Reportagen etc. an.

Praktischen Tipps für den Start ins digitale Nomaden-Familienleben

Vorbereitungen und Organisation vor Beginn der Reise

Was gehört nun alles zur Planung und was ist optimal vor Reisebeginn zu erledigen?

Die meisten Familien brauchen zur Vorbereitung nach der Entscheidung dauerhaft auf Reisen zu gehen zwischen 3 und 12 Monaten. Wir haben den Aufwand dafür etwas unterschätzt, insbesondere was das Aufräumen, Ausmisten, die Digitalisierung wichtiger Unterlagen und die Trennung von vielen Gegenständen angeht. Deshalb empfehlen wir so früh wie möglich, also mehrere Monate im Voraus, damit anzufangen. Wir haben überlegt, was wir bei einer späteren, erneuten Sesshaftigkeit noch gebrauchen können und zahlreiche Möbel und Utensilien vorübergehend eingelagert. Wir wissen natürlich nicht, was sich bei Euch an Besitztümern angesammelt hat und können deshalb keine genauen zeitlichen Angaben machen.

Bei uns begann die Planungszeit etwa 6 Monate vor dem großen Aufbruch, zeitgleich mit der Kündigung des Angestellten-Jobs (mit 6-monatiger Kündigungsfrist). Anschließend haben wir zum selben Termin auch das Mietverhältnis für unsere Wohnung gekündigt (mit 3-monatiger Kündigungsfrist).

Zum Schluss haben wir noch unser Auto verkauft, da klar war, dass wir mit dem Flugzeug verreisen würden und keine weitere Verwendung dafür hatten. Wir haben mit dem Käufer optimaler Weise vereinbart, dass wir das Fahrzeug kurz vor unserer Abreise übergeben.

Abmeldung beim Einwohnermeldeamt, der Krankenkasse sowie der Familienkasse (kein Kindergeld mehr bei Abmeldung):
Es ist eine individuelle Entscheidung, ob ihr in Deutschland gemeldet bleiben wollt. Alternativ könnt ihr euch zu einem Ort ummelden, wo ihr im Ernstfall unterschlupfen könntet, an den vorerst eure Post gesendet wird und unterdessen auch weiter Kindergeld beziehen. Infos zu den Bedingungen, Vor- und Nachteilen findest Du z.B. bei www.staatenlos.ch. Auch müsst ihr überlegen, ob ihr Haus oder Wohnung (vorübergehend) behalten wollt. Eure Wohnung zu behalten und über Airbnb zu vermieten kann auch ein Geschäftsmodell sein, siehe Bastian Barami. Zu den Themen Schulpflicht, Abmeldung oder Beurlaubung gibt es bei wirelesslife.de einen Artikel und du findest dort auch weitergehende Informationen zum Thema Melderecht.

Essenziell für die Reise sind gültige Reisedokumente. Prüft früh genug, ob eure Reisepässe (innerhalb Europas reicht auch der Personalausweis) eine ausreichende Gültigkeit haben.

Lasst Euch den Internationalen Führerschein am besten vor der Abmeldung ausstellen. In vielen Ländern außerhalb Europas wird der Internationale Führerschein benötigt. Zwar genügt der Europäische Führerschein z.B. bei der Anmietung von Fahrzeugen in den USA, Thailand oder auch Australien, aber beispielsweise bei Verkehrskontrollen ist der Internationale Führerschein in diesen Ländern Pflicht.

Wir haben uns von allerlei Versicherungspolicen und Mitgliedschaften getrennt, die uns für unser neues Leben unwichtig erschienen. Für Dienstleistungen und Verträge, die wir weiterhin behalten möchten wie Handyvertrag, Versicherungen, Bankkonten; etc. haben wir eine Post-Adresse bei den Eltern angegeben (Für das online Banking nutzen wir weiterhin einen günstigen deutschen Handyvertrag, um die Telefon-Nummer für mobile TAN fortzuführen).

Macht auch einen Kreditkartencheck: Besteht eine ausreichende Gültigkeit für eure bestehenden Karten? Welche Karten sind gebührenfrei im Ausland einsetzbar? Mit welchen Karten kann ich kostenfrei Bargeld abheben?

Comdirect bietet kostenlose Bargeldabhebung mit EC-Karte in der EU, mit Visa-Karte im sonstigen Ausland (und es gibt 100 € Prämie für die Kontoeröffnung für dich und eine Empfehlungsprämie für uns).

Zur gebührenfreien Zahlung im Ausland weltweit verwenden wir die „Gebührenfrei Mastercard Gold" von der Advenzia Bank.

Kümmert euch um Digitalisierung und Fotokopien wichtiger Dokumente: alle Reisepässe, Führerscheine, Geburtsurkunden, Heiratsurkunde etc., damit ihr bei Verlust oder Diebstahl wenigstens diese wichtigen Informationen noch habt.

Bei der Auslandskrankenversicherung haben wir uns für die Cigna entschieden, beliebte Alternativen zur Cigna sind die Langzeitreiseversicherung der Hanse Merkur oder die Global Health Foyer Group

Wir haben eine international gültige Haftpflichtversicherung abgeschlossen (Haftpflichthelden) mit dem Code 0IS02 bekommst Du 10 € geschenkt und wir auch).

Travel-Hacks:
Zeit- und kosteneffiziente Reiseplanung und Organisation

Reiseziel festlegen

Interessante Fragen, die zur Festlegung eures (ersten Ziels) oder auch der Art zu Reisen, sind:

Zu welcher Jahreszeit zieht ihr los, ist euch Wärme wichtig? In den Tropen ist es gut zu wissen, wann in der anvisierten Region Regenzeit ist. In der Regenzeit ist es häufig unangenehm feucht und schwül-warm und es kann zu langanhaltenden, sintflutartigen Niederschlägen kommen. Das ist jedoch nicht für jeden ein Hinderungsgrund, denn Regenzeit bedeutet auch bei touristisch beliebten Reisezielen, dass Nebensaison ist und die Preise für Unterkünfte vergleichsweise niedrig sind. Außerdem sind z.B. Wasserfälle nur während der Regenzeit wirklich beeindruckend. ;-) Auf nomadlist.com gibt es wertvolle Informationen zu klimatischen Bedingungen, ortsüblichen Unterkunftspreisen, den allgemeinen Lebenshaltungskosten, der Verfügbarkeit und Geschwindigkeit der örtlichen Internetverbindung und viele weitere nützliche Informationen.

Wichtig bei der Auswahl eines Reiseziels ist für uns immer auch: Wo sind andere Familien gerade unterwegs und wo ist deren nächstes Ziel und besteht die Möglichkeit sich zu treffen oder sogar gemeinsam zu wohnen? Um das herauszufinden sind zahlreiche Facebook-Gruppen hilfreich, wie Alternative Familien weltweit, Family Workations & Colivings, Kleine Weltenbummler - Reisen mit Kindern, Worldschooling Andalusia, Freilerner-Netzwerk oder wenn Du dich ohne Partner auf den Weg machen möchtest: Alleinerziehende Auswanderer, Weltreisende und Aussteiger findest Du diese hilfreich). Viele Digitale Nomadenfamilien haben ihre eigenen Vorlieben für bestimmte Regionen.

Welches Transportmittel ihr wählt, hängt direkt von den eigenen Vorlieben, dem Alter der Kinder und der zeitlichen Planung ab, beispielsweise ob ihr mit dem Flugzeug oder mit dem Wohnmobil unterwegs sein werdet. Meistens fällt diese Entscheidung auch zusammen mit der Entscheidung zwischen einer Fernreise oder dem Reisen innerhalb Europas. Natürlich gibt es viele weitere Varianten, die einen anderen Fokus auf das Reisen legen, etwa hauptsächlich mit der Eisenbahn zu reisen, einen Roadtrip mit dem PKW, mit dem Fahrrad oder etwas exotischer: per Schiff oder eigenem Boot unterwegs zu sein.

Bei uns lag das Augenmerk darauf, weniger „unterwegs" zu sein und lieber über

Wochen oder Monate an einem Ort zu verweilen. Während unserer bisherigen Reise lag der Fokus auf Flugreisen, mit festen Unterkünften. Auf die Vorteile, die wir in dieser Variante des Reisens sehen, gehen wir im nachfolgenden Kapitel ein.

Nach festlegen des Reiseziels kommt die Kostenfrage: Wie kommt man günstig an eine Unterkunft?

Zum günstigen Langzeitreisen gehört es definitiv, länger an einem Ort zu bleiben. Das ermöglicht Verhandlungsspielraum bei Ferienunterkünften (und Mietfahrzeugen) und spart natürlich auch Kosten, die bei einer Weiterreise nach nur kurzem Aufenthalt für Flüge (oder Sprit) anfallen würden. Vorab über das Internet etwas Preiswertes und Schönes über einen längeren Zeitraum zu buchen ist manchmal schwierig. Suchen kann man je nach Vorliebe bei den gängigen Buchungsportalen für Hotels, bei Airbnb, Ferienwohnungs-Portalen oder auch in Facebook-Gruppen speziell für bestimmte Regionen. Über Airbnb buchen wir nur für wenige Übernachtungen, häufig haben wir dann direkt mit dem Vermieter eine günstige Miete für längeren Aufenthalt ausgehandelt. Generell ist es sinnvoll für die ersten paar Nächte direkt nach der Ankunft im Zielland eine Unterkunft zu buchen und sich dann vor Ort umzusehen und einen guten Preis auszuhandeln. Neben dem Kostenvorteil kann man sich so direkt die Unterkunft anschauen, zumal die im Internet verfügbaren Bilder manchmal auch wenig aussagekräftig sind. Für 3 Monate kann man so z.B. auf den Kanaren in der Nebensaison ab 500 € ein komfortables Ferien-Apartment und in Thailand während der Hauptsaison einen Bungalow mit kleiner (spartanischer) Küche mieten. In der Nebensaison ist es natürlich einfacher einen besonders günstigen Preis auszuhandeln als in der Hauptsaison.

So günstig geht das Mieten in teureren Ländern, wie z.B. Australien nicht.

Kostenlos Wohnen kann man dafür durch Housesitting. Entsprechende Hausbesitzer-Angebote findet man auf Plattformen wie aussiehousesitters.com.au (nur Australien) oder trustedhousesitters.com (weltweit). In unserem Reisebericht in diesem E-Book berichten wir über unser 9 ½ -monatiges Housesitting-Abenteuer in Australien. Für uns hat sich mit dem Housesitting eine völlig neue Möglichkeit aufgetan. Es war für uns eine völlig neue Erfahrung, dass basierend auf gegenseitigem Vertrauen kostenfreies Wohnen möglich ist, mit überschaubaren Aufgaben als Gegenleistung, wie Tiere füttern, Garten pflegen, Pool reinigen und Haus sauber halten.

Der Aufwand einen Zeitraum über mehrere Monate, entlang unserer geplanten Reiseroute, über 3.000 km südwärts entlang der australischen Ostküste, mit aufeinander folgenden Housesits zu organisieren, ist jedoch herausfordernd gewesen. Unsere Erfolgsquote (Bewerbungen gegenüber Zusagen) lag bei etwa 10%. Die Dauer der einzelnen Aufenthalte war sehr unterschiedlich, mal nur 5 Tage oder eine Woche, bevorzugt haben wir Angebote für mehrere Wochen oder gleich 1 oder 2 Monate ausgesucht.

Bei den Bewerbungen auf neue Housesits haben wir mit der Zeit einige Erfahrung gesammelt. Das wichtigste beim Housesitting ist gegenseitiges Vertrauen. Wichtig ist es ein authentisches Profil mit Fotos zu erstellen und eigene Vorlieben und für das Housesitting nützliche Kenntnisse zu nennen. Auch Erfahrungen beim Umgang mit Tieren sind sehr wichtig. Es empfiehlt sich direkt einzelne Punkte aus dem Inserat anzusprechen und darauf zu antworten. Und auch wir haben uns (nach schlechter Erfahrung) nicht mehr nur als Bittsteller gesehen, sondern detaillierte Informationen und Fotos angefordert. Wir haben uns abschließend mit den Besitzern zu einem Skype-Call verabredet oder wenn es sich einrichten ließ, uns auch persönlich mit ihnen getroffen.

Wenn zwischendurch Übernachtungsmöglichkeiten für einzelne Tage gebraucht werden, ist auch AirBnB immer eine gute Fundgrube. Auch über Couchsurfing haben wir schon einzelne Nächte umsonst übernachtet.

Wenn euer Fokus nicht so sehr auf dem Aufbau eines eigenen Business liegt, ist vielleicht auch kostenfreies Wohnen + Verpflegung gegen Mitarbeit für euch interessant. Dafür bieten die Plattformen „workaway.info", „helpx.net" oder „wwoofinternational.org" Angebote in aller Welt. In der Facebookgruppe „Urlaub gegen Hand" gibt es Angebote in Deutschland.

Und die Flüge?

Wir suchen unsere Flüge meistens über skyscanner.com oder kiwi.com. Diese Portale bieten vielfältige Möglichkeiten auch über einen bestimmten Zeitraum Preise, Flugdauer und auch die Anzahl von Zwischenstopps zu vergleichen. Auch bietet sich die Gelegenheit sich einfach inspirieren zu lassen, wo die Reise zu welchen Kosten hingehen könnte. Wir buchen jedoch unsere Flüge meist direkt bei der Airline für die wir uns entscheiden, da hier mehr Optionen für bestimmte Tarife, Sitzplätze, Reisegepäck und Bordverpflegung direkt zu buchen sind. Auch lässt es sich durch Buchung bei einer bestimmten Airline einrichten, dass das Gebäck bei einem Zwischenstopp (ohne erneute Gepäckaufgabe) weitergeleitet wird.

Visa und Aufenthaltsbestimmungen

Uns ist klar geworden, dass das digitale Nomadendasein einiges an Planung braucht. Wir mussten uns ständig neu zu Visa-Regelungen, erlaubter Aufenthaltsdauer und den eventuell anfallenden Kosten und Bearbeitungszeiten informieren. In einigen Ländern ist es relativ unkompliziert, wie etwa in Malaysia, wo man mit deutschem Pass, ohne vorherige Anträge stellen zu müssen, direkt bei der Einreise für 3 Monate im Land bleiben darf.

In Indonesien (z.B. Bali) bekommt man 30 Tage Visum „on arrival" am Flughafen, die um weitere 30 Tage im Land mit Hilfe eines Agenten verlängert werden können. Per Antrag vorab gibt es auch ein 60-Tage-Touristen Visum.

In Australien muss man vor der Einreise zumindest ein kostenfreies elektronisches Visum online beantragen, dass zum Aufenthalt bis 3 Monate berechtigt. Dieses ist meistens innerhalb von 24 Stunden genehmigt. Möchte man länger in Australien bleiben, empfiehlt es sich noch vor der Einreise die entsprechenden Visa zu beantragen, da die Gebühren weniger als die Hälfte dessen betragen, als wenn man den Antrag stellt, während man bereits in Australien ist. Bitte auch genügend Bearbeitungszeit (mindestens 2 Wochen) dafür einplanen. Denn sollte man in der Zwischenzeit einreisen, ohne dass das Visum abschließend bewilligt wurde, verfällt der Antrag und die bereits bezahlte Gebühr ebenfalls.

In Thailand kann man direkt bei der Einreise ein Touristenvisum für 30 Tage erhalten. Möchte man länger bleiben, muss man Zeit und etwas Geld investieren. Entweder man entscheidet sich für eine Verlängerung um weitere 30 Tage direkt im Anschluss an das Touristenvisum, oder man beantragt direkt bei einem thailändischen Konsulat gegen Gebühr ein 60 Tage Visum, das wiederum um 30 Tage verlängert werden kann. Wir sind auch schon 1 Tag zu lange in Thailand gewesen und mussten für unseren „overstay" eine Gebühr bezahlen. Uns war bei unserer Reiseplanung nicht klar gewesen, dass der erste Ankunftstag direkt als 1. Tag zählt und nicht erst zum nächsten Morgen abläuft. Aber das war weiter kein Problem für nur einen Tag.

Mobilität und Fahrzeuge vor Ort

Je nach Reiseziel und Dauer des Aufenthalts kann man sich für ein Transportmittel zur Miete entscheiden oder auch ein Fahrzeug kaufen.

In Asien ist man mit dem Motorroller mobil, wobei Taxi fahren oder die Nutzung von Uber oder Grab (in Asien vertretener Wettbewerber von Uber) auch eine Alternative ist, vor allem für längere Wege. In den Städten Thailands haben wir häufig die preiswerten Songthaews (Pick-Ups mit Sitzen auf der Ladefläche) genutzt. Tuk-Tuk fahren macht bei relativ wenig Verkehr Spaß, ist aber teuer. Je nach Reiseziel gibt es lokale Anbieter für Mietfahrzeuge. Auf Ko Phangan waren wir bei überschaubaren Verkehrsbedingungen mit einem Roller mobil und unabhängig. Auf Bali war uns der

Verkehr zu unübersichtlich und wir haben oft Taxis oder deutlich günstiger über die App des Anbieters „Grab" einen Fahrer gebucht.

In Australien hatten wir nur direkt nach der Ankunft ein Auto gemietet und uns dann entschlossen ein eigenes gebrauchtes Fahrzeug zu kaufen, da uns klar war, dass wir länger als 3 Monate bleiben wollten. Wir haben uns für einen gepflegten Subaru Forester direkt vom Gebrauchtwagen-Händler mit Garantie entschlossen. Für die Anmeldung des Fahrzeugs auf unseren Namen war lediglich durch eine ortsansässige Person in einem Formular zu bescheinigen, dass wir mit im gleichen Haus wohnen. Für uns haben die Gastgeber unseres ersten Housesits unterschrieben. Wir wissen auch, dass die Besitzer von Hostels den Nachweis unterschreiben.

Für uns hat sich die Anschaffung eines eigenen Fahrzeugs allemal gelohnt, da wir letztendlich 9 ½ Monate in Australien in einem komfortablen und geräumigen SUV unterwegs waren, der auch mit schlechten Straßenverhältnissen gut zurechtgekommen ist.

Bei der Suche nach Mietwagen ist es empfehlenswert Ortskundige nach ihren Erfahrungen und Empfehlungen zu fragen, oder im Internet zu recherchieren. Auf den kanarischen Inseln gibt es zum Beispiel zwei lokale Anbieter autoreisen.es und pluscar, die bei gleicher Leistung sehr viel günstiger sind als die großen, globalen Anbieter und andere lokale Wettbewerber.

Auf der Insel Ko Phangan in Thailand sind internationale Mietwagenfirmen bisher kaum vertreten und nach unserer Kenntnis lässt sich vorab über das Internet auch nichts buchen. Jedoch können vor Ort Fahrzeuge von privaten Unternehmern oder von Privatleuten angemietet werden.

Ohne ortsspezifische Informationen bieten sich die gängigen Vergleichsportale an, um einen günstigen Mietpreis zu finden, wie z.B. „Check24", „billiger-mietwagen.de" oder „sunnycars.de".

Günstig Lebensmittel Einkaufen

Wir kochen gerne selber und bereiten auch Lebensmittel wie Sauerkraut, frische Smoothies oder Kombucha gerne selber zu. Um frische und gute Zutaten (möglichst in Bio-Qualität) zu bekommen bieten sich meistens die lokalen Wochenmärkte an, auf denen regional produzierte Waren verkauft werden. In Australien sind Lebensmittel (wie auch die allgemeinen Lebenshaltungskosten) relativ teuer und auf den lokalen Wochenmärkten angebotene Produkte sind frischer und viel günstiger als im

Supermarkt. Auch Gemüse-/Obstgeschäfte sind eine preiswerte Alternative zu den Supermärkten.

Auf den Kanaren sind die Wochenmärkte ebenfalls für preiswerte Einkäufe von frischem Obst und Gemüse zu empfehlen.

Wir passen uns gerne der saisonalen Verfügbarkeit der regionalen Produkte an. So gibt es viele Früchte oder auch Gemüsesorten nur zu bestimmten Jahreszeiten besonders günstig zu kaufen. Das bringt Abwechslung und neue Ideen in unsere Ernährung.

In Thailand gibt es Geschäfte und Verkaufsstände, die an jedem Wochentag ihre Produkte verkaufen. Die Preise nehmen hier mit zunehmender Entfernung zu touristischen Zentren ab. Wochenmärkte, auf denen die Einheimischen einkaufen gehen, gibt es allerdings auch und hier sind die Preise deutlich niedriger.

Ortsunabhängige Einkommensquelle(n): Der Aufbau eines online Business mit Hilfe eines online Kongresses

Da wir ja unser online Business auf Grundlage eines online Kongresses aufgebaut haben, möchten wir unsere Erfahrungen damit und unser Fazit gerne hier weitergeben.

Falls Du dich fragst, ob ein online Kongress etwas für dich wäre: Sei gewarnt, es war noch für fast jeden ersten Kongressveranstalter, mehr Arbeit als er/sie es sich zu Beginn vorgestellt hatte. ;-)

So fand unser erster Kongress letztendlich 3 Monate später statt als ursprünglich geplant war. Die Planungs- und Vorbereitungszeit hat insgesamt 7 Monate gedauert. Bei uns kam natürlich die besondere Herausforderung dazu, den Kongress größtenteils vorzubereiten, während wir bereits auf der Reise waren.

Voraussetzung um motiviert diese intensive Arbeit zu vollenden ist natürlich auch echte Begeisterung für dein Thema und der Wunsch, dich damit professionell zu positionieren. Und auf der finanziellen Seite ist es wichtig, genügend Geld-Reserven zum Leben in dieser Zeit zu haben (eventuell habt ihr schon ein laufendes Business).

Wenn Du dein Thema für ein online Business sicher gefunden hast, funktioniert der online Kongress in jedem Fall als Kickstart, z.B. auch für ein Coaching-Business.

Welchen Zweck hat nun ein online Kongress?

Du kannst dich in einem Themengebiet als Experte positionieren und gleichzeitig auf einen Schlag eine große E-Mail-Liste aufbauen. Im online-Business ist die E-Mail-Liste das wichtigste Kapital, weil man am besten mit E-Mail-Marketing seine oder Partner-Produkte bewerben kann. Die große E-Mail-Liste bekommt man dadurch, dass man viele Sprecher mit großer Reichweite interviewt, die den Kongress an ihre E-Mail-Liste bewerben.

In zweiter Linie wird auch mit dem online Kongress selbst, durch den Verkauf von Kongress-Paketen, direkt Geld verdient. Dieser Faktor wird jedoch häufig überschätzt. Auch wir waren in dieser Hinsicht enttäuscht über das finanzielle Ergebnis, vor allem vor dem Hintergrund des enormen zeitlichen Aufwandes der monatelangen Vorbereitung. Man muss aber dazusagen: Es gibt (oder gab) sie tatsächlich, die Kongresse mit 50-60.000 € Umsatz. Sie sind aber eher Ausnahmeerscheinungen. Über die Gründe für den finanziellen Misserfolg so vieler Kongresse kann ich nur mutmaßen: Es liegt mit Sicherheit auch daran, dass es mittlerweile permanent sehr viele Kongresse gibt, mit immer wieder ähnlichen Themengebieten (und Sprechern). Diese werden zwar noch angeschaut, aber das Geld für die Pakete sitzt wahrscheinlich nicht so locker, als wenn man nur einen anschaut. ;-) Ich denke aber mit der richtigen Nische, einem neuen Thema, einem brennenden Problem, das noch nicht in x Kongressen behandelt wurde, oder neuen Umsetzungsideen hätte man immer noch sehr gute Umsatzchancen.

Eine weitere Umsatzchance, die wir intensiv genutzt haben, ist die Kooperation mit den Interviewpartnern durch die Bewerbung ihrer Produkte (Affiliate-Marketing). Dies kann man nach dem Kongress auch gut in Form von Einzel-Webinaren umsetzen. Für uns war dies die bevorzugte Möglichkeit, kontinuierlich Geld zu verdienen. Und da hierfür die E-Mail-Liste des Kongresses Voraussetzung ist, zeigt sich hier erst der wahre Erfolg des Kongresses. So sind wir vor allem nach dem 2. Kongress sehr zufrieden, was an Gewinn zu uns kam und kommt.

Eine andere Strategie eines online Kongresses wäre, sich selbst als Experte zu positionieren, um dann seine eigenen Produkte oder Coachings zu verkaufen. In diesem Fall wäre extensives Affiliate-Marketing eher kontraproduktiv (sagen manche Coaches). Jemand, der sich ausführlich mit dem online Kongress beschäftigt hat, verschiedene Typen für verschiedene Business-Ziele entwickelt hat und das Kongress-Coaching mit dem besten Preis-/Leistungs-Verhältnis auf dem Markt anbietet, ist Swantje Gebauer.

Zum Schluss möchte ich noch betonen, dass mich der online Kongress persönlich enorm weitergebracht hat, in Form der lehrreichen Interviews mit inspirierenden Persönlichkeiten zu genau den Themen, die mich beschäftigten. Außerdem bin ich sehr dankbar für die daraus entstandenen bereichernden Kontakte und Begegnungen, die immer auf einer authentisch freundschaftlich-herzlichen Basis stattfinden.

Ortsunabhängiges Einkommen

Im Folgenden listen wir einmal Möglichkeiten für ortsunabhängiges Einkommen auf:

- Deine Wohnung oder auch mehrere über AirBnB untervermieten (Wie das als Geschäftsmodell funktioniert zeigt Bastian Barami)
- Du kannst etwas, was Du als Freelancer anbieten kannst, z.B. Texten, Grafikdesign, Übersetzen, Webdesign, Programmierung, Lektorat, virtuelle Assistenz, Recruiting, Fotografie, Journalismus...
- Digital Nomad Jobboard: https://www.dnxjobs.de/
- Empfehlungsmarketing oder Network-Marketing ist auch eine Möglichkeit, wenn Du von einem Produkt mit diesem Vertriebsweg begeistert bist und gerne netzwerkst. Die Meinungen darüber, ob man damit nun leicht oder schwer Geld verdienen kann, gehen weit auseinander. Letztendlich ist es jedoch ein interessantes Geschäftsmodell, dessen Erfolg bei jedem einzelnen liegt (Ein

guter Mentor/Sponsor, der einen unterstützt, ist hilfreich, aber verantwortlich ist man sowieso immer selbst ;-)).

- Du kannst etwas/ hast Erfahrungen und Wissen gesammelt, das dich dazu befähigt, anderen Menschen zu helfen – Daraus kannst Du ein online Business machen. Wenn Du keinen Plan hast, wie das gehen soll, suche dir einen Coach oder ein Coachingprogramm, wie z.B. die Business-School der Sundance Family, die Livemore Academy von Kristina und Andreas Frank oder Lena Busch.

- Unser online Business besteht aus einem online Kongress, mit dem wir Tausende Menschen erreicht haben, die ich weiterhin mit Informationen und Angeboten von Kooperationspartnern per Newsletter versorge. Für die Entwicklung unseres online Kongresses war das darauf zugeschnittene Online Kongress Coaching-Programm der Sundance Family einigermaßen hilfreich, aber überteuert. Ich empfehle jetzt Swantje Gebauer mit ihrem Kongress-Coaching.

- Viele bauen sich einen Reise-Blog auf und platzieren Werbung mit Affiliate-Links, so dass sie bei Kauf nach Klick darauf Provisionen erhalten. Hier ist natürlich die Reichweite entscheidend für die finanzielle Ausbeute, die man nicht von heute auf morgen aufbaut. Genauso gibt es erfolgreiche Youtuber, die an Werbeeinnahmen verdienen und ihre Reichweite für Affiliate- oder Influencer-Marketing nutzen.

- Amazon FBA oder Dropshipping sind auch Optionen für ortsunabhängige Unternehmer, die nicht mit einem eigenen Thema als Mensch in Erscheinung treten möchten.

- Wir haben Familien kennengelernt, die sich über Spekulationen mittels Day-Trading im klassischen Segment oder mit Krypto-Währungen finanzieren. Vorsicht, nur für Risiko-Freudige und Spezialisten. ;-)

- Powerfrau Eva Abert liefert mit ihrer Vermögensakademie Inspirationen und Wissen zum Thema passives Einkommen

- Weitere Inspiration und Infos rund um das digitale Nomaden-Dasein findest Du auch auf Wireless Life (Sebastian Kühn), Citizen Circle (Tim Chimoy), Planetbackpack (Conny Bisalski).

Schlusswort

Wir hoffen, dass wir dich inspirieren konnten oder die ein oder andere offene Frage beantworten, die Du zu dem Thema digitale Nomaden-Familie hast. Du kannst uns auch gerne dein Feedback oder Fragen an info@wirlebenfrei.com schicken.

Wenn Du auf dem Laufenden bleiben möchtest, was uns, unsere Reise und unsere zukünftigen Projekte angeht, kannst Du unseren Newsletter auf www.wirlebenfrei.com abonnieren. Auf Instagram sind wir unter wir_leben_frei aktiv.

Danksagung

Wir sind unendlich dankbar für alles, was uns in unserem Leben wiederfahren ist, denn all das war nötig, damit wir genau hier und jetzt und auf diese Weise glücklich sind.

Insbesondere unseren Eltern danken wir, die ihr Bestes zu unserem Besten gegeben haben, nach bestem Gewissen.

Wir danken uns, dass wir den Mut aufgebracht haben, alles aufzugeben und uns selber auf Reisen wirklich kennenzulernen. Wir sind dankbar für alle Begegnungen und neue Freundschaften, die auf dieser Reise geschehen und entstehen.

Wir danken unserer Tochter, dass sie uns den Spiegel vorhält und als Katalysator für unsere eigene Bewusstseins-Entwicklung wirkt.

Ebenso sind wir dankbar für alle Begegnungen auf unserer Reise mit offenen und herzlichen Menschen, mit wunderbaren Familien, für tiefgehenden, bereichernden Austausch.

Was dieses Buch angeht, bin ich den Menschen dankbar, die mich dazu inspiriert haben, überhaupt ein Buch zu schreiben: Gabriela Leopoldseder und Cindy Pfitzmann.

Weiterhin danken wir von Herzen allen Familien, die unsere Fragen beantwortet haben und damit einen wichtigen Teil zum Buch beigetragen haben.

Und wir danken natürlich dir, für dein Interesse! ☺

28193640R00101

Printed in Poland
by Amazon Fulfillment
Poland Sp. z o.o., Wrocław